沒有這

經濟學家

生活將會完全不一樣

★就算本人不富有，理論還是很有用★

休謨、馬爾薩斯、西斯蒙第、巴斯夏、馬歇爾……
經濟學家那麼多，沒有本書你的知識怎麼夠？

諾貝爾經濟學獎得主 × 經濟學說奠基者
一本書為你介紹經濟學大師與他們的理論及著作！

梁夢萍，竭寶峰
—— 編著 ——

從工農社會進化到商業社會，

李嘉圖 × 韋伯倫 × 熊彼得
凱因斯 × 納許

除了亞當斯密，你不可不知的
70 位經濟學大師！

目錄

目錄

前言

　　名人從芸芸眾生中脫穎而出，自有許多特別之處。我們在追溯名人的成長歷程時可以發現，雖然他們的成長背景各不相同，但或多或少都具有影響他們人生的重要事件，成為他們人生發展的重要契機，使他們從此走上追求真正人生的道路，並獲得人生的成功。

　　名人有成功的契機，但他們絕不僅僅依靠幸運和機會。機遇只給有所準備的人，這是永遠的真理。因此，我們不要抱怨沒有幸運和機遇、不要怨天尤人，而要做好心理準備，開始人生的真正行動，這樣，才會獲得人生的靈感和成功的契機。

　　我們輯錄這些影響名人人生成長的主要事件，就是為了讓讀者知道，名人在他們做好心理準備進行人生不懈追求的過程中，如何從日常司空見慣的普通小事上碰出生命的火花，化渺小為偉大、化平凡為神奇，並獲得靈感和啟發，從而獲得偉大的精神力量，實現了較高的人生追求。

　　影響名人成長的事件雖然不一樣，但他們在一生之中所表現出的辛勤、奮鬥精神卻有許多相似之處。

　　愛默生說：「所有偉大人物都是從艱苦中脫穎而出的。」因此，偉大人物的成長具有其平凡性。吉田兼好說：「天下所有的偉大人物，起初都很幼稚並有嚴重缺點的，但他們遵守規則、重視規律、不自以為是，因此才成為一代名家而成為人們崇敬的偶像。」這樣看來，名人的成長又具有其非凡之處。這些都是我們要學習的地方。

　　培根說：「用偉大人物的事蹟激勵青少年，遠勝於一切教育。」

　　為此，本書精選薈萃了古今中外具有代表性的經濟學家的成長故事，

前言

能夠領略他們的人生追求與思想力量，使我們受到啟迪和教益，使我們能夠很好地掌握人生的關鍵時點，引導我們走好人生道路、取得事業發展。

第一篇
諾貝爾經濟學獎得主

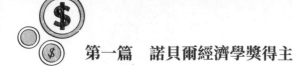

● 羅納德・寇斯

　　羅納德・哈里・寇斯 1910 年 12 月 29 日出生於倫敦的威爾斯登。他的父親是一個有條理的人，對於兒子的出生都仔細地記錄在他的日記中。他的父親是郵局的一個電報員，他母親曾在郵局就業，但結婚後辭去工作，他的父母都在 12 歲離開學校。他們對學術方面沒有興趣，他們的興趣在運動。他母親打網球直到高齡。他父親年輕時玩足球、板球和網球，玩鏈球直到去世。他是一名好球手，他代表當地參加一些比賽獲勝。他還為當地報紙及《滾木球新聞》寫滾木球的文章。

　　寇斯也對運動感興趣，但主要興趣還是在學術方面。他是獨生子。小時候，他常一個人玩國際象棋，輪流扮演玩棋的兩方。他還從當地的公共圖書館借書閱讀。儘管這樣，但寇斯說他從未感到孤獨。他母親教育他要誠實可靠，他說：「我努力遵循她的教導。」他母親心目中的英雄是鄂茨上校。

　　鄂茨上校和斯考特從南極回來，發現他的病妨礙別人，他就告訴他的夥伴們他去散步，在暴風雪中走出去，再無蹤跡。鄂茨上校的故事對寇斯的影響很大，寇斯因此而意識到「不應該讓別人討厭，不應該給人增添麻煩，而應為別人做點什麼……」

　　寇斯 11 歲時被父親帶著去看過一次骨相，好像中國人的面相一樣。看相的結果為：「你有許多智慧，雖然你可能傾向於低估你的才能……你不會像一條有病的魚隨湖水沉下去……你享有很大精神而不是別人手裡的一個被動工具。雖然你看到對你有利時可以和其他人或為其他人工作，你更傾向於為你自己思想去工作。不過，決心稍大一些可能對你有利。需要更多希望、信任和專心 —— 不適合商業生活中的侵略性競爭性方面。

或許更加積極的雄心可能更有益。」看骨相的人建議寇斯將來選擇的職業是：「科學和商業、銀行、會計，以及把園藝和養雞作為業餘愛好。」寇斯說，骨相師的評論並不是按照他的顧骨判定的，而主要根據寇斯的行為得到的。所以，他的評論也不是很離譜。當然，他根本無法預料到，這個靦腆的小男孩有一天會是一項諾貝爾獎的接受者。

寇斯是個有腿疾的男孩子，常需要在腿上附加鐵製的零件。所以他上的是地方委員會辦的殘疾人學校。11 歲時，他錯過了地方中學的入學考試，12 歲時才被允許參加中學獎學金考試。口試時有一個小插曲。他把莎士比亞的《第十二夜》中的一個人物稱為麥克伏里奧，引起一些笑聲。但這個失誤不是致命的，他被授予獎學金，進入契爾伯文法學校。那裡的教學很好，他得到扎實的教育。在地理課上他學到了魏根納的大陸漂移假說，還去聽皇家地理學會的講演，其中有一次討論關於地球轉動對河道的影響。1927 年，他參加大學入學考試，順利透過，歷史和化學成績優異。

當時他傾向於得到一個歷史學位，但是由於他沒有學過拉丁文，所以他轉向化學，又由於數學的原因，他再次轉科，去學了商業方面的專業。後來他順利透過了進入倫敦大學所必須的中間考試，並於 1929 年 10 月進入倫敦政經學院繼續商學士學位的學習。

在那裡，他遇到了對他有重要影響的老師。以前在南非開普敦大學任教授的阿諾德‧普蘭特在 1930 年被任命為倫敦政經學院商業教授。寇斯去聽普蘭特的企業管理講演，並在考試前 5 個月開始參加普蘭特的討論班，普蘭特在討論班說的話，改變了寇斯對經濟系統運轉的見解。普蘭特做的事是將亞當斯密的「看不見的手」介紹給他。使他了解一個競爭經濟系統如何可以被定價系統協調。寇斯說：「普蘭特不僅影響他的思想，還改變了他的一生。」在 1931 年寇斯終於透過了商學士考試。他原本想研究工業

法，如果這樣，他將成為一個律師。但是他在普蘭特的影響下，改變了初衷。而此時，倫敦大學授予寇斯一筆歐奈斯特‧卡賽爾爵士旅行獎學金，這使他走上了成為一位經濟學家的道路。

依靠卡賽爾旅行獎金，寇斯在美國度過了 1931-1932 學年。那時他研究美國工業的結構，目的在於發現工業為什麼以不同方式組織起來。他主要靠訪問工廠和企業進行這個項目的研究。他在經濟分析中引入了「交易費用」這一新概念，以及對為什麼有企業的一個解釋。這些思想成為 1937 年寇斯發表的《企業的性質》文章的基礎。1935 年以後，寇斯在倫敦政經學院教書，被指定講授公用事業經濟學。為此他開始對英國公用事業做了一系列歷史研究。1939 年，第二次世界大戰爆發，1940 年，寇斯進政府做統計工作，先在森林委員會，然後在中央統計局，戰時內閣辦公室。1946 年，回到倫敦政經學院，負責教授主要經濟學課程 —— 經濟學原理，並且繼續對公用事業特別是郵局和廣播事業的研究。寇斯借助於一筆洛克斐勒研究員經費在美國花費了 9 個月研究美國廣播業，他的書《美國廣播業：壟斷的研究》在 1950 年出版。1951 年，寇斯獲得倫敦大學理學博士學位，同年移居美國。

剛到美國，寇斯就進了紐約州立大學布法羅分校，在那裡他做了七年教授（1951-1958）。1959 年，在行為科學高等中心工作一年之後，他加入維吉尼亞大學經濟學系。寇斯對聯邦通信委員會做了研究，它管制美國廣播業，包括配置無線電頻率譜。他寫了一篇文章，在 1959 年發表，討論這個委員會遵循的程式，並且提議如果頻率譜的利用由定價系統確定而給予出價最高的人將更好。這一點引起成功的投標人將得到什麼權利的疑問，寇斯討論的是一個財產權系統的合理性研究。芝加哥大學的一些經濟學家們認為他的論點有一部分是錯的。於是他又寫了一篇文章《社會成

本問題》，更詳細、更精確地闡明了自己的見解，1961 年初發表了這篇文章。與他以前發表的《企業的性質》不同，它一經發表，即被廣泛援引和熱烈討論。它大概是全部現代經濟學文獻中被引用最多的文章了。

寇斯自 1964 年以來，成為芝加哥大學教授和《法學與經濟學雜誌》主編。現已退休，任該校榮譽經濟學教授和高級法學與經濟學研究員。寇斯在 1978 年當選為美國文理研究院研究員，1979 年，被授予「美國經濟學會傑出會員」稱號。目前，他在芝加哥大學法學院，作為法律與經濟學方面的一名高級研究員，在研究工作上仍然十分活躍。

寇斯是繼布坎南之後，不用數學方法研究經濟學的得獎者，他是美國經濟學家中研究最具特色的一個。1994 年 5 月，他在接受記者的採訪時，曾說，「我從未學習過經濟學類的課程，從沒有。那使得我的思維不受任何約束，十分自由。這是一個優勢。如我去接受經濟課程的訓練，就會學習一些技巧和思維方式，然後透過那些有色眼鏡去觀察這個世界。我幸好不曾有那種眼鏡。這是對我產生影響的主要因素。不是誰對我產生什麼影響，而是一些偶然事件對我產生影響。」

按照瑞典皇家科學院的公告，寇斯的主要學術貢獻在於，揭示了「交易價值」在經濟組織結構的產權和功能中的重要性。

寇斯「因為對經濟的體制結構取得突破性的研究成果」，榮獲 1991 年諾貝爾經濟學獎。他的傑出貢獻是發現並闡明了交換成本和產權在經濟組織和制度結構中的重要性及其在經濟活動中的作用。寇斯的代表作是兩篇著名的論文。其一是 1937 年發表的《企業的本質》一文，該文獨闢蹊徑地討論了產業企業存在的原因及其擴展規模的界限問題，寇斯創造了「交易成本」（Transaction Costs）這一重要的範疇來予以解釋。所謂交易成本，即「利用價格機制的費用」或「利用市場的交換手段進行交

易的費用」，包括提供交易條件（即度量、界定和保證產權）的費用、發現交易對象和交易價格的費用、討價還價的費用、訂立和執行合約的費用等。寇斯認為，當市場交易成本高於企業內部的管理協調成本時，企業便產生了，企業的存在正是為了節約市場交易費用，即用費用較低的企業內交易代替費用較高的市場交易；當市場交易的邊際成本等於企業內部的管理協調的邊際成本時，就是企業規模擴張的界限。寇斯另一篇著名論文是1960 年發表的《社會成本問題》。該文重新研究了交易成本為零時合約行為的特徵，批評了皮古（Arthur C・Pigou）關於「外部性」問題的補償原則（政府干預），並論證了在產權明確的前提下，市場交易即使在出現社會成本（即外部性）的場合也同樣有效。寇斯發現，一旦假定交易成本為零，而且對產權（指財產使用權，即運行和操作中的財產權利）界定是清晰的，那麼法律規範並不影響合約行為的結果，即最優化結果保持不變。換言之，只要交易成本為零，那麼無論產權歸誰，都可以透過市場自由交易達到資源的最佳配置。斯蒂格勒（1982 年諾貝爾經濟學獎得主）將寇斯的這一思想概括為「在完全競爭條件下，私人成本等於社會成本」，並命名為「寇斯定理」。

　　寇斯的主要著作包括：《企業的性質》（1937）、《邊際成本爭論》（1946）、《美國廣播業：壟斷研究》（1950）、《聯邦通訊委員會》（1959）、《社會成本問題》（1960）、《經濟學中的燈塔問題》（1975）、《企業、市場與法律》（1988）。

喬治·斯蒂格勒

喬治·斯蒂格勒於 1911 年 1 月 11 日生於美國華盛頓州雷登的西雅圖郊區。

斯蒂格勒從華盛頓大學畢業後，來到西北大學攻讀碩士學位，這時他結識了科爾曼·伍德布里。此後，他開始對學術生涯產生強烈的興趣。畢業後，斯蒂格勒進入芝加哥大學，開始了他成為經濟學家的基本訓練。他在三位著名的經濟學家指導下進修博士學位，他們是法蘭克·奈特、亨利·西蒙斯、雅各布·維納。奈特的專業是經濟思想史，是一位強有力的懷疑論哲學家，他喜歡揭示一些像大衛·李嘉圖這樣早期著名經濟學家的謬誤。

維納和奈特教育他們的學生不要只注重學術聲望和頭銜，而應對所提出的觀點進行批判性的驗證。30 年代的芝加哥大學學術空氣活躍，有一批經濟學造詣很深的學者和老師，斯蒂格勒尊崇並受其強烈影響。斯蒂格勒的學位論文《生產與分配理論：形成時期》，內容是關於 1870-1915 年的生產和分配理論史，是在奈特指導下完成的。這篇關於 19 世紀和 20 世紀早期學術成就概論的論文完成於 1938 年，並由麥克米倫公司於 1942 年出版。斯蒂格勒現在常因當時他的一些極端和不成熟的觀點而感到遺憾。

在完成了除學術論文之外的全部博士課程之後，斯蒂格勒於 1936 年離開芝加哥來到艾姆斯地區的愛荷華州立大學任助理教授。

斯蒂格勒始終對經濟學保持興趣。他幾十年來不間斷地購買和收集這方面及其他有關的書籍。他說自己是一個「勤奮的書籍收集者」。

在斯蒂格勒的早期學術生涯中，他對經濟學的許多領域都感興趣。在 1938 年，他著手於價格理論方面的研究並發表著作。他在芝加哥大學負有

盛名的《政治經濟學》雜誌上發表了他的第一篇論文《社會福利和差額價格》。不久，他就著手撰寫他的第一本專著《競爭價格理論》（1942）。1946 年，他又推出了《價格理論》。

當時，他剛剛定居於艾姆斯，完成了他的博士論文，於 1938 年獲得芝加哥大學哲學博士學位。這時，他已在衣阿華州立大學任教兩年。這時，弗雷德里克·加弗邀請他去明尼蘇達州大學任職，他接受了。在這裡，他與弗朗西斯博士和亞瑟·馬吉特共事。

1942 年，已是副教授的斯蒂格勒請假赴紐約的國家經濟研究局工作，他受聘在美國經濟產出、就業和生產率趨勢研究項目中研究服務業這一部分。在國家經濟研究局工作時，他與亞瑟·伯恩斯（後來成為聯邦儲備委員會的主席）、傑弗里·穆爾和彌爾頓·傅利曼合作。在斯蒂格勒離開之後，研究局仍給予他極大的支持，對於他進行的製造業中，特別是在寡占狀況下的價格行為及收益率的經濟研究，曾撥款進行資助。在第二次世界大戰結束的前夕，斯蒂格勒參加了哥倫比亞大學統計研究小組，他對這個小組應用統計分析來解決軍事問題做出了貢獻。

1945 年，第二次世界大戰結束後斯蒂格勒返回明尼蘇達，但不久就去了布朗大學，在去之前，他已獲得明尼蘇達大學的教授職稱。1946 年，斯蒂格勒接到芝加哥大學的邀請，但是後來他說，在一次面談中，他與當時的校長歐內斯特·科爾弗爾疏遠了。在其後的 11 年間，他一直沒有再得到在此工作的機會。斯蒂格勒在布朗大學做了一年的教授，便前往哥倫比亞大學任教。

1947 年，斯蒂格勒開始了在哥倫比亞大學長達 11 年之久的教學生涯。他教授的課程為產業組織、經濟思想史和經濟理論。他的同事有亞瑟·伯恩斯、威廉·維克里、艾伯特·哈特、雷格納·納斯克和卡爾·肖普。當

他在哥倫比亞工作將滿一年時，弗裡德里希‧A‧馮‧哈耶克曾邀請他參加一個有自由市場傾向的學術團體，並在瑞士的維伊集合。在這裡，他幫助建立了蒙特‧皮萊林協會，這是一個致力於保護自由社會的團體，1976-1978 年，斯蒂格勒曾擔任該協會的主席。在第一次會議上，他結識了艾倫‧J‧雷克托，並與他保持了多年的密切連繫。斯蒂格勒在一本書最後的獻辭中，曾承認 J‧雷克托對他產業組織和管理觀點上的影響。

1958 年，也就是在發表《生存方法》論文的同一年，斯蒂格勒被認命為芝加哥大學商業研究生院美國制度查爾‧R‧沃爾格林講座的教授。這樣，他就開始了在這所大學的長期任職生涯。在此期間，他與米爾頓‧弗德里曼一道，幫助領導了主張自由市場經濟的芝加哥學派，這個學派由於重視貨幣主義和降低政府作用而聞名於世。

1957-1958 年，斯蒂格勒離開了芝加哥大學赴加州史丹佛的行為科學高等研究中心進行為期一年的研究工作，他與肯尼思‧阿羅、梅爾文‧裡德、米爾頓‧弗德里曼和羅伯特‧索洛一起度過了他在回憶中所稱的「輝煌的一年」。這些人中除里德外，後來全是諾貝爾經濟學獎獲得者。

斯蒂格勒在 1971-1974 年擔任安全投資保護委員會副主席，1969-1970 年擔任尼克松總統的法規管理改革顧問，這使他有機會將他在法規管理上的學術成果應用於公共政策上。斯蒂格勒是主張放鬆控制的最早也是最具有雄辯力的學者之一。福特和卡特總統後來在他們執政期間把法規管理改革作為最優先考慮的事，這種放鬆控制的做法在雷根總統雄心勃勃的計劃中也占有重要位置，這些都要追溯到斯蒂格勒的最初努力。

在以後的日子裡，一系列重要的學術任命和職務頭銜接踵而來，這是由於他的成就被世人認識而致。1964 年，他被選為美國經濟協會主席。1974 年，他成為享有盛名的《政治經濟學》雜誌的編輯，任職至今。一年

後，他被選為美國全國科學院成員。

1977 年後任芝加哥大學國家經濟研究中心負責人。自 1947 年開始，一直兼任國家經濟研究局的高級研究員。1982 年，斯蒂格勒獲得了經濟學最高榮譽諾貝爾經濟學獎。

諾貝爾獎的盛名給斯蒂格勒提供了大量表達自己觀點的機會。在與《美國新聞與世界報導》記者進行的這次會見中，他指出，如果貨幣供應中像 1982 年出現的那種大幅度的動盪能夠被控制，經濟穩定時期就會到來，但是，斯蒂格勒更堅定地堅持政府不干預的立場。

斯蒂格勒是芝加哥學派在個體經濟學方面的代表人物，他是資訊經濟學的創始人之一，他認為消費者在獲得商品品質、價格和購買時機的資訊時成本過大，使得購買者既不能、也不想得到充分的資訊，從而造成了同一種商品存在著不同價格。斯蒂格勒認為這是不可避免的、正常的市場和市場現象，並不需要人為的干預。斯蒂格勒的觀點更新了個體經濟學的市場理論中關於一種商品只存在一種價格的假定。在研究過程中，斯蒂格勒還把這種分析延伸到勞動市場。這些研究建立了一個被稱為「資訊經濟學」的一個新的研究領域。瑞典皇家科學院評價說，這些工作「為近年的經濟分析提供了一個最具鼓舞作用的衝擊，並為現代研究失業和膨脹的最終原因提供了一個重要的出發點」。

他的另一貢獻是對社會管制政策的精闢批評，他力圖論證「看不見的手」在當代仍可獲得良好的效果，而政府管制則常常不能達到預期的效果。斯蒂格勒進行了一系列的研究，目的是要驗證他事先做的一個假設：自己做不到的，讓國家替你做。研究中，他發現經濟法的目的是有益於特殊生產者或集團的利益，而不是服務於公眾。簡言之，特定的集團的成功影響了立法及實施。因此，他主張實行自由市場制度，反對壟斷和國家干

預。他的名言是「最好的政府是管的最少的政府」。斯蒂格勒這些工作的貢獻並不在於他的觀點如何，而在於「激發了對管制立法的效果及其背後的驅動力的大規模研究」。他是被稱為「管制經濟學」的新的重要研究領域的主要創始人。傅利曼讚譽斯蒂格勒是「以經濟分析方法來研究法律與政治問題的開山祖師」。

他最有創見的文章《勞動市場資訊》把失業解釋為尋求最佳薪資率的最佳工作的無償輪換時間，從而提出了以後所有繼續研究失業的「尋求模式」的出發點。斯蒂格勒證明：勞動市場的某種工作不可能只有唯一的薪資率，甚至在工作很明確的時候，它們也是在一段薪資率變動區域內可得到的，因此，工作尋求者就要解決一個資訊問題。

同樣，斯蒂格勒在《寡頭獨占條件下捲曲的需求曲線與剛性價格》中從經驗上批判了認為少數幾個廠商控制的行業將很少改變價格的這一看法。此後，圍繞這個主題湧現出大量的文章。1971年，他在另一篇文章《經濟調節理論》中提出了一個簡單的假設：一般認為政府機構是基於消費者利益為調節公共設施的投資政策及價格政策而建立的，但最好認為它們是為生產者利益行事，這並非出於惡意，而是由於政府調節的必然結果。此後，斯蒂格勒和其他人繼續研究了這種假設對逐個美國調節機構的意義。最後，斯蒂格勒在《政治經濟學家的政治》這篇文章中指出，經濟學研究不可避免地導向保守主義。這引起無休止的爭論。

拉斯‧魏林教授代表瑞典皇家科學院高度概括了斯蒂格勒教授在經濟學中的貢獻。他在頒獎儀式上對斯蒂格勒教授說：「您的系列的研究工作擴大和豐富了我們對市場、產業結構和組織、經濟立法和管制所發揮作用方面的知識……您也開闢了新的、重要的經濟研究領域。由於這些突出貢獻，皇家科學院決定授予您諾貝爾經濟學紀念獎。」

● 莫里斯・阿萊

　　莫里斯・阿萊 1911 年 5 月 31 日生於法國巴黎，他的父親在 1914 年 8 月參加了第一次世界大戰，後被俘，1915 年 3 月 27 日在德國囚禁中逝世。阿萊的青少年時代，甚至整個一生都直接和間接地受到此事的影響。

　　儘管他的家境不好，但他仍能上中學。1925 年，阿萊就讀於巴黎路易大帝中學，1928 年，得到拉丁文的高中學士證書，1929 年獲得數學和哲學兩個學士證書。在他的所有學習的課目中他始終是各科的全年級第一名。阿萊對歷史感興趣，但他的數學老師堅持要他進入特別數學班。上這個班是為進工學院做準備。1931 年他進了工學院。當時，工學院以及高等師範學院是法國科學教育的頂點。1933 年，阿萊以全班第一名的成績畢業於巴黎工學院。之後進入巴黎國家高級礦業學院學習工程學，並於 1937 年在國家礦產與採礦部開始了他的工程師的生涯。

　　在學生時代，莫里斯・阿萊經歷了 1929-1933 年的世界經濟危機和接踵而來的大蕭條時期。危機期間，他曾去美國訪問，由於大危機而造成的工廠停工和工人失業引起了他的注意。這次由於市場問題尖銳化而引起的規模空前、曠日持久、破壞性極強的經濟危機給他留下了深刻的印象。出於對 1929 年大危機造成社會大災難的憤怒和解決社會經濟問題的熱情，他立志為市場經濟中出現的若干問題找到解決辦法，並為此貢獻自己畢生的精力。由於具有工程學的背景，阿萊自學了經濟學，並把數學的嚴密性引進到當時幾乎沒有定量分析的法國經濟學流派中。

　　為了這樣的目標，阿萊以極高的熱情開始學習經濟學。那時他購買一切經濟學著作，已經到了不予考慮的地步，凡是能找到的法國作者寫的，或外國作者寫的並譯成法文的經濟學著作，他都買。在那些日子裡，開始

莫里斯‧阿萊

了他一生中的一個重要時期，在只有 30 個月，即從 1941 年 1 月至 1943 年 7 月，他就寫出一本約 900 頁的很精練和很有結構的書《經濟學研究，第一篇，純經濟學》。這部著作是阿萊 1988 年獲諾貝爾獎的理由之一。

大學畢業後，莫里斯‧阿萊當上了礦業工程師。他決定發揮自己所學之專長，先從礦業角度搞個體經濟分析，然後逐步擴大自己的經濟學研究領域。1943 年，莫里斯‧阿萊出版了第一部經濟學名著《個體經濟學研究》（兩卷），初步展示了他傑出的研究才能。1944 年，莫里斯‧阿萊才 33 歲，便成了巴黎國家高級礦業學院礦業經濟分析的著名教授，並擔任法國經濟與社會研究中心主任。爾後，莫里斯‧阿萊在學術界的地位蒸蒸日上，擔任的職務越來越多且越重要：1946 年任巴黎國家高級礦業學院院長和法國全國科學研究中心經濟分析中心主任；1947 年任巴黎大學統計研究所理論經濟學教授；1954 年任法國全國科學研究中心主管研究工作的主任；1958-1959 年任維吉尼亞大學經濟學客座教授；1967 年到 1970 年，他是瑞士日內瓦國際問題研究生院的教授；自 1970 年後，他擔任了巴黎大學克萊芒 —— 朱格拉高級貨幣分析研究室主任。

阿萊曾服兵役一年。1939 年 9 月在楓丹白露砲兵學校，後被召回義大利前線的阿爾卑斯軍，是砲兵中尉，他指揮白裡安松地區的一個重炮連。實際上，真正的戰爭只持續了兩個星期，從 1940 年 6 月 10 日義大利對法國宣戰，到同年 6 月 25 日停戰。

退伍以後，1940 年 7 月他回到南茨仍然做礦業機關的負責人。1943 年 1 月至 1948 年 4 月，他成為巴黎的礦業文獻和統計局局長。

阿萊的早期成就是在第二次世界大戰期間與世界上其他國家失去交流的狀況下取得的。D‧薩繆森曾講過下面關於阿萊 1944 後在法國國家礦業學校任教時的故事。當巴黎解放的時候，瑟‧約翰和拉第‧希克是這個城

市最早的經濟學家。他們曾經到過一個頂樓，等到眼睛適應了昏暗的光線，他們看到一群頭戴礦燈的學生正在聽一個教師用紙板給他們講課。這個教師就是阿萊，他正在講關於在一個靜止的狀態中利率是否應該是零。在戰爭中期，他應用很少的資料來源，研究出一個詳盡的當代資本和利息理論。因此他受到人們的尊重。有人稱他是法國經濟學領域的「忠厚長者」。

　　阿萊對1929年至1934年大危機以及股票市場的研究傾注了很大精力。他寫就的著名文章《市場經濟的貨幣條件》，在1987年5月就對1987年10月發生的「股市暴跌風潮」做出了科學的預見。在這篇論文中，莫里斯·阿萊根據自己對1929-1933年世界經濟危機所做的幾十年的研究，預測不久將發生一次類似於1929年的經濟大危機。這次大危機的徵兆是：人們大量搶購股票，由此導致股市價格堅挺上漲；價格上漲達到一定極限後，必將出現一個價格暴跌階段，最終引發全球金融危機。事實證明，莫里斯·阿萊的預見完全正確：美國紐約股票市場道·瓊斯股票價格指數經過一段時間的猛漲之後，在1987年10月19日一夜之間驟然下跌508點，跌率達22.61％，大大超過了1929年10月道·瓊斯股票價格指數下跌38.33點和跌率12.82％的歷史最高紀錄。他把這次危機和1929年10月的危機相比，認為工業化國家無法倖免。

　　果然，這場金融風暴從紐約迅速席捲整個西方股票市場，僅英國倫敦股票交易所因股票價格指數狂瀉而下所造成的股票面值損失就達幾百億英鎊，並且一年後仍未恢復到原來的股票成交額水準。

　　莫里斯·阿萊畢生致力於市場經濟的潛心研究和經濟學的教學工作。

　　阿萊於1960年與馬丁·鮑特勞波結婚，他們有一個女兒名叫切斯詩。阿萊的業餘愛好是歷史、物理學、游泳、滑雪和網球。除了研究經濟以

外，他還發表過有關歷史與物理學的文章。他還經常為法國報紙撰寫經濟評論。

　　阿萊「因為市場理論和最大效率理論方面」對經濟學所做出的貢獻，獲得 1988 年諾貝爾經濟學獎。阿萊是第一個獲諾貝爾經濟學獎的法國學者。

　　他提出了許多市場經濟模型，重新系統地闡述了一般經濟均衡理論和最大效益理論。阿萊認為，從瓦爾拉到德布魯的一般均衡模型均假定一個所有物品都集中在一起進行交換的市場，而且市場價格對所有市場參加者都是共同的、給定的，然後透過唯一的一輪交易做一次性移動，經濟從不均衡狀態過渡到均衡狀態。這些假定都是不現實的，他稱之為「單市場經濟模型」。針對這些缺陷，他提出：「多市場經濟模型」，它假定導向均衡的交換以不同的價格連續發生，並且在任何給定時點上，不同經營者作用的價格不必是同一的，在「可分配剩餘」的驅動下，每一次交易都趨近均衡。阿萊的「多市場模型」較之於「單市場模型」更接近現實，更一般化，即蘊涵了存在競爭和不存在競爭的所有可能的市場形態，而且能如同描述西方國家經濟那樣，描述東方國家經濟和發展中國家的經濟，而且其描述是動態的。由於阿萊把私人分散的、自由尋求和實現剩餘看作是實現最大效率狀態的基本途徑，因此在政策主張上極力反對凱因斯主義的政府干預。

　　當法國在 80 年代中期開始從國家控制經濟轉向市場經濟時，他的學說顯然產生了影響。保羅‧薩謬爾遜稱他是「最早獨立發現的源泉」，並說「如果他早期的著作是用英文寫成的，那麼一代經濟學理論將是另一番景象」。諾貝爾獎遴選委員會主席、瑞典經濟學教授阿瑟‧林德貝克說：「阿萊不僅是新法國經濟學派之父，而且是經濟分析領域中的一位巨匠。」

第一篇　諾貝爾經濟學獎得主

莫里斯·阿萊憑著自己對研究對象的敏銳觀察力，在經濟學方面拓展的研究領域越來越寬：從礦業經濟分析、理論經濟學研究、經濟計量學模型、社會經濟統計分析、經濟成長理論和金融理論，一直到把經濟學與心理學、社會學、政治學和歷史學逐步連繫起來進行研究的廣闊領域。他對一般均衡理論、最大效益理論、資本理論、消費者選擇理論、貨幣動態學、應用經濟學（包括礦業研究、國有化煤礦的管理、運輸的基礎結構、歐洲經濟一體化等）進行了系統的定性研究和嚴謹的定量表述，提出了「可分配剩餘」、「偏好指數的超空間邊界」、「原始收入」、「特徵函數」、「阿萊悖論」、「必要節約函數」、「心理性利息率」、「疏忽率」、「心裡性時間」等嶄新的經濟學概念。他採用非常嚴謹的數學推導對家庭和企業的計劃與選擇進行描述，並在此基礎上提出了關於市場達到均衡所需條件的非常綜合性的數學模型。

除了諾貝爾經濟學獎外，阿萊還獲得過許多重要獎勵。1933 年獲 Laplace 獎；1954 年獲倫理學和政治科學院的迪潘獎；1959 年獲 J·迪唐斯獎；1958 年獲霍普金斯大學美國運籌學會獎；1959 年獲法國宇航學會加爾貝獎；1968 年獲 A·阿爾努大獎；1970 年獲鼓勵工業國有化協會金質獎章；1978 年獲法國全國科學研究中心金質獎章。

● 列昂尼德·坎托羅維奇

列昂尼德·坎托羅維奇（1912-1980 年）是蘇聯經濟學家和數學家，1975 年度諾貝爾經濟學獎獲得者。坎托羅維奇 1912 年出生於俄國聖彼得堡的一個醫生家庭。1930 年獲列寧格勒大學數學學士學位；畢業後留校任教，1934 年起成為該校最年輕的數學教授；1935 年獲該校數學博士學位。

1948-1960 年任列寧格勒科學院數學所研究室主任；1958 年當選為蘇聯科學院通訊院士，並於 1964 年成為蘇聯科學院院士。1960-1971 年任蘇聯科學院西伯利亞分院數學所副所長；1971-1976 年任蘇聯國家科學技術委員會管理研究所室主任；1976 年擔任蘇聯科學院系統分析所所長。坎托羅維奇曾於 1949 年獲史達林數學獎；1965 年獲列寧經濟學獎金。由於他創建和發展了線性規劃方法，革新、推廣和發展了資源最優利用理論，1975 年被授予諾貝爾經濟學獎。

坎托羅維奇的主要經濟學著作有：《組織與計劃生產的數學方法》(1939)、《大宗貨物的調運問題》(1942)、《經濟資源的最佳利用》(1959)、《泛函分析》(1959，與阿克洛夫合著)、《經濟最優決策》(1972，與高斯特科合著)、《運輸的有效利用與發展問題》(1989) 等。

坎托羅維奇對經濟學的貢獻主要在於他建立和發展了線性規劃方法，並把它運用於經濟分析，把資源最優利用這一傳統的經濟學問題，由定性研究和一般的定量分析推進到現實計量階段。

■ 解乘數法

坎托羅維奇認為，提高企業的勞動效率有兩條途徑。一條是技術上的各種改進，另一條是在生產組織和計劃方面的改進。如何把工廠中現有的生產資源結合起來使生產最大化，他發明了後來被稱為線性規劃的方法解決了這個問題。

這是在線性不等式組成的約束下，求一個線性函數的最大值的一種方法。這種方法的一個特點是，計算給出作為副產品的一些數字，稱為影子價格，它們具有某些品質，使它們可作為核算價格使用。坎托羅維奇提出了求解線性規劃問題的方法 —— 解乘數法，打開了解決最優規劃問題的

大門，為科學地組織和計劃生產開闢了現實的前景。

　　他把這一方法推廣運用於一系列實踐，諸如：合理地分配車床和機械的作業，最大限度地減少廢料，最佳地利用原材料和燃料，有效地組織貨物運輸，最適當地安排農作物的布局等等。解決這類問題的一般程式，概括起來就是，首先建立數學模型，即根據問題的條件，將生產的目標、資源的約束、所求的變量這三者之間的數量關係用線性方程式表達出來，然後求解計算。這類模型通常被稱為「坎托羅維奇問題數學模型」。

■ 客觀制約估價

　　坎托羅維奇在研究企業之間以及整個國民經濟範圍內如何運用線性規劃方法時，認識到被他稱為「平衡指標」的乘數 88 在衡量資源的稀缺程度，最合理地選擇生產方法，編制國民經濟最優計劃，以及使國家整體利益與企業局部利益相互協調等方面所具有的獨特作用。於是，他把乘數 88 改稱為「客觀制約估價」（影子價格）。

　　客觀制約估價包括對各種產品的估價和對各種資源的估價。對產品的客觀制約估價，是指在最優計劃下每種產品生產中所必要的完全勞動消耗量。它由轉移的物質消耗部分和生產中新加入的勞動消耗部分構成。所謂對資源的客觀制約估價就是在最優計劃下節約一個單位的某種資源所需多消耗的勞動量；或者，在最優計劃下使用一個單位的某種資源所能節約的勞動量。

　　對資源的估價和對產品的估價二者之間存在著這樣的關係：如果一種產品是由投入各種資源而產生的，那麼對於在最優計劃中所採取的生產方法來說，對勞動消耗總量的估價小於或等於對產品的總估價。

　　對勞動消耗總量的估價包括：第一，直接勞動消耗（即成本部分、轉

移的物質消耗和薪資）；第二，由對各種資源的估價而計算的間接勞動消耗。對產品的總估價即為轉移的物質消耗加上對淨產品的估價。對於在最優計劃中沒有採取的生產方法來說，對勞動消耗總量的估價大於或等於對產品的總估價。

坎托羅維奇認為依據客觀制約估價，可以實現全社會範圍的資源最優分配和利用。這時，在現有資源條件下，全社會能夠以最小的勞動消耗，獲得最大限度的生產量。由此得出的生產計劃叫做「最優計劃」。有時把客觀制約估計稱為「最優計劃價格」。他認為，合理的計劃工作應當基於線性規劃形式的最優計算得到的結果，而且，生產決策可以分散化而不損失效率，只要使下級決策者用影子價格作為它們的盈利性計算的基礎。中央計劃機關只需根據現有資源狀況和總的生產任務，靈活地確定和下達各種資源和產品的客觀制約價格指標，各個分散的企業從以客觀制約估價計算的最小消耗或最大盈利原則出發，自然會選擇對它最為有利的生產方法。這樣，企業的分散決策就能與整個國民經濟範圍內的資源平衡和完成總的生產目標協調一致。

■ 隨機規劃

坎托羅維奇根據最優計劃必須滿足的要求和前提，提出了生產計劃的靜態和動態模型。靜態模型適用於短期計劃，由於時間較短，可以假定生產條件不變；動態模型適用於長期計劃，這時生產條件（如基本建設投資和開採新的資源等）都會發生變化。靜態和動態模型都是線性規劃問題，比較簡單，求解方法也相同，但動態模型有時需要應用特殊的求解方法，如果模型包含的因素不多，可應用動態規劃。

坎托羅維奇將隨機規劃應用於制定最優計劃。在線性規劃模型中，有

一個非常重要的假定，即係數 a 和資源 b 都是肯定型數據，這就是說，計劃當局對模型的不可控參數擁有絕對準確的資訊。在經濟系統的基本特徵不會發生重大變化的情況下，上述假定是可以成立的，但在長期計劃中，不可避免地存在誤差。

坎托羅維奇認為未來新的技術、需求、自然資源、農作物產量和消耗定額等都是隨機變量，只能以某種機率知道一個可能的數值範圍，如果長期計劃不考慮不可控參數的隨機性，計劃決策就可能犯嚴重錯誤。

在研究隨機規劃問題中，他提出了一個二階段隨機規劃模型，認為肯定型模型不能把原計劃及其調整的兩個階段結合起來，而二階段隨機規劃模型可以做到這一點，也就是在不確定的條件下建立選擇計劃的模型，第一階段是選擇使執行計劃所預期的花費最小，第二階段是選擇從原計劃及其調整中所獲得的平均效果最大。多階段隨機規劃模型的思路與二階段模型相似。

● 彌爾頓・傅利曼

彌爾頓・傅利曼於 1912 年 7 月 30 日出生在美國紐約市。第一次世界大戰的炮聲，算是給他上的啟蒙教育第一課，這使他比在和平環境里長大的孩子懂得更多的東西。他特有的分析能力、計算能力、想像力和記憶力，使他跳躍式地完成了初等教育，年僅 15 歲就考入了美國羅格斯大學專修經濟學。1933 年，他以優異成績獲得了該校的經濟學士學位，並考入美國芝加哥大學研究院經濟碩士研究生班。

1933 年，傅利曼在芝加哥學派的主要代表人弗里蘭克・奈特、亨利・西蒙斯和雅齊市・瓦納三位教授的指導下，取得了碩士學位。他當時的學

術思想是追隨芝加哥學派的。但隨著凱因斯主義日益被西方國家所接受，並被美國經濟學家漢森‧阿爾文移植到美國，在美國經濟界占據主導地位。此後，與凱因斯主義相對峙的芝加哥學派成了「在野派」。在這種情況下，傅利曼的經濟思想也受到凱因斯主義者的責難，因而使他在攻取博士學位時受到阻礙。但這一切並未使他放棄自己的理論，他堅信自己是政治經濟學的正宗，確信自己的研究方向是正確的，並且一定能夠成功。他下定決心要復興傳統經濟學的理論，但他深知這是一個漫長的過程，需要蒐集大量的資料。為此，他在教授們的推薦下，到芝加哥大學社會科學研究委員會做助理研究員。

1935 年，傅利曼受聘於美國國家資源委員會，擔任經濟學副研究員，這裡是為美國決策人物提供資料的高級機構，有利的條件正好使他便於實地考察凱因斯主義和芝加哥學派在經濟生活中的利弊。1937 年，為了進一步了解實際情況和占有大量資料，他身兼三職，擔任了美國國家經濟研究局研究員、紐約國民經濟研究所研究員和哥倫比亞大學講師。他整天奔波，日日夜夜地工作，蒐集、分析、整理各類歷史資料。1940-1941 年，他又到威斯康辛州大學任經濟學客座教授。

1941 年，傅利曼應美國政府邀請，任財政部賦稅研究署首席經濟顧問，在這裡他考察了第二次世界大戰期間的一些世界經濟問題。1941 年12 月 7 日，發生了珍珠港事件，美國隨即參戰。為了戰爭的需要，美國政府在哥倫比亞大學成立了軍事研究會。1943 年，傅利曼被聘為該研究會統計組副組長。研究會的工作緊張而龐雜，但他還是抽空寫下了幾千張資料卡片。

第二次世界大戰結束後，傅利曼就被明尼蘇達大學聘為經濟與商業管理學副教授，這使他有暇從事專門的理論研究。1946 年，傅利曼和美國著

名的經濟學家、經濟統計學創始人西蒙‧史密斯‧庫茨涅茲教授合作，對美國貨幣流通的歷史資料進行彙集、分析和整理，合著了《自由貨幣實際收入》一書，書中有許多很有說服力的實例，被西方經濟學界看成是他的重要貢獻。與此同時，他成功地攻下了芝加哥大學經濟學博士學位。

　　1948年，傅利曼進一步將自己所研究的材料加以理論性的總結，彙編成《試驗的檢查》一書，從而說明貨幣數量論的廣泛適應性和傳統經濟學的強大生命力。為此，傅利曼被芝加哥大學提升為經濟學教授。由於他在理論和實踐方面所獲得的成效，已占據美國經濟學界霸主地位的凱因斯主義，也不得不做出某種讓步。1951年，在美國經濟學年會上，傅利曼並未因此而鬆勁，而是將自己以前的研究成果進行再加工，並蒐集各流派對他的每一篇論文的指責和讚揚，加以鑑別，於1953年出版了《實證經濟學論文集》，這引起了很大回響。

　　傅利曼自30年代初出茅廬直至50年代中期，他的社會影響並不很大。但到了50年代後期，隨著他的經濟理論逐漸形成，他在學術界和國際經濟事務中的聲譽與日俱增。傅利曼開始公開地向戰後盛行一時的凱因斯主義發起挑戰，提出了現代貨幣數量論，與之對抗，他於1956年出版《貨幣數量論的一個重新表述》，明確指出現代貨幣數量論就是貨幣主義的理論基礎。

　　貨幣主義早在16世紀、17世紀時由德國一重商主義者讓‧波丹首先提出，19世紀英國經濟學家休謨則對貨幣數量論做過初步的解釋，之後，經過李嘉圖、洛克等人的進一步發展，形成了「貨經數量論」。20世紀西方經濟學界（主要是英、美的資產階級庸俗經濟學家）也建立起各具特色的貨幣數量論。其中，以美國經濟學家歐文‧費雪的「交易方程式」最為著名。傅利曼則認為，貨幣數量論首先是一個關於貨幣需求的理論，而不

是關於產量和物價的理論。因此，就要著重對影響貨幣需求的因素進行分析，他主張實行「單一性規則」，即把貨幣供應量作為唯一的政策工具，由政府公開宣布，每年貨幣成長率在較長的時期內保持在一個固定不變的水準上。這個固定不變的貨幣成長率，應同預計在較長時期內出現的經濟發展速度相一致。他的論述，使許多經濟學界的頭面人物很感興趣。在1957 年的美國經濟學年會上，傅利曼被推舉為祕書長，並應美國行為科學高級研究中心的聘請，出任研究員。

這個研究中心的條件相當優越，他抓住機會，寫出了《消費函數的理論》一書，書中提出了「永久性收入」假說（或恆常所得假說），他認為若要研究消費與收入的關係，需以一個家庭的「永久收入」為根據，而這一收入是一個家庭在相當長的時間內經常可以獲得的收人。除這一收入外，一個家庭尚有另一種暫時性的收入或損失，即意外收入或意外損失。這樣實際消費也就有永久和意外的兩種消費。因此他的永久性收入假說與凱因斯的絕對收入假說，和詹姆士‧S‧杜茲納伯麗的相對收入假說一併成為關於消費行為理論的三大重要學說。

傅利曼為貨幣主義的建立繼續努力著，於1959 年發表了兩部巨著《貨幣安定計劃》和《對貨幣需求的一些理論和經驗的答案》。

1944 年的布列敦森林會議上，成立了國際貨幣基金組織。在第二次世界大戰以後，美國大發戰爭之財，憑藉著強大的經濟實力，迫使其他西方國家接受以美元為中心的世界貨幣體系，實行國際貨幣基金協定所確定的固定匯率制，即各國貨幣價值必須以一盎斯黃金等於 35 美元以上的匯率計算。傅利曼在當年就對此提出異議，他預言這種固定匯率制必將徹底破產，而自由浮動匯率才是維持一體化更穩定的國際經濟手段。但當年經濟學界凱因斯主義的權威人士和政府首腦對傅利曼的勸告置若罔聞。隨著

時代的變遷，各會員國經濟成長速度出現不平衡的現象。從 20 世紀 50 年代起，美國進入了持續的通貨膨脹時期，到 60 年代，美國的物價不斷上升，國際收支狀況更加惡化。這時，他再次提出浮動匯率制，並詳細解釋自由匯率「優越性」的新論點。

以後，在 1963 年的美國國會聯合經濟委員會的一次聽證會上，傅利曼重申只有放棄固定匯率，實行浮動匯率，才能保證國際貿易發展平衡，同時，不會妨礙國內的重要目標。

1962 年，傅利曼出任美國福特金·福克萊特研究所研究員，並於同年發表了《資本主義和自由》一書。加拿大皮萊林經濟學會吸收他為外籍會員，日本東京立教大學授予他名譽法學博士稱號。1964 年，他被哥倫比亞大學聘為該年度的韋斯利·克萊爾·米切爾經濟學客座教授。

1965 年，美國經濟學年會推舉傅利曼出任會長，他在就職演說中，又將《貨幣政策的作用》長篇論文奉獻給與會者。在這篇論文中，傅利曼提出了又一新論點，他認為資本主義社會存在著一種「自然失業率」，即在沒有貨幣因素干擾，勞動力市場和商品市場自發的供求量發揮作用的情況下，應有處於均衡狀態的失業率。他認為要解決高失業問題的長期辦法，是要更多地鼓勵人們儲蓄、投資、工作和雇工。而要解決黑人、青少年的最高失業率問題，有效的辦法是在教育中採用一種保證合格的憑證制度，以提高黑人和青少年所受教育的品質。他的主張得到社會各階層人士的擁護。

1968 年，傅利曼被克萊門森大學和他闊別 30 年的母校羅格斯大學分別授予法學博士稱號。他沒有被榮譽所陶醉，又寫了《美元與逆差·通貨膨脹·貨幣政策與國際收支》一文，現在《新聞週刊》上發表了 20 多篇重要論文，並在 1975 年對在經濟理論爭論中陷入第二次危機的新古典綜合學派，做了進一步的批判，發表了《失業或通貨膨脹 —— 對菲利浦斯

曲線的評價》一書，他所致力研究的貨幣主義愈來愈被世人所接受。1976年，在西方經濟學界為紀念亞當斯密《國民財富的性質和原因的研究》發表200週年紀念活動中，傅利曼發表講演，說：「亞當斯密『看不見的手』的學說，就今天而論，是非常重要的和切合實際的。1976年，亞當。史密斯關於因干涉市場和妨礙『看不見的手』的作用，這一告誡今天已經被政府干涉的災難性後果所證實了。」這也向人民展示了他在學術上具歷史的遠見性和理論體系的嚴密性。

也就在這一年，瑞典皇家科學院認為：傅利曼在消費分析和貨幣歷史與理論方面的成就，及論證穩定經濟政策的複雜性方面有獨到見解，授予他1976年諾貝爾經濟獎。這位年過六旬的老人獨自享受了這一年經濟學界的殊榮。

1977年1月，傅利曼宣布退休。當史丹佛大學聘請他做該校胡佛研究所高級研究員時，他又重新走馬上任了。

傅利曼上任後，為了使貨幣主義理論通俗化、大眾化，在電視台進行了十次講演，並把這十篇講稿彙集起來，與他的夫人合作寫出了一本關於貨幣主義理論的通俗讀物《自由選擇》，還把該書改寫成為人們喜聞樂見的電視劇本，使之家喻戶曉。

當人們跨入20世紀80年代之際，英國首相柴契爾夫人首先大膽運用貨幣主義。世界上七大工業強國中就有五個國家相繼使用貨幣主義制定經濟政策，美國已故雷根總統也借鑑了英國實施貨幣主義的經驗。

● 理察·史東

理察·史東 1913 年 8 月 30 日生於倫敦。

1930 年，史東的父親被任命為馬德拉斯高等法院法官。於是，他便去了印度。在印度待了一年。1931 年到 1935 年間，史東就讀於劍橋大學吉維爾·凱厄斯學院。

當時，史東所在的學院的研究員中沒有經濟學家。所以，他就被送到國王學院向理查·凱恩學習經濟學。

除了他的學習成績不太理想外，史東的大學時代可謂一帆風順。1935 年，他於劍橋大學畢業並獲得文學學士學位。與此同時，學院給他提供了一個攻讀研究所的機會。儘管史東僅學了兩年的經濟學，而且對自己是否有能力去研究經濟學還抱有懷疑，但這個機會無疑對史東具有極大的吸引力。這時，他的父親對他的去留發揮了決定性的作用。他父親認為，史東大學畢業後應找一個安定的職業。於是史東未去當研究生而是進入城裡的一家保險企業。史東自認並無經商的才能，但是在他與保險業的短期接觸，豐富了自己的生活閱歷。

1938 年，史東獲得劍橋大學碩士學位。1957 年，獲理學博士學位。

《趨勢》繼續完成它的使命。每個月史東整理發表有關英國經濟情況的指標、就業、產值、消費、零售貿易、投資、對外貿易、物價等。除此而外，史東還不時地加上一篇專門討論地區就業或有關德國經濟恢復，或有關美國股票市場等等一些熱點的評論文章。《趨勢》雖然是個小刊物，然而它已經引起了一些注意。因為 1939 年有人徵詢他是否可以參加在戰爭爆發後即將成立的戰時經濟部的工作。史東沒有猶豫，並於當年的 9 月 2 日戰爭爆發時前去報到。

當時，史東的工作僅僅是初步的。它包括三張表，關於國民收入和支出，個人收入、支出及儲蓄，以及政府開支需用私人財源的資金淨額和可供能力。它們不能組成一套國民帳戶，而只是個開始。在設計帳戶時他們利用了餘額估計。因此帳戶的平衡不能說明帳項的準確性。此後，有關國民收入和支出的官方估計的發表成為每年的特色，並且愈來愈詳細。

與此同時，除了在英國做這個工作外，美國和加拿大也進行了國民收入與國民支出的估計，而且比英國更詳細，但沒有形成平衡帳戶的形式。要想使三國的表格成為可比的，必須進行一些調整。1944 年，史東被派去做這項工作。史東先去渥太華，見到加拿大負責此事的喬治・勒克斯登，他們又一造成了華盛頓，與商業部的密爾頓・吉爾伯特及其小組討論。史東回憶當時的情況說，「會談很友好而且結果極滿意」，這是一次「令人鼓舞的國際合作」。

1940-1945 年，史東是戰時英國中央統計局的內閣官員。1945 年戰爭結束，史東被選任為劍橋新成立的應用經濟學系首屆主任。在就任之前有三個月的假期，史東找了一個安靜的地方整理自己的思想，戰爭期間他沒時間做這件事。結果他去了普林士登的高等研究院。在那裡，他在考慮如何用一種社會會計體系來測量經濟流量。

在普林士登時，史東遇見了國際聯盟的情報局長亞歷山大・勒夫代，他請史東寫一篇關於定義和測量國民收入和有關總量問題的論文，以便國際聯盟的統計專家委員會考慮。這個報告的附件由史東很快寫就，並透過專家委員會的討論，並於 1947 年在日內瓦由聯合國公布。報告的題目是《國民收入的測量和社會帳戶的編制》。

在此前後，史東與他在歐洲的同事們進行了許多富有成果的交流。40年代後期，在巴黎成立了歐洲經濟合作組織，該組織在劍橋設了一個國民

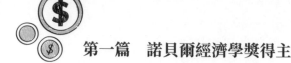

帳戶研究組，史東是這一研究組的指導人。這個研究組的任務是：第一，構建一個標準帳戶體系；第二，撰寫各國國民帳戶的研究；第三，用合適的技術，訓練來自各成員國的其他統計學家。這是一個活躍的團體，包括從奧地利、丹麥、法國、希臘、荷蘭、挪威、瑞典和瑞士的訪問學者。研究組做出了數份報告，其中有歐洲經濟合作組織分別在 1950 年和 1952 年公布的《一個簡化的國民帳戶體系》和《一個標準化的國民帳戶體系》。研究組活動延續到 1951 年，其後的工作移交給了在巴黎的由密爾頓·吉爾伯特指導的經濟學和統計學處。

以後，史東就到了劍橋，並繼續他的研究。在國民經濟研究所的戴立克·羅威的幫助下，研究進展迅速。1954 年，出版了第一卷研究成果，1967 年第二捲出版，書名是《英國消費者支出和行為的測量，1920-1938》。1954 年，也即在第一捲出版時，他寫了一篇論文，其中有一個稱為線性支出系統、一個需求方程系統模型，其中商品的價格和消費者的收入都作為已知或未知的量出現在方程式中。這個模型被勞倫斯·克萊因和海曼·魯賓用作編制一個效用不變的生活費用指數的基礎，經過改進後的指數已被全世界廣泛採用。

50 年代初，史東與西門·庫茲涅茨及戴克森訪問印度，指導印度國民經濟收入委員會編制國民帳戶。1952 年，他還去雅典的相關部門提供類似的顧問意見。

1952 年 7 月，史東被聯合國統計局召往紐約，他被選為專家委員會的主席，負責建立一個標準國民帳戶體系。當時的紐約氣候非常炎熱，他們採取白天睡覺，夜裡工作的方式，這種方式證明非常有效。一個月內經過構思討論並寫出了報告。聯合國很快就出版了，這就是今天被世界各國廣泛使用的《一個國民帳戶系統和支持的表格》（SNA）的前身。

12 年後，SNA 開始了大修訂。為使修改後的 SNA 能被全世界接受，史東在聯合國統計局的好友阿伯拉罕・愛登諾夫從 1964-1968 年開始向一個個國家的相關機構做說明，並徵詢意見。新的 SNA1968 年問世。史東寫了前四章，餘下部分則由愛登諾夫完成。

1955 年，史東放棄應用經濟學系主任職務，又被任命為該校 P・D・裡克財政和會計學教授。新工作要求他做研究成果的普及和推廣工作。

從 1952 年以來一直與史東一起工作的阿蘭・布朗特別值得提起。由於受到他的鼓勵和啟發，史東想到若把系中正進行的各項研究放在一起並建造一個英國經濟的經濟計量模型，可能是一個好主意。這就是劍橋成長項目的開始。1962 年，阿蘭和史東在《成長的綱領》叢書的第一捲發表了他們的思想。開始時，它僅是一個分解模型，其中區分若干生產部門、商品類型、消費品、服務及政府用途。它以一個社會會計矩陣為基礎，並且是一個靜態模型，僅提供一個約前瞻五年的時間預測，沒有考慮在達到所預測情況中將遵循的道路。現在它是一個國民經濟的最大模型之一。在接替史東這個項目的主任的 T・S・巴克的影響下，它已採取一個動態形式，已知經濟的初始狀態和以前沒有的外生變量，如稅率和世界貿易水準的未來值，透過這個模型就能代求解一年又一年的系統的幾千個方程，以追蹤每一個內生變量到將來。從事這個項目的小組，雖然在若干年內其組成屢有變化，但從未超過十個人。

1956 年，史東的妻子費爾多拉久病之後不幸去世。四年的孤獨生活後，史東又獲得了愛，1960 年，史東與吉爾凡娜・克羅夫特・穆來結婚。他們一起寫了兩本書，《社會會計和經濟模型（1959 年）和《國民收入和支出》）（1961）。後者是梅德與史東在 1944 年寫的一本小書擴展後的第五版，它以後又經五版，最後一版是 1977 年問世的。吉爾凡娜在主

編十二卷的《成長綱領》中起了大作用，它描寫直至 1974 年的劍橋成長模型。她還積極地參加了史東 1965 年開始的社會人口學和人口會計學的工作。

開始這項工作的目的是想把教育和訓練引入成長模型。但收穫不大。後來，經合組織邀請史東為他們的科技人員委員會準備一個這個題目的報告。此報告解釋了什麼是人口會計，實施它需要什麼樣的資訊以及如何用它作為建模的基礎。報告是用英國教育系統的例子來說明的。1971 年，聯合國為了發展一套社會和人口統計的綜合系統邀請史東作顧問。他最後寫成聯合國在 1975 年出版的報告，題目為《走向一個社會和人口統計系統》（SSDS）。和修訂的 SNA 一樣，醞釀期的 SSDS 在全世界的解釋者是愛登諾夫。史東在自傳中說：「我與他的長期合作，如跟我和密頓‧吉爾伯特在歐洲經濟合作組織，以及和阿蘭‧布朗對劍橋成長項目的合作，是我生平許多愉快的工作關係之一。」

此後的十年中，史東的興趣集中在三個題目上。第一是社會人口學。其次是在英國國民帳戶中試驗調整法，並有初步的成果問世。1942 年，與大衛‧香佩農及詹姆士‧梅德寫了一篇論文，題為《國民收入估計的精確性》。第三是經濟成長和波動的數學仿真模型，它們的穩定性和對它們的控制顯示出某種思想。

史東在發展國民經濟核算方法上做出了不可磨滅的突出貢獻。為了考察和分析一個國家構成的經濟單位中的無限具體和複雜的交易網絡，必須設計系統的總結和加總的方法。一個國民帳戶體系便是實現簡化和綜合的一個方法。

史東根據 J‧R‧希克斯提出的「社會核算」的思想，具體編制了英國的「國民經濟核算」模式。這一模式為當時英國政府有效利用戰時資源，

戰勝納粹德國做出了巨大貢獻。理察‧史東對大量統計材料的系統加工的實驗令凱因斯感動地驚呼:「我們在一個透過統計的快樂時代中。」

在開始時,史東設計國民帳戶的思想的目標是把各個子部門的國民帳戶完全綜合,在它們之間的國民帳戶表示全部國民資源管理。一個帳戶每個收支項目必須在另一個帳戶中作為相反的項目 —— 分別為支出和收入 —— 重新出現。例如,一個綜合帳戶體系包括家庭收入和支出、企業部門的支出和收入、國民儲蓄和投資、政府部門的支出和收入,以及與其他國家的支付平衡。這種複式會計對許多交易提供了交叉核對統計的機會,來自不同來源的數字必須吻合。

史東的工作很快擴大到涉及國際應用體系,而不僅用於英國。戰爭剛結束,史東被任命為聯合國支持的國際專家組組長,編制可以推薦國際使用的標準化國民會計格式。一本初步的備忘錄已在 1945 年出版,其他版本接著出版,最後一次是在 1968 年由經濟合作發展組織發行的。所有這些備忘錄都是在史東的指導下編寫的。

國民經濟核算體系(SNA)是當今世界通行的兩大核算體系之一,聯合國於 1968 年採用了它,目前世界上已有 70 多個國家編制了各自的國民經濟核算體系,其理論根據和模式皆來自史東的《國民收入與支出》一書。

具體來說,國民經濟核算體系,將個體經濟簿記原理與總體經濟要領和模型相結合,綜合運用統計、會計和數學方法,系統地測算某一時期內一國(地區、部門)的各經濟主體的經濟活動,包括這些活動的結果,各種重要的總量指標及有關的組成要素。它表示一國的國民經濟結構及各部門之間的連繫。該體系是建立總體經濟模型、進行計量分析的基礎,為制定一國的經濟發展計劃和經濟政策提供了有效的統計數據。

史東曾在 1946 年獲 C‧B‧E 獎，1978 年獲騎士獎。由於史東對國民經濟核算體系的發展所做的貢獻，而獲得 1984 年的諾貝爾經濟學獎。正像瑞典皇家科學院在宣布 1984 年獲獎人選時所評價的那樣，史東是「一位對國民經濟核算不同體系的理論基礎及實際應用進行研究的先驅和推動者，這些形成了各國所普遍缺乏的平衡經濟分析和經濟政策運用的基礎」。今天使不同經濟部門相互連繫的平衡計算的國民經濟核算，被認為是國家資金狀況和發展模式系統報告的一個自身說明和必不可少的部分。但是，在 40 年代初期，以邏輯上相互連繫的國民經濟核算體系形式所作的報告和分析卻形成了一場創世紀的改革，這是新的方法論的驚人發展。史東正是這一改革中的主要代表人物。

由於史東在國民經濟核算體系方面的先驅性研究和首創精神，他對經濟科學發展做出重要貢獻。自從 50 年代以來這些體系都取得了獨特的國際影響，而且在它們產生據以做出國民預算的預測的系統性文件的同時，是週期性和結構性分析的不可或缺的工具。

史東於 1991 年 12 月 6 日在英國劍橋去世，終年 78 歲。

● 威廉‧維克里

1914 年，威廉‧維克里生於加拿大，1935 年獲耶魯大學理學士學位，1937 年獲哥倫比亞大學文學碩士學位，1947 年又獲該校哲學博士學位。自 1945 年起，維克里任職於哥倫比亞大學。40 年代末，他開始在學術界嶄露頭角，特別是在最優稅制結構研究領域成績斐然，漸漸脫穎而出，成為財政方面的權威性人物。其在 1949 年出版的《累進稅制議程》一書成為研究財政與賦稅問題的經典之作。1964-1967 年，他擔任哥倫比亞大學

經濟系主任，在此期間曾任紐約市城市經濟協會會長，1967 年成為加州史丹佛行為科學高級研究中心研究員與經濟計量學會會員，1971 年出任澳洲納施大學客座講師，1973 年出任美國經濟研究局局長。1974 年，他出任聯合國發展規劃預測和政策中心財政顧問，並成為美國文理研究院研究員。1979 年獲芝加哥大學人文學博士，去世前任職於哥倫比亞大學麥克維卡講座政治經濟學教授。

1996 年 10 月 8 日，瑞典皇家科學院決定把該年度的諾貝爾經濟學獎授予英國劍橋大學的米爾利斯與美國哥倫比亞大學的維克里，以表彰他們「在不對稱資訊下對激勵經濟理論做出的奠基性貢獻」。

不幸的是，維克里教授在得獎三天之後，在前去開會的途中去世。他在諾貝爾獎的光環照耀中倒下了，其一生為學術研究鞠躬盡瘁，最後為其人生畫上了一個美麗的句號。

維克里學識淵博，善於思考，具有敏銳的嗅覺，以理論的實踐性名揚經濟學界。他的理論貢獻不僅有賦稅、交通、公用事業、定價等方面的成就，而且因其對激勵經濟理論的開創性研究而聞名於世。他早年著作中的有關激勵問題的深刻思想直至 70 年代才重新獲得經濟學界的重視，極大地推動了資訊經濟學、激勵理論、博弈論等領域的發展。

維克里早年的學術生涯與賦稅研究結下了不解之緣，《累進稅制議程》一書使他一舉成名。由此他參加了舒普的稅制委員會，並與舒普一起奔赴日本，建立了日本戰後稅制的基礎。維克里認為，大多數所得稅制度規定的課稅依據中列入的資本收益指已實現的收益，其部分原因在於未實現的收益難以準確計算，如一些資本資產在收益實現以前很難確定其所有權的歸屬。對此維克里建議應對這類應計收益按實現收益追溯徵稅。同時，他還研究了累積平均資產、遺贈權繼承稅、遺產稅年終級差、未分配

利潤稅收的合理化、薪資收入信貸的合理化、土地價值稅等問題。

　　60 年代，維克里開始對拍賣等具體的市場機制進行研究。1960 年，維克里在《經濟學季刊》上發表文章，探討了公共要價與祕密投標策略。次年，他又在《金融雜誌》上發表《反投機、拍賣和競爭性密封投標》一文，討論了拍賣規則與公共要價的激勵之間的相互關係，分析了有關拍賣的私人資訊、策略報價等問題。這兩篇文章是研究拍賣問題的開創性之作，為這一領域的研究奠定了基礎。

　　根據維克里的觀點，標準的拍賣分為四類：

> **英式拍賣**：底價宣布後，任何遞價一旦為拍賣商認可就成為立定遞價（Standing Bid），新的報價只有高於立定遞價方被認可，遞價終止後，拍賣物就以等於遞價金額的價格拍板成交給最後與最高的遞價競買者。

> **荷式拍賣**：初始價格確定後，拍賣商遞減喊價，直到有某位買者喊「我的」而接受這一價格為止。

> **第一價格拍賣**：即維克里所謂的「密封」或書面投標拍賣，其中最高價競買者以等於全額投標出價的價格得到拍賣物。

> **第二價格拍賣**：最高價競買者以等於第二高競買價的價格獲得拍賣物。

　　實質上，拍賣市場是一種具有明確交易規則的特殊市場，該交易規則精確地描述了市場出清價格是如何實現的。維克里在理論中假定每個經濟行為人（拍賣商與競買者）都是自利與理性的，其在拍賣中的估價與常值密度獨立分布，任何估價與遞價均可認為是最大可能估價的一部分。然後維克里建立了一個雙邊拍賣式契約模型。在存在多個競買者，以及每個競

買者準碓地知道自己的估價區間時，如果所有行為人都屬於風險中性，則在第一價格拍賣中的非合作（或納許）均衡遞價函數僅僅取決於其估價值，而非取決於有著任何估價值的經濟行為者。因而只要給定其一估價順序，就可以得到同樣的遞價順序。如果所有的行為人都屬於風險厭惡，那麼最高估價競買者只能是潛在的最高競買者，因為假如他的風險厭惡程度小於第二或第三高價競買者，則他的出價可能比他們低。

1962 年，維克里進一步把其理論推廣到多單位物品的差別拍賣中，並首次說明了荷式拍賣與第一價格拍賣是同構的。1976 年，維克里又把英式拍賣推進為累式拍賣，從而形成了一套完整的拍賣與投標理論，推動了經濟理論的發展：

➤ 研究了密封投標拍賣問題，分析了拍賣中的共謀現象，指出在公開遞價英式拍賣中容易產生買者共謀現象，而在密封投標拍賣中，拍賣商與競買者以及拍賣商之間具有共謀的可能。

➤ 對市場激勵機制與資訊之間的關係進行了開拓性的探索。強調市場規則（拍賣和密封投標競爭的規則等）的制定必然要受到激勵一致性的約束，其中市場激勵是從交易者的私人資訊和交易者參加或不參加交易的選擇自由中誘導出來的。

貝克爾在公用事業與運輸的最優定價理論方面也做出了重大貢獻，研究範圍包括反應性標價、城市的擁擠情況收費、模擬期貨市場、通貨膨脹對效用調節和計價收費方法的影響等方面。他還曾參加美國和其他國家有關城市交通路線快速運轉所需運費結構的研究工作，分析了交通擁擠現象和高峰負荷效應。他極力主張要根據交通工具使用時間的擁擠程度來定價，甚至建議採取工程學的方法來解決城市汽車使用的監控和通行稅的徵

稅問題。貝克爾雖然研究的多為具體的市場機制，但其研究對於人們認識更為一般的市場機制、建立市場個體結構的一般理論具有重大的價值，諾貝爾經濟學獎也是對其理論的一種承認與肯定。

威廉．路易斯

1915 年 1 月 23 日，威廉．路易斯出生在英屬西印度群島聖盧西亞島上一個黑人家庭裡。

路易斯 14 歲讀完了中學，畢業後不得不開始工作。但在繁忙的工作之餘，他利用一切機會抓緊學習。求學的迫切心情驅使他決定參加聖盧西亞政府在英國大學設立的獎學金考試。起初他因年齡太小不能參加，直到 1932 年，他才取得考試資格，透過考試獲得了到英國去學習的獎學金。

在思想保守、等級分明和種族歧視嚴重的英國，一個來自附屬領地島嶼上的黑人青年，要進大學學習是有很多限制的。按照英國政府規定，黑人只能在大學學習法律和醫學，他卻希望能學工程技術，以便將來當個工程師。他的這個願望根本無法實現。於是，路易斯決定進倫敦政經學院學習企業管理。他以頑強刻苦的精神認真學習每門課程。1937 年，他不僅以優異成績畢業，獲得優等畢業生榮譽，而且學校還給他攻讀工業經濟學博士的獎學金。1938 年，路易斯應徵在母校任教，擔任助理講師。此後，他又到倫敦大學，被提升為講師。路易斯繼續刻苦鑽研，於 1940 年獲得了博士學位。當時，聘請一個黑人青年到英國大學任教是極罕見的，路易斯的任命曾在各大學引起了轟動。但他的才智終於戰勝了社會上的偏見，1948 年，年僅 33 歲的路易斯成了英國曼徹斯特大學的教授。他在這所大學執教十餘年，直到 1958 年才離開。自 1959 年到 1962 年，路易斯先後任

西印度群島大學的校長、副校長，為發展當地教育事業做出了很大貢獻。1963 年，路易斯移居美國，到普林斯敦大學任公共和國際事務教授、政治經濟學教授。

1948 年以前，路易斯著重研究工業經濟問題。1950 年以後，開始致力於發展學的研究，於 1955 年寫成《經濟成長理論》一書。此外，路易斯還研究經濟史，特別是 1870 年以後的經濟成長史，寫下了大量的論文。由於他所取得的成就，他被英、美等國的一些研究機構聘請為特約或名譽研究員。

路易斯出眾的才華使他在國際上逐漸享有盛名。他不僅成為世界知名的學者，還在許多國家的政府部門和國際機構中擔任要職。除了在英國擔任過曼徹斯特物質統計協會主席外，他先後擔任過聯合國殖民地局局長、亞洲和遠東經濟委員會顧問、特別基金代理主席、不發達國家專家組成員、跨國委員會顧問等職。1957 年，路易斯還被聯合國任命為加納總理的經濟顧問。他曾積極參與創建加勒比開發銀行，擔任該行的行長，被加勒比共同市場聘請為經濟顧問。

路易斯的經濟成長理論被稱為古典經濟成長理論。這一理論是按古典經濟學傳統，說明在勞動無限供給的條件下，由資本主義部門擴大所引起的經濟成長過程，並統一地分析了影響該過程的各種因素。

路易斯著重研究人類行為對經濟成長的作用。他認為，經濟成長取決於可利用的自然資源和人類的行為。而影響經濟成長的人類行為又分為直接原因和間接原因。他所說的直接原因主要有三個方面：第一，人們從事經濟活動的願望。人們的願望因國別和時間而異，但決定願望的，主要是經濟制度。要使經濟得到持續成長，經濟制度就要保證個人相應的經濟利益，為專業化和貿易發展提供機會，為人們的就業、遷移、使用資源及開

展自由競爭提供條件。因此，對於發展中國家來說，重要的是與經濟成長相適應的經濟制度。第二，知識的成長與運用。人類知識的成長已由無文字時期發展到現在的運用科學方法時期。發展中國家不應閉門從頭研究科學理論，而應充分利用已經發展起來的科學技術，根據自己的國情加以推廣和應用。同時，發展中國家還應大力發展自己的教育事業，培養自己的技術與管理人才。第三，經濟成長過程取決於資本的積累，而資本積累的主要來源則是靠國內的儲蓄。發展中國家必須千方百計地從各個方面增加儲蓄，並把儲蓄變為投資。農業對發展中國家關係重大，工業化應建立在堅實的農業基礎上，工農業必須保持平衡成長。路易斯認為，人口成長和政府的正確計劃調節對於保證經濟成長起重要作用，政府應該實行適合國情、靈活而分散的調節措施。從農業國向工業國過渡，要依靠健康的、成長的和廉價的勞動基礎，而不靠傳統的資本集約基礎。同時，他還特別重視發展中國家利用國際關係和國際貿易發展自己的經濟，強調在經濟成長過程中逐步消滅貧困，等等。

　　在西方經濟學界，以往的著名理論大都是以分析發達資本主義經濟為模式，從先進國利益出發的。而路易斯是第一位比較系統地分析不發達國家經濟成長，為落後國家出謀劃策的經濟學家。他的分析對於發展中國家確定發展方式，制定適合國情的經濟政策有著一定的指導意義。比如，他所提出的關於農業是工業化的基礎，發展中國家不應盲目排斥發達國家的技術，也不要盲目引進外國技術，要大力增加本國儲蓄和合理利用外資，以及經濟成長要與消滅貧困，提高人民生活水準相一致等理論，都有著一定的積極意義。當然，路易斯的經濟成長理論是以在發展中國家確立資本主義制度為前提的，有其侷限性。再則，他所提出的經濟成長模型是建立在不發達國家和發達國家共存共榮、共同發展和繁榮的基礎上的，並沒有

觸及發展中國家經濟長期落後的根源，沒有指出國際壟斷資本的控制和剝削，對廣大發展中國家利用國際貿易、國際資本與技術市場促進本國經濟成長的限制性。近年來，他致力於建立國際經濟新秩序的研究，開始注意國際經濟中不平等關係對發展中國家經濟成長的嚴重影響。

隨著發達資本主義經濟陷入「停滯膨脹」的困境，發展中國家經濟成長的重要性越來越受到西方經濟學界和各國政府的重視。在這種情況下，路易斯的經濟成長理論更加引起人們的興趣和注意。1979 年，瑞典皇家科學院諾貝爾獎金評選委員會決定把該年度的經濟學獎授給路易斯和另一位研究不發達國家經濟問題的美國芝加哥大學經濟學教授舒爾茨。評選委員會認為，他們都「深切關心世界的貧窮和需要，致力於尋求擺脫不發達狀態的道路」，為各國經濟發展政策的選擇做出了貢獻。

路易斯是第一個獲得諾貝爾經濟學獎的黑人經濟學家。他由於獲得了崇高的榮譽而備受許多發展中國家的尊重。不少發展中國家爭相聘請他當經濟顧問，一些關於發展中國家經濟發展的會議也往往少不了邀他參加，而他本人也一再宣稱是代表第三世界經濟利益的。

由一個領屬地的黑人孩子成長為世界著名的經濟學家，這的確是經過了曲折、艱辛的歷程的。還在他被提升為倫敦大學講師的時候，他曾意味深長地告訴他的同事們：「我是一個受了教育的土著人，是你們最不喜歡的那種人。」這寥寥數語包含著他多麼複雜的感情啊！但不管怎麼樣，他的天資，他所取得的成就終於使他贏得了世界的公認和讚譽。

● 保羅・薩繆森

　　保羅・安東尼・薩繆森美國當代著名經濟學家，1970 年諾貝爾經濟學獎獲得者。薩繆森 1915 年出生於美國印第安納州的加里市。1930 年考入芝加哥大學經濟系，1935 年獲芝加哥大學文學學士學位。同年入哈佛大學深造，1936 年和 1941 年先後獲哈佛大學文學碩士和哲學博士學位。1940 年起在麻省理工學院任教至今。他也是許多政府機構中的顧問，曾任全國資源計劃署、戰時生產局、預算局、財政部、總統經濟顧問委員會、聯邦儲備委員會、蘭德公司等機構的顧問。曾於 1941 年獲哈佛大學戴維・韋爾斯博士論文獎；1947 年獲美國經濟學協會約翰・貝茲・克拉克獎；1970 年獲伊利諾州斯威林大學榮譽獎章；1971 年獲美國國家科學院阿爾伯特・愛因斯坦獎等；1952 年任經濟計量學協會會長；1961 在美國經濟學協會會長；1965-1968 年任國際經濟協會會長等。

　　薩繆森的主要經濟學著作有：《經濟分析的基礎》（1947）、《經濟學》（1948 年初版，後與諾德豪斯合著修訂版）、《線性規劃與經濟分析》（1958 年，與索洛和多夫曼合著）、《充分就業：目標與經濟穩定》（1967 年，與伯恩斯合著）、《保羅・薩繆森科學論文集》1-5 卷（1966-1986）等。

　　薩繆森的主要理論包括「新古典綜合」分析、「顯示性偏好」理論、「乘數與加速數相互作用」理論、「要素價格均等化」理論、「薩繆森檢驗」方法等範疇，在提高經濟理論的科學水準方面，比當代其他經濟學家做出了更多的貢獻。

■ 新古典綜合分析

　　薩繆森對西方經濟學主要貢獻，集中體現在他提出的新古典綜合理論

體系，即他的著作《經濟學》一書中。薩繆森將凱因斯主義和新古典經濟學二者加以結合，形成了「新古典綜合」的理論體系。按照該體系，既然凱因斯主義的政策可以把資本主義穩定於充分就業的水準，那麼新古典經濟學關於資源最有效的利用和消費者最大滿足的結論仍然是正確的。

■ 比較靜態與動態對應分析

薩繆森在他的研究中採用了既包括靜態均衡分析、也包括動態過程分析的方法。薩繆森認為，以往的經濟理論都具有兩個共同之處，即建立均衡狀態並研究維持穩定均衡的條件。所謂均衡狀態就是經濟函數處於極大值或極小值時的狀態，而穩定均衡的條件是經濟變量一旦離開極大值或極小值時能否回到原有均衡狀態的條件。所謂比較靜態分析是探求外界參數的變化對均衡位置的影響；而動態分析則尋找經濟變量從一個均衡點移動到另一個均衡點所經歷的途徑。他認為，靜態分析必須與動態結合起來才能建立可行而有意義的經濟理論。據此，他借用物理學中的「對應原則」來實現二者的結合。即在一個模式失去均衡的情況下，經過一段時間的調節即可恢復「舊」靜態理論的一些均衡特質。

■ 加速原理

凱因斯在論述投資與國民收入的關係時指出，當投資成長時，國民收入的成長應該數倍於投資的成長，而倍數的大小可以用乘數來表示。由於加速原理的作用，在探求投資的增加對國民收入的影響時，必須考慮乘數和加速原理的聯合作用。薩繆森對乘數和加速原理的聯合作用做了系統的研究，根據乘數和加速數的各種可能的數值的配合，他得到了投資的擴大可能造成的四種不同情況：（1）國民收入逐漸擴大到預期的數值；（2）國

民收入上下波動，逐漸穩定於乘數所預期的數值；（3）國民收入呈現越來越大的波動，以致無窮；（4）國民收入持續成長，最後按固定比例上升。此後，乘數與加速相結合成為較普遍被利用的分析工具，特別是在對經濟週期理論的分析中更是如此。

■ 對「赫克歇爾 - 奧林定理」

的補充和發展「赫克歇爾 - 奧林定理」宣稱，國際貿易取決於各自擁有的資源稟賦差異程度，在兩國資源相對豐富程度不同的條件下，一國出口的物品應該是在較大的程度上使用該國相對豐富的資源的物品。這一定理的正確性取決於一系列的假設條件，如：貿易國具有相同的生產函數；在有效的生產要素的價格比例下，生產不同產品的生產要素的密集程度的關係不變；生產規模改變時收益不變，而生產規模不變時收益遞減；在有效的商品的價格比例下貿易國的消費結構不變。薩繆森證明如果上述四個假設條件成立，那麼在完全競爭的情況下「赫克歇爾 - 奧林定理」在邏輯上成立。同時，他還做了進一步的發展，詳細論述了多種因素和多種商品的價格的均等化問題。被西方人士公認為「赫克歇爾－俄林－薩繆森定理」，被各資本主義國家認為是現代國際貿易理論的一項重要發展。

■ 福利檢驗法

在福利經濟學方面，薩繆森在這一領域各個學說的基礎上，建立了直接的新福利經濟學，為國家福利論的建立和在實際生活中的實施做出了重大貢獻。他以數學方式把個人間的可比效用加起來以形成社會福利函數。同時，將帕累托的最優化理論加以精密化，從商品組合的分配考慮並用「效用可能性曲線」予以明確表述，提出了所謂的「薩繆森檢驗」方法。

按照該檢驗方法，要考察一種狀況依據社會福利條件是否優越於另一種狀況，必須是該種狀況的每一種商品組合的分配與另一種狀況的分配相比較時，前者至少能使一個人有利而不對任何人不利。他的論述被西方經濟學界認為是自皮古以來在福利經濟學方面少有的理論之一。

● 赫伯特・西蒙

　　1916 年 6 月 15 日，赫伯特・西蒙中文名司馬賀出生在美國威斯康辛州的米爾沃基。他 20 歲時畢業於芝加哥大學，獲得文學學士學位。七年後，在伊利諾州技術學院獲得哲學博士學位，並在該校擔任助理教授和教授。他的愛好和學識是多方面的。他走過許多地方，還在多種學術組織中擔任職務。他教過政治學、社會學、行政管理學、心理學、情報資訊學、行為科學、電腦科學，等等。除諾貝爾經濟學獎外，他還榮膺過美國的心理學卓越貢獻獎和電腦科學獎。

　　那麼，他必定是一位一般人望塵莫及的天才了。西蒙自己並不這樣認為。他提出，對於有一定基礎的人來說，只要他肯認真地下功夫，在六個月內就可以掌握任何一門學問；每個立志成才者，經過十年時間的努力，都有可能達到「大師」的水準。

　　西蒙是一位嚴肅的學者，他這樣說並不是誇誇其談。他的立論，依據的是實驗心理學有關的記憶研究成果。心理學研究表明，一個人一分鐘到一分半鐘可以記憶一個資訊，心理學稱之為「塊」。我們的漢語詞彙和成語，就是這樣一些「塊」。有人對任何一門學問所包含的資訊量作過統計，估量每門學問所包含的資訊量約為 5 萬「塊」。任何人只要掌握了這些資訊，都可能在某一專門領域內成為專家。一分鐘記憶 1 個「塊」，5

萬「塊」大約需要 1000 小時,以每星期工作 40 小時計算,要掌握一門學問約需六個月功夫。作為電腦專家,西蒙提出每一個論點,都輔之以精確的量度。六個月或十年雖不能使每個人都能成為像西蒙一樣博學的人物,但他所主張的「天才出自勤奮」的觀點,看來是不容置疑的。

儘管人們還是把西蒙叫做社會科學家,但他創立的決策理論已經在經濟學領域中為他贏得了榮譽,美國經濟學會 1973 年接受他為該會的榮譽會員。所以,他是美國的一位著名經濟學家。

瑞典皇家科學院指出:「就經濟學家最廣泛的意義來說,他首先是並且突出地是一個經濟學家。」在經濟學領域,西蒙的突出成就就是建立了現代企業決策理論。

決策雖然自古有之,按照資產階級古典經濟理論,每家公司都是一架榨取利潤活動的自動機,每個企業在決策時,所考慮的問題只應該是如何攫取最大限度的利潤。但西蒙的決策理論與此有較大差別。他認為,企業在制定計劃和對策時,不能只考慮「攫取利潤」這一目標,必須統籌兼顧,瞻前顧後,爭取若干個相互矛盾的目標一同實現。其決策理論以「有限度的合理性」而不是「最大限度的利潤」為前提,應用「符合要求」的原則。這一理論的典型例子有「分享市場」、「適當利潤」、「公平價格」。在決策方式上,他主張群體決策。群體參加決策的優點是,群體成員不會同時犯同樣的錯誤,可以避免決策的失誤。群體參加決策可將問題分成若干部分,分別交給專家處理,從而加速問題的解決和提高解決的品質。

決策過程,可分為程式化決策和非程式化決策來說明。日常的活動往往是重複出現的,經過一段時間的經驗積累,知道如何尋找並選擇符合要求的措施,就會發展成一套程式化的辦法,遇到重複出現的情況,就按既

定的程式、步驟行動。這是程式化決策。還有一些問題，用正常程式是不能解決的，應修正或者產生新的程度，以此來解決。這就是非程式化決策。這類決策的過程包含全部決策的過程，從判定問題、確定目標開始，然後尋找為達到目標可選擇的各種方案，比較評價這些方案，在這些方案中進行選擇，並做出決定，在執行決定中進行核查和控制，以保證實現預定的目標。

瑞典皇家科學院認為，西蒙有關組織決策的理論和意見，應用到現代企業和公共管理所採用的規劃設計、預算編制和控制等系統中及其技術方面，效果良好。這種理論已成功地解釋或預示如公司內部資訊和決策的分配、有限競爭情況下的調整、選擇各類有價證券投資和對外投資投放國家選擇等多種活動。現代企業經濟學和管理研究大部分建築在西蒙的思想之上。因此，1978 年，由於他「對經濟組織內的決策程式所進行的開刨性研究」，獲得諾貝爾經濟學獎。

西蒙的主要著作有：《行政管理行為》（1945）、《人類模型》（1957）、《組織》（1958）、《管理決策的新科學》（1960）、《發明的模型》（1977）、《思想模型》（1979）。

● 詹姆士・托賓

1918 年 3 月 5 日，詹姆士・托賓生於美國的伊利諾州的香檳市。

1935 年 9 月，托賓第一次離開父母乘火車到哈佛大學深造。四年後，托賓獲得哈佛學士學位。他的畢業論文成績優異，已顯示出他今後從事經濟學研究的潛在的智慧與才能。

接下去的兩年，托賓在哈佛念研究生。哈佛的這六年的生活經歷，對

托賓一生來說是具有深遠的影響。

1941 年，托賓離開哈佛，到華盛頓的一個新成立的物價局和戰時生產局工作。珍珠港事件後，托賓應徵入伍。他加入海軍後備隊，並在哥倫比亞大學集體宿舍花 90 天學習做一名海軍軍官。

在 1942-1946 年的頭兩年裡，托賓在驅逐艦基阿尼號上當一名戰鬥軍官，以後當砲兵軍官，然後當領航員和副指揮官。他們的船大多數從事在大西洋和地中海護航以及其他反潛艇任務，但是也參加了攻占北非和法國南部以及義大利的戰役。

戰爭剛一結束，托賓原本有機會回華盛頓的，但是，哈佛經濟系主任哈羅德‧H‧布班克及時來信，指明他的前途是在學術界，於是托賓馬上返回哈佛大學繼續完成他的博士論文。為此，他一生感謝布班克教授。

哈佛的經濟學黃金時代延伸到戰後這些年代，這時幾批有才能和成熟的研究生和青年教師匯合在一起。托賓利用他的副研究員薪水補習他在戰時失去接觸的經濟學，特別是經濟計量學，並參加寫作一本社會學 —— 經濟學的書，即《美國商業信條》，並且寫一些總體經濟學，統計需求分析和配給理論的論文。其中有些工作是 1949-1959 年在英國理察‧史東的劍橋應用經濟學系做的。在劍橋，托賓與亨德里‧郝塞克和密海爾‧法來爾就有關問題進行了深入探討，並因之而受益匪淺。

這個時期，哈佛已擁有了一批素養極佳的優秀人才，研究員會裡出了若干諾貝爾獎金獲得者，與托賓同年獲獎的就有四位。他們營造了一個特殊的學習環境。

獲得了博士學位以後，托賓將成為他這一代人中具有領先地位的經濟學家這一點，在他周圍的人看來是顯而易見的。耶魯大學很快認識到他的才幹，並向他發出了比哈佛大學更為熱情的邀請。當由托賓組織的經濟系

使耶魯大學在經濟學方面享有盛名的時候，也就是他對耶魯大學最初知遇之恩的報答。托賓在這時轉到耶魯大學的關鍵因素，是考爾斯委員會遷到了這裡。原來設在芝加哥大學的考爾斯經濟研究委員會，是戰後數理經濟學和經濟計量學的學術研究中心。曾在該會工作過的人包括肯尼思・阿羅、赫伯特・西蒙和勞倫斯・萊因。從 1955 至 1961 年和從 1964 年至 1965 年，托賓是耶魯基金會的主任。

從 50 年代後期開始，托賓寫了許多關於當時經濟問題的文章，讀者是普通市民，而不只是經濟界人士。這些文章編成一本書《國民經濟政策》，於 1966 年出版。托賓在 60 年代初是甘迺迪總統的經濟顧問委員會的委員。當托賓接到甘迺迪總統要他參加經濟諮詢委員會的邀請時，他很猶豫並回答說：自己是一個像牙塔裡的經濟學家。但是，甘迺迪總統堅持自己的意見，並說自己也是個像牙塔裡的總統。這樣托賓於 1961-1962 年成為甘迺迪總統智囊團的成員。這個智囊團包括華爾特・海勒主席、柯密特・戈登，還有奧昆、索洛和阿羅。這個集體的工作成果體現在 1962 年的《經濟報告》中。

他們的意見在很大程度上被政府接受，並於 1965 年末在經濟運行中基本實現了總體經濟目標。但是，隨後的越南戰爭與 70 年代的停滯性通脹使他們的努力付諸東流。托賓在 1971 年獲得了人稱「小諾貝爾經濟學獎」的約翰・貝茲・克拉克獎。

托賓是美國著名經濟學者、計量經濟學家、後凱因斯主義的主要代表人物之一，他與薩繆爾遜等人捍衛、發展了凱因斯的總體經濟學，使凱因斯的總需求管理政策系統化、具體化，並與新古典經濟學相結合。

托賓的成就涉及寬廣的經濟研究領域。他對如此不同的領域如經濟計量方法和嚴格數學化的風險理論、家庭和企業行為理論、一般總體理論和

經濟政策應用分析，做出了很大貢獻。他的最顯著的和最有意義的貢獻在於金融市場及其與消費和投資決策、生產、就業和物價的關係的理論，為此他被授予 1981 年諾貝爾經濟學獎。

托賓最主要的貢獻在於以下兩個方面：

一是提出不確定條件下的各種資產選擇理論，即投資者在權衡比較各種資產的預期報酬率、風險程度及資產靈活性基礎上，怎樣選擇其資產組合的投資決策理論。這種理論稱為證券箱選擇理論，他是其最重要的創始人之一。托賓把這些思想發展為一種金融和實物資產的全部均衡理論，並且分析了金融和實物市場之間的相互作用。這種分析的一個重要部分是研究把金融市場上的變化傳送到家庭和企業的支出決策的傳送機制。這個經濟研究中的傳統問題以前從未有人進行過令人滿意的和結論性的工作。托賓的研究成為中心經濟理論中實物和金融狀況的結合方面的一次重大突破。

證券箱選擇理論被用來研究家庭和企業保有各種實物和金融資產並同時發生債務的決策。托賓闡述了這些決策是怎樣受風險和期望報酬率的權衡支配的。托賓的分析不同於這個領域中的其他理論家，他並不僅僅限於貨幣，而考慮全部資產和債務範圍。

對證券箱選擇理論有貢獻的其他經濟學家主要從事於指出合理投資決策的規則。托賓的目標在於提供一個基礎，以便理解人們在取得各種資產和發生債務時，其實際行為是怎樣的，其直接成果是金融市場和經濟中的各種流量的描述和分析。托賓的雄心是要找出以前分析從金融到實物市場的衝擊中缺乏的一些重要因素。

二是關於金融市場與實物市場之間的傳導機制理論，即金融市場變化對消費者和廠商的支出，進而對生產、就業和物價的影響。

托賓強調金融事件對實物資產的需求，即投資和消費者需求的影響。這方面，他研究了兩個基本問題。第一個問題是貨幣和財政政策措施，例如稅率的變化或中央銀行買賣政府公債和國庫券，是如何影響國民收入的——「傳送機制」。第二個問題研究貨幣和財政政策措施帶來的名義國民收入的變化將如何分布在生產量和價格水準的變化之中。為了回答後一問題，托賓注意到薪資形成問題。由於短期中薪資不易變動，商品和勞動市場上的需求變化導致就業變動而不是價格水準和膨脹率的變化。薪資不易變化也使家庭和企業在實踐中和在短期內難以按照新資訊調整他們的計劃。這是托賓尖銳批判「合理期望」理論的原因。這種理論以上述調整的可能性為基礎，在經濟政策辯論中占有重要地位。

由於研究了各種各樣的資產和債務，托賓的傳送機埋分析與其他人研究類似問題的研究比較，擴大了金融市場和實際支出決策之間的接觸渠道。按照托賓的理論，不是透過一個「一般」利息率水準或以某種方式定義的貨幣存量，而是透過整個金融結構發生影響。他也考慮了不同的制度條件。早期研究者忽視的最重要問題之一是金融系統並非主要由銀行組成，而是由許多不同單位組成的。

由於指出了金融和實物現象之間的接觸渠道，托賓從理論上和經驗上闡明了金融資產實際價值的變化對消費量的影響。特別重要的一點是影響企業實際投資的各種因素的分析。托賓成功地重新寫出了一個早期的假設，這些投資強烈地受現有實物資本的市價和取得相應的新生產的實物資本的成本之間的關係影響。當取得新實物資本的成本是給定的或上升的時候，如果股票價格之類的現有實物資本的價格下降，則投資被抵消。這個關係被若干國家中最近的發展所證實。

托賓認為貨幣和財政政策在短期中主要影響產量和就業，次要影響物

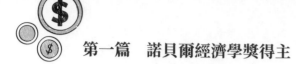

價，因此政府必須而且能夠干預經濟。托賓根據他對金融系統和傳送機制的研究，對近幾十年中經濟狀況和穩定政策進行了徹底分析。實踐證明，托賓的證券箱選擇理論和金融市場分析，在他構思這一理論時即或在沒有設想到的領域中也大有用武之地，這個事實提高了他的理論的重要性。此外，托賓還提出「滯脹」的結構性解釋，以及對付滯脹的個體經濟政策。他還把貨幣和通貨膨脹納入經濟成長理論。他在經濟計量分析方法上也有很高的造詣，在研究各種問題時，總以理論指導實證，又以實證支持理論。

托賓對分析金融市場和金融與實物現象之間的傳送機理的創造性成果，啟發了 70 年代中對貨幣政策效果、政府預算赤字和一般穩定政策的影響的研究。這些研究在很大程度上是以托賓的研究為基礎的。托賓的貢獻在今後很長時間內仍將繼續有助於經濟研究。今天，很少有經濟學家能說是贏得了這麼多的追隨者或對當代研究工作有如此影響。

總的說來，托賓在經濟研究方面有兩個功績：第一個功績就是根據金融理論和資產選擇理論奠定了個體經濟學的基礎；第二個功績就是他把貨幣引入新古典學派的經濟成長模型中去。早在 1973 年，諾貝爾經濟學獎獲得者、美國著名經濟學家列昂惕夫，就稱讚托賓是凱因斯模式現代理論中的傑出代表。瑞典皇家科學院也正是鑒於托賓在經濟學理論（諸如投資組合選擇理論為人們提供了怎樣組合其資產的理論原則）上成績卓著，因而於 1981 年授予他諾貝爾經濟學獎。

此外，托賓在總體經濟理論、經濟計量學、總體經濟模型，以及總體經濟政策方面都做出了重要的貢獻。他還參與了 60 年代初美國政府充分就業政策的制定，主張用赤字財政和擴張性貨幣政策來刺激經濟成長，並對這種政策及其相關的理論做出了論述。70 年代以後，托賓用勞動力市場

的不完善性和薪資推進的通貨膨脹理論來解釋滯脹問題，認為勞動力市場上的結構性失業和薪資增加引起的通貨膨脹是形成滯脹的根源。托賓的理論與政策主張在當代西方經濟中有重要的影響，這正是他在 1981 年獲得諾貝爾經濟學獎金的原因。

法蘭科‧莫迪尼亞尼

1918 年 6 月 18 日，法蘭科‧莫迪尼亞尼出生在義大利羅馬的一個猶太家庭裡，17 歲時提前兩年進入羅馬大學。第二年，他參加了由學生團體利特瑞裡組織的經濟學上有關價格控制問題的全國大學生論文比賽。這篇論文獲得了一等獎。

除了獲獎之外，莫迪尼亞尼還得到了更有價值的東西，即確定了研究經濟學的方向。評定莫迪尼亞尼獲獎的評議員們忠告他，如果他潛心於這個領域，他將會成為一個優秀的經濟學家。1936 年 6 月，獲得了羅馬大學法學博士學位。

不久，鑑於歐洲行將陷入一場浴血戰爭，莫迪尼亞尼與妻子便向美國申請移民簽證，並於 1939 年 8 月第二次世界大戰爆發的前幾天抵達美國紐約。

戰爭使他們感到在美國的居留將是長久的。於是，他立即開始考慮如何最好地謀求在經濟學方面的事業。他的運氣不錯，得到了紐約新社會研究學院的獎學金。這樣，從 1939 年秋起連續三年，他每天白天販賣歐洲書籍，晚上 6 點到 10 點學習。他努力工作，一方面要維持家居生活所需，因為他們馬上就要有第一個孩子；另一方面，專注於他所熱愛的經濟學。

馬爾沙克還曾邀請莫迪尼亞尼參加 1940 年末 1941 年初在紐約舉辦的

一個非正式討論班，參加的成員有 A‧瓦爾德，T‧庫普曼斯和 O‧蘭格等，這個經歷為他日後的發展提供了經驗。

1941 年，馬爾沙克離開新學院前往芝加哥大學，莫迪尼亞尼的正試訓練便告終止。1942 年，在莫迪尼亞尼還是一個研究生時，馬爾沙克幫助他在紐澤西婦女學院謀得第一個教學職位。這項工作使莫迪尼亞尼擁有了集中精力於他的研究所需要的經濟保證。

1944 年，新社會研究學院授予莫迪尼亞尼社會科學博士學位。同一年，莫迪尼亞尼的第一篇論文《利息和貨幣的流動性偏好理論》在有影響的《經濟計量學》雜誌上發表，該文基本上是他的博士論文的精髓。這篇論文在把當時被一般人認為是同過去完全決裂的凱因斯的「革命」和古典經濟學的主流統一起來。1944 年，這篇論文為學術界廣泛接受，並很快成為凱因斯主義經濟學的經典文獻。

1942 年，莫迪尼亞尼擔任哥倫比亞大學當時的一個住讀學院 —— 巴爾德學院的經濟學和統計學講師。這使莫迪尼亞尼有機會體驗一個美國學院校園的獨特生活品質，特別是同那些第一流學生建立親密關係。1944 年，莫迪尼亞尼以高級講師的身分回到新學院，並在紐約世界事務研究所擔任副研究員，和漢斯‧納爾一起負責一個研究項目。這項研究的結果最後發表在《國民收入與國際貿易》上。在這一期間，莫迪尼亞尼還寫出他對儲蓄研究的第一篇文獻，後來以杜森貝 —— 莫迪尼亞尼假說而聞名。

1946 年，莫迪尼亞尼申請美國國籍得到批准，而成為美國公民，1948 年秋，莫迪尼亞尼榮獲聲譽很高的芝加哥大學政治經濟學獎學金，並受聘為當時居於領導地位的經濟研究委員會的研究顧問，於是離開紐約。到芝加哥不久，他又接受了伊利諾斯大學的一個令人嚮往的職位：「期望與商業波動」研究計劃主任。不過，在 1949-1950 年的整個學年裡，他一

直留在芝加哥，得以參加考爾斯委員會的工作而獲益匪淺。一年以後，他提升為伊利諾斯大學的教授，在那裡，他一直工作到 1952 年調到卡內基技術學院為止。但是，莫迪尼亞尼繼續與考爾斯委員會連繫直到 1954 年。到那時，他透過幾篇開拓性的論文和一本叫《國民收入和國際貿易》（1953）的書，確立了他作為經濟學家的地位。這本書試圖描述一個開放經濟中凱因斯主義的經濟計量理論，並且回答了 60 個行為問題。作者也利用時間序列數據艱難地計算了這個模型的參數。這是早期的經濟計量學著作之一。

1955 年開始，莫迪尼亞尼成為卡內基技術學院經濟學和工業管理系的一員，他像該學院的許多同事一樣，越來越把興趣集中到研究有關企業經濟學這個領域。他在卡內基任職，直至 1960 年為止。這個時期是富有成果的。1957-1958 年期間，莫迪尼亞尼是哈佛大學的經濟學客座教授，同時，他撰寫了有關企業財政理論的傑作。這時，他與默頓‧穆勒合作發表了《資本值、企業財政和投資理論》，載於《美國經濟評論》（1958年）。文中提出的理論是如此新穎理論的支柱之一。

1960 年，莫迪尼亞尼成為馬薩諸塞理工學院的訪問教授，以後，除了抽出一年的時間去西北大學外，一直到現在他都呆在那裡。在這個絕無僅有的學院和它的舉世無雙的同僚的支持下，莫迪尼亞尼繼續發展他早先對總體經濟學的興趣，包括對貨幣主義者立場的批評，金融機制的歸納以及生命週期假說的經驗檢驗。他還把他的興趣引向新的園地，如國際財政和國際支付系統、通貨膨脹的後果和治理、有廣泛指標的開放經濟的穩定政策，以及引向財政的各個領域，諸如信貸配給、利息率的期限結構和投機性資產的評估。

20 世紀 60 年代末，莫迪尼亞尼主持設計一個大型的美國經濟模式，

即由聯邦儲備銀行資助的並且至今仍由它來使用的 MPS 模式（M 指馬薩諸塞理工學院，P 指賓夕法尼亞大學，S 指社會科學研究會）。他既有義大利人的熱情，又有美國人的隨和，是一個討人喜歡的講演者和優秀講師。雖然他的著作主要是關於美國經濟的，但是他一直關心著他的祖國，曾用義大利文寫過許多關於義大利經濟的論文。

莫迪尼亞尼「因為在家庭儲蓄和公司資金籌集活動方面的創造性研究」，獲得 1985 年度諾貝爾經濟學獎。

莫迪尼亞尼在經濟學上最主要的貢獻是，在 50 年代與美國經濟學家 R・布倫伯格（Richard Brumberg）和 A・安東（Albert Ando）共同提出了消費函數理論中的生命週期假說。這一假說以消費者行為理論為基礎，提出人的消費是為了一生的效用最大化。這也就是說，人是具有理性的，為了在一生中有比較穩定的生活水準，並使一生的總效用達到最大，就不能根據現期收入的絕對水準來決定自己的消費支出，而是要根據一生所能得到的收入與財產來決定各個時期的消費支出。因此，人們會把他們當前和未來預期所能得到的全部收入和財產按一定比例分配到一生的各個時期。在每個人生命的不同時期，消費支出與收入水準有不同的關係。在工作時期，收入大於消費；在退休之後，收入小於消費。從整個社會來看，收入與消費的關係是穩定的。這一假說是對凱因斯絕對收入假說的重要發展。它已被統計資料所證明，並被廣泛接受。莫迪尼亞尼的另一個貢獻是，與美國經濟學家默頓・穆勒（Merton Miller）共同提出了公司資本成本定理，即「莫迪尼亞尼 —— 穆勒定理」。這一定理提出了在不確定條件下分析資本結構和資本成本之間關係的新見解，並在此基礎上發展了投資決策理論。這一定理的基本內容是，在存在不確定性和風險的條件下，資本成本是資本預期收益的資本市場價值之比。公司資本分為股權資本和借入

法蘭科·莫迪尼亞尼

資本。由此得出，企業只有在投資的收益大於或等於資本的成本時才會投資。決定投資的不是利率水準，而是資本成本。是增加股權資本，還是增加借入資本並不影響資本成本，也就不影響投資決策，這一理論對國家從總體上調節投資與企業投資決策都具有指導意義，已成為現代公司財務理論的基礎。

根據 1936 年凱因斯提出的「心理學定律」，當人們收入增加時，他們的儲蓄將增加。因此，凱因斯認為，在一經濟成長時期中，總量儲蓄所占的國民收入的份額穩定上升。

這個負有盛名的定律在不同收入人群的儲蓄的經驗觀測數據中找到了根據並為他同時代的人所普遍接受。但是，1942 年，西門·庫茲涅茨指出，凱因斯理論和統計數據相矛盾：在美國儘管個人收入有很大的成長，但國民收入中的儲蓄份額並無長期的繁榮現象。這個矛盾被認為是一個悖論，不久就成了許多經濟學家研究的對象。其中的一項研究成果，發表在 1954 年，就是莫迪尼亞尼和他的學生理查·布倫伯格提出的一種嶄新的家庭儲蓄理論：生命週期假說。

該理論發展了凱因斯絕對收入的消費理論，為估計不同類型的退休年金制度的作用提供了準則。瑞典皇家科學院指出：這一理論「在分析各種不同類型的退休年金制度的作用時，已成為一種有效的工具」，並稱讚它是對「經濟學的一大貢獻」。

生命週期假說來自一個簡單的道理。人們一般將可用於消費的財富在一生中平均使用，他們在有賺錢能力的年代裡積累足夠多的錢，以在退休後能繼續保持同樣的消費水準。而此假說透過嚴格的數學形式推出許多與凱因斯迥然不同的結論。如，一個人的儲蓄不僅決定於他的收入，還決定於他的財富，他所期望的未來收入和他的年齡。此假說也對凱因斯——

61

庫斯涅茨悖論提出了一種可能的合理解釋。

　　生命週期假說原本是對個人而言的一種儲蓄行為理論，但後來，莫迪尼亞尼將其擴展到關於總量家庭儲蓄中。這個理論概括起來應該包括以下幾個方面：一、儲蓄並不是如先前理論所說的那樣由家庭收入水準來決定，而是由收入水準的增加速度來決定。二、儲蓄兼受人口成長率和人口的年齡結構的影響。三、儲蓄既然受總量財富的影響，因此也受作為資本化要素的利息率的影響。四、一個自主支出增加的乘數效應接近於邊際賦稅率的倒數值。

　　莫迪尼亞尼的另一貢獻是闡明了在不確定條件下公司及資本成本的定理，即莫迪尼亞尼 —— 穆勒定理。它的中心內容是：假定金融市場在完善地運行並處在均衡狀態之中，那麼一個公司的市場價值 —— 定義為它的股本和它的負債的市場價值總和 —— 同它的債務大小和結構無關，在這種情況下，資本的平均費用也同債務無關。另外，在投資政策給定的情況下，一個公司的價值同它的紅利政策無關。

● 詹姆士·布坎南

　　詹姆士·布坎南 1919 年 10 月 2 日生於美國田納西州的穆爾弗裡鮑爾。祖父是田納西州的人民黨領袖。他 1940 年畢業於田納西州師範學院，獲理學學士學位。並在田納西大學完成了一年的研究生課程，1941 年獲文學碩士學位。如果不是 1941 年應徵加入海軍，他將在哥倫比亞大學學習統計學。第二次世界大戰期間，他在美國海軍服役五年，經歷了太平洋的幾次戰役。退役後，1945 年，他進入紐約的政府官員培訓學校，因感到無法忍受東部人對外來人根深蒂固的歧視而退學。此後，他沒有去哥倫比亞大

學而在芝加哥大學入學。1948 年,他在芝加哥大學獲得哲學博士學位。

1956 年以前,他在田納西大學、加州大學洛杉磯分校、加州大學聖塔巴巴拉分校、英國劍橋大學、倫敦政經學院等校任教。現任喬治 —— 梅森大學經濟學教授。

奈特與維克塞爾被認為是布坎南的啟蒙導師,他們兩人的肖像一直掛在布坎南的辦公室裡。奈特為布坎南的許多著作提供了思想體系框架,而維克塞爾則提供了具體的思想。

1949 年,布坎南接受田納西大學的聘請,成為該校的教授,並開始了他的學術生涯。1955 至 1956 年,布坎南靠傅爾布萊特獎學金在義大利進行了為期一年的研究,受到了歐洲財政學派的影響,使他進一步堅定了關於政府不是一種理想的制度的觀念。

從義大利回國後,1956 年至 1968 年,布坎南在維吉尼亞大學任麥金太爾講座經濟學教授,他與 W・納特建立了研究政治經濟學和社會哲學的托馬斯・傑斐遜中心,並於 1958 至 1969 年擔任該中心主任,在此期間逐步奠定了公共選擇理論的基礎。

根據在義大利研究期間從閱讀馬弗奧・龐塔雷尼等人的著作中形成的思想,布坎南開始寫他的第一部獨立完成的專著《公債的公共原理》(1958)。這本書出版後引起了很大的爭論,因為它攻擊了布坎南稱為支持「庸俗理論」的「新正統觀念」。爭論圍繞著誰來承受國內公債的主要負擔。新正統派認為,國內公債的出現並不會構成對以後幾代人的負擔,債務的償還僅僅是從納稅人轉移到債務持有者身上。而布坎南堅持的世俗觀點是,未來的公民要承受政府支付給債券持有者的利息所不能補償的負擔。布坎南在 1986 年又進一步捍衛了這種立場,認為「國家經濟不能由此獲得好處或蒙受損失。在戰爭時期製造槍炮而『耗費』資源的事實並沒

有告訴我們誰和什麼時候應該為這些槍炮負擔費用」。曾引起後凱因斯主義經濟學家注意的總體總量綜合，被認為是值得懷疑的。

1962 年，他發表了公共選擇理論的奠基著作 ──《贊同的計算》（與戈登·塔洛克合著），並與塔洛克一起創建了公共選擇學會和出版了名為《公共選擇》的雜誌。該學會如今已有會員 1500 人。自 1963 年起布坎南擔任美國南部經濟學會主席。

1968 年至 1969 年，布坎南在洛杉磯的加州州立大學任教。1969 年以後，布坎南在維吉尼亞理工學院任教，與塔洛克一起創建和領導了公共選擇研究中心。1982 年他隨該研究中心遷到維吉尼亞的喬治·梅森大學，任該校經濟學教授。

布坎南現在是該中心主任並冠有霍爾伯特·L·哈里斯大學教授稱號。布坎南曾獲得兩個榮譽博士頭銜，一個是梅森大學於 1982 年授予於的，另一個是澤裡奇大學 1984 年授予的。自 1976 年以來，他還是美國企業研究所的名譽學者和美國科學藝術研究院院士。1983 年，他成為美國經濟協會的有突出貢獻會員。1983-1984 年擔任了美國北部經濟協會的會長，1984-1986 年，擔任了 M·T·皮萊林協會的會長。他在 1971 年還擔任過美國經濟協會副會長的職務。

正像他的著作遭到爭議一樣，世人對布坎南本人也是眾說不一。由於婚姻問題和無兒無女，他被一些同事描繪為一個刻板而冷漠的人。而且，他講話時從未全部丟掉過拖長腔的南方口音。他們說，他對學生進行恐嚇；他似乎努力表明，自己處於領先地位。另有一些人則認為，布坎南是一個很有鼓動性的人物，他有充沛的精力，對不同觀點的人給予鼓勵，並提高他周圍人的工作水準。

雖然這樣，布坎南還是贏得了許多優秀同行們的讚揚，他的觀點影響

了學術和政治兩個領域。經濟學家現在必須考慮：市場的失誤是否可以被一個不完善的政府糾正？政治家和官僚是否將被激勵產生積極的回響？被政府「治病」將比得病更糟糕嗎？政治家們越來越多地用公共選擇理論去說明政府官員的行為。從政治角度講，趨向於放鬆控制和趨向於平衡預算運動至少在一定程度上得益於 J·M·布坎南的不懈努力。

布坎南「因為在公共選擇理論方面做出了卓越的貢獻」，獲得 1986 年諾貝爾經濟學獎。瑞典皇家科學院肯定了他的「經濟與政治決策理論是對契約與制度基礎的發展」。這樣，皇家科學院承認了以「公共選擇理論」而聞名的一個正在發展的多科性思想流派。這個將經濟學與政治學結合在一起的理論，把傳統經濟學家們常常用來闡述私人部門的基本經濟原理——個體決策者的利己原則——應用於公共部門。然而，假定私人個體採用利己原則促成了更大的利益，而部分選舉出的官員和官僚們出於同樣的動機卻會引起有害的社會影響。因此，為了改善政府的職能，布坎南進一步發展了一種制度理論，這種理論強調規則對產生令人滿意或不令人滿意的經濟政策的重要性。

布坎南將分析市場行為的經濟分析工具應用於政治學，解釋政治決策人的行為和公共決策的過程及其反過來對經濟的影響。布坎南認為，人們在交換中追求自身利益的規則也同樣適用於政治領域。政治家和政黨並非通常假定的那樣是公共利益的代表，而是有私利的個人和團體，他們本能地追求權力地位、選票和預算撥款，其結果必然導致財政赤字的永久化。要消除這些弊端，僅向政治家提出忠告是無用的，而必須從根本上改變政治活動的規則，透過立法來限制政府創造財政赤字、濫發貨幣的權力，更多地發揮市場調節的作用。在經濟政策上，布坎南主張制定平衡預算法案，統一稅制，廢除美國聯邦儲備系統制定貨幣政策的權力等。他反對凱

因斯主義，認為它助長了不負責任的浪費行為，導致龐大的公共部門赤字，並使赤字合法化和長久化。布坎南的獨到之處在於他打破了經濟與政治、法律之間的界線，將它們融為一體，恢復了古典政治經濟學的傳統。他促使人們考慮從政治角度解決經濟問題，填補了政治經濟學的缺口。他對政府行為的分析也很有價值，破除了人們對政府及政治家的迷信。

　　若要對布坎南的學術成就做出正確的評價，就要對經濟學歷史做一個簡要的回顧。本世紀 30 年代以前，傳統經濟學描繪了一個完全競爭、市場制度能自動使社會資源達到最優配置的完美世界，但是週期性的經濟危機，特別是 20 年代末 30 年代初的世界性大危機，打破了傳統經濟學的市場無所不能的美妙幻覺，使人們普遍認識到市場制度的缺陷。1936 年凱因斯《就業、利息和貨幣通論》的發表代表了西方經濟理論的一次革命，即由崇尚自由放任轉向崇尚政府干預。時至今日，把政府視為市場制度的合理調節者和干預者已成為主流經濟學家們的信條。同時主流政治學家們也認為民主政府透過利益集團的競爭而能合理反映社會的意志。在這種思潮的影響下，政府在西方社會的作用大大增強了。

　　隨著政府對市場干預的增強，政府干預的侷限性和缺陷也日益顯露出來，政府財政赤字與日俱增，且不可避免，大量政府開支落入特殊利益集團的私囊，政府的社會福利計劃相繼失敗，經濟停滯膨脹。布坎南等人創立公共選擇理論，旨在克服政府干預的侷限性和缺陷。在布坎南看來，政府干預與市場制度一樣是有侷限性和缺陷，過分依賴政府干預也會產生不盡人意的後果。維吉尼亞州立大學經濟學家詹姆士·格瓦特說：「公共選擇學說的貢獻在於證明，市場的缺陷並不是把問題轉交給政府去處理的充分理由。」

　　布坎南最突出的理論貢獻是創立了公共選擇理論。公共選擇經濟學的

基礎是一個從根本上說十分簡單但卻很有爭議的思想 —— 即擔任政府公職的是有理性的、自私的人，其行為可透過分析其任期內面臨的各種誘因而得到理解。這一思想的主要推論是政府不一定能糾正問題，事實上反倒可能使之惡化。

儘管名聲大振，公共選擇學說仍受到許多學術界人士的抵制，因為它攻擊了勢力強大的兩大學術集團所珍視的觀念：一批經濟學家認為政府採用「福利經濟學」的處方即可實現公眾利益，而另一批政治學家則認為各利益集團之間的多元化競爭將為公眾謀得利益。

搞政治報導的報界人士也傾向於否定公共選擇學說，儘管其中多數人是剛剛得知這一學說的。在美國，許多人對布坎南獲得諾貝爾獎的反應是既驚奇、又懷疑。他們忽視了對投票行為和官僚主義壓力所做的有時很細緻而複雜的分析是公共選擇學說的有機組成部分，因而批評這一經濟理論太簡單，不過是「常識」罷了，並指責諾貝爾獎評審委員會選中布坎南是對當今偏向保守主義的氣氛的認可。

公共選擇學說是有爭議的，因為它推翻了幾十年來盛行的經濟學的政治學思想，麻省理工學院的經濟學家薩繆森是主流派思想的典型，他在其1958年版的著名教材《導論性分析》中贊同政府調節應取代強韌的個人主義以使生活更為人道的觀點。他寫道：「在生活的複雜經濟條件使社會合作成為必然的地方，可指望善意而明智的人們訴諸政府的權威和創造性活動。」

薩繆森和其他經濟學家把政府在試圖彌補私營經濟的缺陷時使情況惡化的可能性壓至最低限度。卓越的政治學家們也是如此，他們認為民主政府透過利益集團之間的競爭而反映社會的意志，儘管這種反映並不完善。耶魯大學的著名政治學家羅伯特・達爾在1967年解釋說：「透過利益集團

的競爭，權力本身會被馴化、文明化，並得到控制而限於人類的正派用途上，而強制這一人類最邪惡的權力形式將被降到最低限度。」達爾寫道：因為各權力中心必須經常談判，「公民和領袖都將完善以和平手段解決衝突的寶貴藝術，不僅使一方受益，而且使衝突各方受益」。

公共選擇學說對關於政府的這些溫和假定提出系統的質疑。布坎南認為，在民主社會中政府的許多決定並不真正反映公民的意願，而政府的缺陷至少和市場一樣嚴重。

● 勞倫斯·克萊因

勞倫斯·克萊因是美籍猶太人，1920 年 9 月 14 日出生於美國內布拉斯加州的奧馬哈城。

由於對經濟學的興趣和對數學的愛好，克萊因對當時在麻省理工學院的保羅·薩繆爾遜推崇備至。1942 年，他從柏克萊加州大學畢業後，接著考入麻省理工學院，在保羅·薩繆爾遜的指導下學習。1944 年，在麻省理工學院獲得博士學位，他是該院第一個經濟學博士。

他參加了芝加哥大學考爾斯委員會的經濟計量學團隊。在那裡，他接受了一個挑戰性的任務，繼續揚·廷貝亨編制經濟計量模型的嘗試。當時的芝加哥，雲集了一批才華橫溢的經濟學家，可謂群星璀璨。這些人中，後來奇蹟般地湧現出四位諾貝爾獎獲得者。在這裡，克萊因開始了他的傳奇式的模型編制者的生涯。他試圖把數學、統計學工具與凱因斯主義總體經濟理論融為一體，並與考爾斯委員會的同事們一起發展了統計方法與體系，這些現在已經成為當代經濟學家基本訓練的一部分。他的總體經濟計量模型中的第一個就是在這裡完成的。

勞倫斯・克萊因

1942 年夏季，克萊因離開了芝加哥，接受了加拿大政府顧問的職位。在渥太華的一個暑期，他幫助加拿大政府建造的第一個經濟計量模型問世。之後他和妻子去了歐洲。在 1947 年 10 月到 1948 年秋季，他訪問了許多歐洲的經濟學家，有挪威的拉格納・弗裡希、特李維・哈夫莫，瑞典的赫爾曼・華爾德、愛立克・倫德伯格、愛立克・林達爾、拉格納・本策爾，還有荷蘭的揚・廷貝亨，英國的理查・斯通等，還見到了正在訪問奧斯陸的玻爾・挪裡加拉斯木生和約根・佩德生。這一年的生活對他以後的研究工作多有啟發。

克萊因回到美國後，應亞瑟・伯恩斯的邀請加入國民經濟研究局，在一筆博士基金的支持下，對生產函數作一些經濟計量研究，奠定了經得起考驗的研究方法。與此同時，由於那時他對財產的估價特別是流動資產以及儲蓄行為的效應也頗感興趣，所以，他還參加了密西根大學的調查研究中心的工作。在那裡，他接受了福特基金的資助，創立經濟計量學研究班。這番努力的結果是，克萊因和亞瑟・戈德柏格（當時是一位研究生）結交，和他一起建立了克萊因 —— 戈德柏格美國經濟模型。這個模型基本上是他在考爾斯委員會開始的工作的延續。

四年後，1954 年，在統計研究所弗蘭克・波查德的提議下，克萊因出任牛津大學統計研究所研究員，根據牛津儲蓄調查的數據，編制了一個英國模型。這項工作在 1957 年獲得了威廉・巴特靈獎。在牛津的四年中，他開始對理論經濟計量學進行研究，探討了統計推斷方法。

1958 年後，他又回到美國，加入賓州大學的教師隊伍。他此後一直在該校的沃頓學院經濟系做教授，從事教學和研究工作。在那裡，他創製了一系列模型，後來被稱為沃頓模型。1959 年，他獲得了美國經濟學會頒發的約翰・貝茲・克拉克獎章，時年 39 歲。

第一篇　諾貝爾經濟學獎得主

　　20 世紀 60 年代初，他為了資助賓州大學的數量經濟研究，決定建立一家公司，向私人和政府部門出售經濟計量預測結果，所得的資金用於補助學生，以及賓州大學經濟系和範圍更大的研究事業。

　　這期間，克萊因還廣泛走動，為許多國家和地區，特別是日本、以色列和墨西哥的模型方案進行工作。他還指導了一些論文。這些論文都成為許多發展中國家和發達國家的模型工程的組成部分。1960 年，他首次訪問日本，任大阪大學的客座教授，參與他們的建造模型方案的工作，並與森島通夫和市村真一共同創辦《國際經濟評論》，這是大阪大學和賓州大學聯合出版的刊物。

　　克萊因的成果和聲譽與日俱增。1959 年，他應社會科學研究院的邀請去擔任經濟穩定委員會的主要調查員。他主要負責為美國經濟建立一個短期預測模型。這個模型本來是為社會科學研究院編制的，後來被布魯金斯研究所選中，於是成為「布魯金斯模型」。這項工作持續了十年，其收穫是得到了許多新的研究方法。這些方法對他以後的研究有著重要的意義。

　　20 世紀 60 年代後期，克萊因感到建立一個整體國際經濟模型的必要。在國際基金組織和國家科學基金的資助下，1968 年，克萊因在史丹佛大學的一次會議上發起行動，把經濟合作與發展組織的主要國家的模型編制者召集到一起，建立一套連續的國際方程來分析各國經濟之間的相互影響和連繫。這就是林克計劃。林克計劃實際是一個各國經濟的國際連繫模型。克萊因與史丹佛的波特・希克曼、國際貨幣基金組織的魯道夫・龍伯格和加州大學的阿龍・戈登共同負責這個計劃。

　　克萊因在林克計劃上花了許多時間和精力，這套模型現在囊括了較不發達國家和計劃經濟國家以及經合組織國家。在克萊因看來，林克系統比以往用過的任何系統更迅速、便宜和容易。而且，全世界範圍的參與研究

者現在能夠利用一個視聽電信系統，就能在配套網絡的電腦螢幕上得到充分的資訊。

克萊因還與中國進行了卓有成效的合作。1979 年，克萊因率領一個美國代表團訪問了中國科學院。他主持了從收集數據、了解中國的經濟結構，到幫助解決數據管理方面的問題等一系列有助於建立中國的經濟計量模型的工作。5 年後，第一個中國的經濟計量模型就建立起來了。這個模型準確地顯示了中國的成長軌跡，還能顯示中國的收支問題、膨脹程度等。

在經濟學的發展歷史上，克萊因可謂最優秀的國內、國際計量模型編制者。在把經濟學引入實證主義的新時代這一過程中，他比任何人都做得更多。他於 1980 年獲諾貝爾獎的殊榮，也正是源於他在經濟計量模型編制工作中的貢獻。

克萊因的主要理論貢獻是：以公認的經濟學說為基礎，根據對現實經濟中實際數據所作的經驗性估算，建立經濟體制的數學模型，並用其分析經濟波動和經濟政策，預測經濟趨勢。在包括週期研究、隨機波動、動態乘數反應、方案分析以及預報等理論性經濟分析和公共政策的問題上，運用各種估算系統。所研究的模式包括發展中經濟、中央計劃經濟和工業市場經濟，以及這些經濟的國際貿易和金融關係。主要有「克萊因 —— 哥德伯格模型」、「布魯金斯模型」、「沃頓模型」和「世界模型」。

經濟學的歷史將把克萊因記錄為最優秀的國內、國際計量模型編制者。在把經濟學引入實證主義的現代紀元方面，他比任何人都做得多。從早期與柯立芝委員會到和沃頓計量經濟預測中心合作，克萊因把一生都獻給了經濟計量模型編制和預測工作。這些努力不僅包括工業化國家，也包括許多發展中國家。

　　他的老師薩繆爾遜評價克萊因時說：他為戰後計量經濟模型的發展做出了傑出的貢獻，因此可以把該時期譽為「克萊因時代」。

　　克萊因的學術成就，概括地說，是將計量經濟學方法和凱因斯主義總體經濟學分析結合起來，創立了總體經濟計量學。他在成名之作《凱因斯革命》中，第一次完整地把凱因斯的經濟理論表述為數學形式。他的另一本代表作《美國的一個經濟計量模型，1929-1952》，不僅在結構、規模和先進的估算方法論方面是現代總體模型的鼻祖，而且也是正式地用於經濟波動預測的第一個經濟計量模型，對以後美國和其他國家建立的總體經濟計量模型有深遠而普遍的影響。

　　在編制模型中，克萊因繼續了揚·廷貝亨在 30 年代開始的經濟計量總體分析的試驗，然而克萊因使用了一種不同的經濟理論和不同的統計技術。他的目標也不同。克萊因偏重於總體經濟計量模型在預測經濟發展趨勢和制定經濟政策方面的實際應用，並把它推廣到全世界。他在這個領域內取得了巨大的成就，產生了深遠的影響。

　　他從事經濟計量學的經驗研究和實際應用，是從研究經濟波動和建立小型的美國經濟計量模型開始的。在建立克萊因 —— 哥德伯格模型之前，他就編制過兩次世界大戰期間的美國模型（1921-1941），稱為「克萊因模型Ⅰ」，並為實驗的目的，經常對模型進行重新估算。他用這個模型提出過在第二次世界大戰結束時流行的觀點，即美國經濟會重新陷入衰退的不同意見，實踐證明他的意見是正確的。在建立克萊因 —— 哥德伯格模型之後，克萊因與他的同事和學生合作，又編制了大規模的沃頓經濟計量模型，包括用於短期預測（3 年）的季度模型和長期預測（10 年至 25 年）的年度模型。前一個模型已發展到第四代。這些模型對美國經濟做了詳細複雜的描述，並不斷用新的資料和新的思想進行更新和修正。克萊因

同時是布魯金斯（Brookings）經濟計量模型的指導者。這個模型對美國經濟的結構有高度細化的說明，是 30 位著名經濟學家合作的產物。

克萊因還幫助其他國家建立模型。包括 1947 年的加拿大第一個模型，1961 年的日本模型，1961 年的英國第一個季度模型。他關於發展中國家模型式樣的建議，明顯地被採納於印度、墨西哥、蘇丹等不同國家的模型中。他還與他的同事一起，致力於建立蘇聯的模型，對蘇聯的經濟計劃和計劃執行進行經濟計量的描述。

20 世紀 60 年代末的林克計劃是一個規模宏大的世界經濟計量模型，其中克萊因起了中心的作用，他既是創議者，又是一位積極的研究領導者。這個計劃的目標之一是，協調各國的經濟計量模型，用以改善分析商業波動在各國中擴散的可能性，以便利國際貿易和資本流動的預測。另一個目標是研究一國政治措施的經濟效應，如何影響其他國家。這個方法已被用來研究一次石油漲價如何影響各國的通貨膨脹、就業和貿易平衡。林克計劃開闢了一條全新的發展道路，有很大的理論和實踐價值。

● 道格拉斯‧諾思

1920 年，道格拉斯‧諾思出生在美國麻省劍橋市。

諾思的小學及中學教育不斷被轉學打斷。他先在渥太華讀小學和中學。1933 年全家遷回美國時，他又進了紐約的私立學校，然後是長島，然後在康涅狄克，最後在華林福城的朝特學校完成了高中教育。這時他的愛好是照相，並且在一次大學和高中學生的國際競賽中贏得第一、第三、第四和第七名獎。

諾思考上了哈佛大學，但由於他父親被聘為大都會人壽保險公司西海

岸分公司的領導，而舉家遷往舊金山。諾思受其影響轉而進了伯克萊的加州大學。

在加州大學，他主修三門課：政治科學、哲學和經濟學。他的成績平平，平均「C」以上。戰爭期間，他得到了三年安心讀書的機會，並且在讀書的過程中產生了做一名經濟學家的願望。

在經濟史協會的一次會議上，諾思認識了所羅門‧法布利堪，那時他是國民經濟研究所的研究主任，在 1956-1957 年，他作為一名副研究員在該所度過一年。諾思說：「在我的一生中那是極重要的一年。我不僅熟悉了來往於該所的大多數主要經濟學家，而且每星期有一天在巴爾的西門‧庫茲涅茨一起，所做的工作導致我對美國自 1790 年至 1860 年的支付平衡的早期主要定量進行研究。」

1966-1967 年，諾思去日內瓦作研究員時，他主要研究美國經濟史中的問題。《1790 至 1860 年的美國經濟成長》是此項研究的成果，也是諾思出版的第一本書。

在 1981 年出版的《經濟史的結構和變革》中他放棄了制度有效的觀念，並且嘗試解釋「無效的」規則為何存在和繼續。這連繫到一個很簡單而仍是新古典的國家理論，它可以解釋為什麼國家能產生不鼓勵經濟成長的規則。諾思對此仍不滿意，並且開始尋找有志於發展政治經濟模型的同事們。於是，1983 年諾思離開了他待了 33 年的華盛頓，而遷往聖路易斯，那裡有一群優秀的青年政治學家和經濟學家，他們在嘗試發展政治經濟學的新模型。在那裡諾思創設了政治經濟學中心。

諾思在 1990 年出版了《制度，制度變革和經濟成績》。在那本書裡他開始認真懷疑理性公設。「顯然我們必須能解釋為什麼人民做出他們所做的選擇，為什麼共產主義或穆斯林原教旨主義能塑造人民做出的選擇並

且指導長時期經濟發展道路。人們不深入挖掘認知科學,設法理解心靈得到學問和做出選擇的方式,就無法了解意識形態。」從 1990 年起,他的研究就是針對這個問題。「我還有很長的路要走,但是我相信,了解人民如何做出選擇,在什麼條件下理性公設是一個有用工具,在不確定性和模糊的條件下個人如何做出選擇是我們必須對付的基本問題,以便社會科學能向前進展。」

諾思在經濟成長理論方面的劃時代貢獻,得益於他在經濟史學領域的深入研究。他吸收了新制度經濟學創始人科斯教授的產權理論和交易成本理論並將之運用於經濟史的分析,從而一舉獲得了兩個方面的顯著成就:一方面使自己成為新制度經濟學中制度變遷理論的傑出代表,另一方面使自己成為新經濟史學派的執牛耳者。諾思及以其為代表的新經濟史學派的興起使經濟史學本身徹底改觀,引發了經濟史學領域的一場革命。他的經濟成長理論正是這場革命的一個突出成果。因此,探討諾思的經濟成長理論,必須從他在經濟史學領域的研究入手。

早在 1961 年發表的《1790-1860 年美國經濟的成長》一書中,諾思就集中研究了經濟成長的因素。雖然當時他採用的還主要是凱因斯主義總體經濟學的方法,但他並沒有去著力完善凱因斯主義的成長模型,而是另闢蹊徑,大膽運用科斯的研究成果,力求以制度因素解釋經濟成長。在 1968 年 10 月發表於《政治經濟學》雜誌上的《1600-1850 年海洋運輸生產率變化的原因》一文中,他對海洋運輸成本進行了多方面的統計分析後發現,儘管這一時期海洋運輸技術沒有大的變化,但由於海洋運輸變得更安全和市場變得更完全,船運制度和市場制度因此發生變化的情形下,透過制度變遷也能促進生產率提高和實現經濟成長。

在 1971 年出版的《制度變遷與美國的經濟成長》(與蘭斯・戴維斯

合著）一書中，諾思成功地運用了產權理論與公共選擇理論來解釋經濟成長的原因。在該書中，他明確地指出了傳統的經濟成長理論不考慮制度因素的狹隘性，認為有必要衝破這種狹隘性去研究制度變遷對經濟成長的作用。諾思認為，制度變遷與技術進步有相似性，即推動制度變遷和技術進步的行為主體都是為了追求收益最大化。制度變遷的成本與收益之比對於促進或推遲制度變遷起關鍵的作用。只有在預期收益大於預期成本的前提下，行為主體才會推動直到最終實現制度變遷，反之則相反，這就是制度變遷的原則。他指出，在美國經濟史上，金融業、商業和勞動力市場方面的制度變遷都促進了美國的經濟成長。

在這一階段的研究裡，諾思還只是比較籠統地看到制度因素對經濟成長的作用，還沒有深入到制度內部對制度結構進行更加精闢的分析，因此他的經濟成長理論還只是一個雛形。諾思發表比較完整的經濟成長理論是以《西方世界的興起》一書出版為代表的。

完整的諾思的經濟成長模式是以產權為基本概念，以制度變遷為核心，包括產權理論、國家理論、意識形態理論在內的嚴密理論體系。這一完整理論體系的形成經歷了一個不斷完善的過程，它的核心部分是用制度變遷的主要參數即產權制度來解釋經濟成長。

長期以來，大多數經濟學家和經濟史學家基本上都一致認為技術變革是近代西方經濟成長的最主要原因。

諾思異常鮮明地提出了自己對經濟成長的見解，這就是：「除非現行經濟組織是有效率的，否則經濟成長不會簡單地發生。」即有效率的經濟組織是經濟成長的關鍵。因而他認為，一個有效率的經濟組織在西歐的發展才是西方興起的原因所在。而要保持經濟組織的效率，就需要在制度上做出安排並確立產權，以便造成一種刺激，將個人的經濟努力變成私人收

益率接近社會收益率的活動。因此，諾思經濟成長模式的基本命題是：一種提供適當個人刺激的有效的產權制度是促使經濟成長的決定性因素。

諾思的上述有關經濟成長的見解在西方、經濟學界引起了巨大回響，也招致了一些批評意見。諾思反思了自己的觀點並對原來的論點了進一步的修改補充。諾思以產權為核心，給他的經濟成長模式補充了以下內容。

首先，是關於國家對經濟成長作用的理論。諾思認為，國家是產權的界定和實施單位，因而促進經濟成長和提高生產力的基本正式規則（特別是有效的產權界定）是由國家或政府制定、變更或維持的，因此國家最終要對造成經濟的成長、衰退或停滯的產權結構的效率負責。

其次，是關於意識形態對經濟成長作用的理論。諾思指出，任何經濟中的正式規則或產權都是由國家制定和維持的，可是為什麼會有不同的制度結構？為什麼有的制度結構並不能為其社會成員提供有效的激勵以有助於經濟成長呢？答案在於社會成員或公眾的「精神模式」，亦即看待問題的方式不同。而政府政策中反映的恰恰是深藏在公眾的精神模式或理念中的意識形態。意識形態的差異必將引起公共政策的差異以及在勞動態度等價值觀念上的廣泛差異。所有這些必將構成經濟成長當中最為困難，也最無從下手解決的精神制約。

值得一提的是，諾思在 1992 年出版的《交易費用、制度和經濟績效》一書中特別指出：任何經濟的成長都是由該社會中的政治、經濟組織以及它們中富有創新精神的企業家共同努力的結果。他還指出：也許我們從來不會找到制約經濟成長的「真實」源泉，但是我們越是在主要問題上取得一致的意見，我們制定成功政策的可能性就越大。諾思以此給自己的經濟成長理論插上了無盡探索的路標。

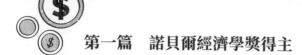

夏仙義‧亞諾什‧卡羅伊

　　夏仙義‧亞諾什‧卡羅伊是美國經濟學家，出生於匈牙利的布達佩斯。1947 年 6 月獲得布達佩斯大學哲學博士學位；1959 年獲史丹佛大學的經濟學博士學位；1964 年取得柏克萊加州大學的教授任職資格。因其在不完全資訊對策方面的突出貢獻，而與美國數學家納許、德國經濟學家澤爾騰一起獲得 1994 年度諾貝爾經濟學獎。

　　卡羅伊的主要著作包括：《倫理學論叢：社會行為與科學解釋》(1976)、《對策中的理性行為和談判均衡與社會現實》(1986)、《對策論文集》(1982)、《博弈中均衡選擇通論》(1988，與澤爾騰合著)、《功利主義》(1988)、《合作與衝突的對策理論模型》(1992，與澤爾騰合著)等。

　　卡羅伊為不完全資訊對策的理論研究做出了卓越貢獻。在完全資訊對策中，所有局中人都知道其他局中人的偏好，即都了解其他對手要選擇的策略。而事實上，這與實際情況並不完全符合，因為參加對策的所有局中人都不可能在對策初期擁有其他局中人所有的資訊，這些資訊包括：各自的愛好、能力甚至對策規則等方面的知識。就是說，在不完全對策中，所有局中人完全地或部分地缺乏有關其他局中人偏好的知識。由於納許均衡的理性解釋是基於這樣一種假設之上，即假設局中人都知道其他每個局中人的偏好，因此，對不完全資訊對策而言，雖然它最好地反映了真實世界的許多策略性互動，但卻沒有一種方法能對這類對策進行分析，其難點就在於：這類對策所描述的情形會陷入一種期望互反的無限回歸之中。

　　譬如，考慮出售一種不動產時，賣者和買者之間的談判假定買者只知道他願意支付的價錢，而賣者也僅知道有關他自己保留價格的資訊。考慮

這種最簡單的談判對策，買者和賣者同時喊出價格，並且當其簡單出價超過要價時，交易才發生 —— 交易在兩個價格的交易平均點上達成。為了最優地確定他的要價，賣者不得不估計買者的出價，由於出價依賴於買者願意支付的價錢，因此賣者必須形成一些關於願意支付的價錢是多少的信念。讓我們稱這些信念為一階期望。同樣地，買者具有關於賣者的保留價格的一階期望。由於買者的出價依賴於買者的一階期望，因此，賣者不得不形成一些關於買者的一階信念到底是什麼的信念。這些信念稱為二階期望。由於每個局中人給出的價格將依賴於該局中人的二階期望，因此，對手將不得不有三階期望，如此類推。可見，卡羅伊關於不完全資訊對策的系統表述是採用程式方式進行的，並使用了策略形式的概念。

卡羅伊提出了一種貝葉斯式分析方法以替代不完全資訊的分析。從此，對不完全資訊對策的分析發生了戲劇性的變化。卡羅伊對不完全資訊對策的分析方法，幾乎可以視為一切涉及資訊的經濟分析的基礎，無論所涉及的資訊是否是不對稱的，完全私人的或是公共的。

在不完全資訊對策中，卡羅伊把局中人分為幾種類型，每個局中人都屬於其中的一種類型。每種類型對應著該種類型局中人的一個可能偏好集以及有關其他局中人屬於哪種類型的（主觀）機率分布。在滿足局中人的機率分布為一致的要求下，卡羅伊證明每個完全資訊對策有一個與之相等價的完全但不完美的資訊對策。因此，透過晦澀難懂的對策論語言，卡羅伊把不完全資訊對策轉化為不完美資訊對策，而不完美資訊對策可以用標準的對策論方法進行分析。

在融資市場上，當私人企業不知道中央銀行對通貨膨脹和失業之間的權衡偏好時，這就是一個典型的不完全資訊的情形，因為該中央銀行對未來利息率的政策是未知的。在這種情形下，私人企業的期望形成和中央銀

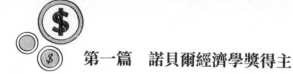

行的利率政策的互動就可以用卡羅伊給出的方法進行分析。一種簡單的情況是，把中央銀行分為兩種可能類型，並附帶這樣的機率分析：中央銀行要麼傾向於抑制通貨膨脹，因而隨時準備著使用高利率的限制性政策；要麼致力於透過低利率解決失業問題。另一個能使用類似方法進行分析的例子是管制一個壟斷企業的問題。當管制者沒有關於壟斷者成本的完全知識時，管制者要實行什麼樣的管制或給出什麼樣的合約才會使管制取得一個人們希望的結果。透過這些事例可以說明卡羅伊對不完全資訊的處理方法有著廣泛的運用價值。

　　卡羅伊還進一步研究了合作對策。他認為，如果在一對策中，義務——協議、承諾、威脅——具有完全的約束力且強制執行，則稱之為合作對策；若義務不可強制執行，即局中人在進行對策前可以交往，則此對策稱為非合作對策。建立一個合作對策的非合作模型，最早是由納許於1951年想到的，卡羅伊透過1972年與澤爾騰合作以及他在20世紀80年代的一些研究，已取得了某些成功。在不完全資訊對策裡，儘管局中人並沒有完全的資訊，但透過重複對策，局中人的行動將隱約地顯示出私人資訊，如他們的偏好等，這也許將有助於在後來的子對策中做精細的談判，由此，局中人逐漸達成越來越廣泛的協議，增進相互的信任，同時顯露更多的資訊。

　　卡羅伊在不完全資訊方面的分析方法，拓寬了對策論的分析領域，同時也縮短了經濟學與現實世界之間的距離，為經濟學中大量應用對策的互動分析奠定了堅定的基礎，促進了經濟學的對策論革命。

泰瑞夫‧哈維默

1989 年 10 月 11 日，瑞典皇家科學院在斯德哥爾摩宣布：泰瑞夫‧哈維默榮獲 1989 年度諾貝爾經濟學獎，從而成為第二個有幸獲得這一崇高榮譽的挪威人。1969 年挪威著名經濟學家、經濟計量學的創始人之一拉格納‧弗裡希獲得了第一屆諾貝爾經濟學獎，令人感到十分有趣的是，20 年之後他的學生哈維默又因為對經濟計量學的研究方法做出了突出貢獻而再次獲得了這一殊榮。

哈維默 1911 年 12 月 13 日生於挪威的奧斯陸。1930 年中學畢業，1933 年，畢業於奧斯陸大學，獲得政治經濟學學士學位。1933 年後，他為挪威政府貿易委員會服務，同時，在奧斯陸大學經濟研究所做研究助理。之後，1938 年，在阿胡斯大學當了一年統計學講師。1939 年，應洛克斐勒基金會的邀請，哈維默作為研究員到美國芝加哥大學任教。

對於這次訪問，哈維默曾回憶說：「對我而言，1939 年我很幸運地靠獎學金訪問美國。由於我不能控制的原因，訪問延續了約 7 年。因此我有幸在加州向世界著名的統計學家裘西‧尼曼學習了兩個月。那時我年輕而天真，自以為懂一些經濟計量學。我向尼曼教授談了我對該題目的一些想法。他不和我討論，卻給我兩三個習題叫我做。他說當我做了這些習題之後，他將與我談話。當我為那第二次談話見他時，我已失去大部分關於懂得如何做經濟計量學的幻覺。但是，尼曼教授也給了我希望，除以往造成困難和失望的方法外，研究經濟計量方法問題可能有其他更有效的途徑。」

在美期間，哈維默還很幸運地應邀訪問了芝加哥大學的考爾斯委員會，與一群著名的經濟計量學家、統計學家和數學家一起工作。

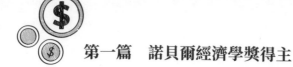
　　1945 年，哈維默任挪威駐美國大使館商務參贊。1947 年，由美國返回挪威。在美期間，1941 年，獲哈佛大學博士學位。回國後，哈維默擔任工商部和財政部處長職務。1948 年他回到奧斯陸大學，擔任該校經濟學教授，同時進行經濟計量學理論研究。目前，他仍在奧斯陸大學從事研究工作。

　　不論是作為教師，還是作為研究人員，哈維默對挪威的經濟學有決定性的影響。在奧斯陸大學，他是經濟學方面的主要教師。他教過的課程涉及經濟學的許多領域。他的許多學生和助教根據他的講義寫文章，並獲得他在寫作方面的激勵和指導。

　　在學術研究上，哈維默的重要成就反映在他的博士論文中。在該論文中，他對經濟關係的估計提出了一種新的和開闢道路的方法，即「經濟計量學中的機率方法」。他的工作為一個新研究領域奠定了基礎。英國獲諾貝爾獎的經濟學家理查‧斯通對哈維默的博士論文的評價很高。他寫道：「它是一項對經濟計量學的光輝貢獻，對估計經濟關係成功程度將有革命性的影響。」

　　哈維默曾是經濟計量學會的會員（1944），1946 年，為數理統計學會會員，1950 年，為挪威科學院院士。1954-1970 年，曾斷續地擔任經濟計量學會理事會理事，1957 年，為該學會會長。1975 年，為美國經濟學會榮譽會員。1979 年，為丹麥科學院院士。同年獲弗里喬夫‧南森高級研究獎。

　　哈維默對經濟計量學的最重要貢獻是在經濟計量學中引入了機率方法。他特別重視經濟分析中常被忽略的隨機因素。在 1941 年的博士論文中，他就首次把統計學引入經濟預測，得出從隨機抽樣的調查中推演經濟理論的方法，以及如何利用統計數字來驗證經濟理論並進行經濟預測的方

法。哈維默把隨機模型看作是經濟計量學的基礎，這對經濟計量學的建立和發展具有重大影響，使經濟學理論更符合科學性。

哈維默的主要著作有：《經濟計量學的機率方法》（1944）、《經濟成長理論研究》（1960）。論文主要包括：《聯立方程組的統計含義》、《測度邊際消費傾向的方法》、《商品需求的統計分析：同時估算結構關係式的例子》及《評弗里奇的回歸分析及其在經濟計量學中的應用》等。

肯尼思・阿羅

肯尼思・約瑟夫・阿羅 1921 年出生於美國紐約。阿羅所從事的經濟學研究領域是：社會選擇論，一般經濟均衡論，不確定性經濟學，特別著重研究的是個人決策，資訊和組織。由於他在一般均衡論和社會福利經濟學方面的成就，於 1972 年獲得諾貝爾經濟學獎。

阿羅的主要著作有：《社會選擇與個人價值》（1951）、《一般競爭分析》（1971）、《資本勞工替代與經濟效率》等。

阿羅的童年和少年時代可以說是在無憂無慮中度過的。在班裡，他的數學成績一直名列前茅。對他來說，做數學題也是一種遊戲。他能從看起來枯燥無味的數學運算和推理中得到極大的樂趣。正是這一愛好，培養了阿羅的思維能力，也給他以後所從事的研究工作打下了良好的基礎。

憑著阿羅在數學方面的才能，他完全可以畢生從事數學研究，但他沒有成為數學家，原因是他被另一門學科吸引住了。他覺得：喜歡數學是從興趣出發的，研究數學並不是他的意願，然而要研究經濟卻是從理智出發的，這個願望是那樣的強烈，以致他下定決心學習經濟學。

阿羅考上了紐約市社會科學學院。經過四年的學習，1940 年他獲得了

學士學位。緊接著他又考進了哥倫比亞大學繼續深造。1942 年，獲得了碩士學位的阿羅準備繼續攻讀博士學位。可是，第二次世界大戰爆發了，美國政府開始大量徵兵。年滿 21 歲的阿羅被應徵入伍當了空軍。在服兵役的四年中，他始終沒有放棄學習，只要有空閒，他就看書學習，研究卡爾多、希克斯、伯格森等許多經濟學家的著作。1946 年，阿羅退伍後，又重新投身於經濟學的研究中。

　　阿羅從事的專業是經濟學和運籌學。早在上大學的時候，他就受他的老師 H · 霍特林的影響，對社會福利問題有濃厚的興趣。1947 年至 1949 年，他先後在芝加哥大學任副教授，在柯爾茨經濟委員會任副研究員。這時，他的思想開始成熟，對過去西方經濟學家提出的觀點產生了疑問，過去的觀點認為：「要對公共投資做出合理的選擇，可以用投資所得利益與投資花的成本進行比較，如果投資利益超過投資成本，就可繼續在這方面投資，直到所增加的利益正好抵消增加的成本為止。這樣，政府對於公共支出所作的選擇就與消費者對他們個人支出所作的選擇類似。」在進一步研究之後，阿羅意識到：伯格森等人提出的社會福利函數，從理論上說，必須在已知社會所有成員個人偏好次序的情況下，透過一定程式，把各種各樣的個人偏好次序歸納成為單一的社會偏好次序，才能從社會偏好次序中確定最優社會位置；然而從實際上來看，這是很困難的。1948 年夏天，他著手寫書闡述自己的觀點。他的研究工作得到了柯爾茨經濟研究委員會、蘭德公司的支持，還得到了洛克斐勒基金會的輔助研究費。經過三年多的時間，他完成了這項研究，《社會選擇與個人價值》一書於 1951 年問世了。這部著作的出版，在西方經濟學界引起很大回響，後來又再版了，並被譯成了多種文字，成為西方經濟學名著。

　　在《社會選擇與個人價值》一書中，阿羅提出了「不可能性定理」。

他用數學推理得出這樣的論斷：如果有兩個以上偏好不同的人來進行選擇，而被選擇的政策也是超過兩個，那麼就不可能做出大多數人都感到滿意的決定。因此，在每個社會成員對一切可能的社會經濟結構各有其特定的偏好「序列」的情況下，要找出一個在邏輯上不與個人偏好序列相矛盾的全社會的偏好序列是不可能的。他提出的「不可能性定理」是對新福利經濟學的革新，是新福利經濟學的一個重要組成部分。

阿羅的「不可能性定理」，在西方經濟學界引起了長期的辯論，而且逐漸形成獨樹一幟的地位。鑒於他在新福利經濟學研究中的成就，哥倫比亞大學授予他博士學位。

由於阿羅在美國經濟學界很有名氣，他得到了政府的重用。1962 年擔任總統經濟顧問委員會成員，後來仕甘迺迪總統的經濟顧問。還擔任過經濟計量協會會長（1956 年）、美國經濟學會會長（1967-1974）、管理科學研究會會長（1963 年）。1949 年至 1968 年，他在史丹佛大學任教授。1968年至今在哈佛大學任教授。

阿羅在其代表著作《一般競爭分析》（1971）中，提出了「一般均衡論」的理論。一般均衡論是總體經濟學與個體經濟學的一種分析方法，就是從市場上所有各種商品供求與商品價格的相互影響出發，來觀察每一種商品的供求在均衡狀態下的價格決定。商品的供給取決於生產要素供給函數，商品需求取決於消費者的需求函數，商品的生產取決於生產函數。一般均衡論假定在整個經濟體系中，每種商品和每種生產要素的經濟組成都各有其獨立的方程式，而在整個經濟體系處於均衡狀態時，所有生產要素、產品價格及其供給量，相適應地有一個均衡數值。這就是一般均衡論的理論概念。

阿羅進一步研究了現實經濟生活中如何處理市場不穩定和風險問題，

使之達到「一般均衡」。他提出的關於「風險」和「不穩定」的新理論被西方經濟學界認為是對企業決策理論做出的重要貢獻。

阿羅還把一般均衡論應用於經濟成長方面。他對考伯——道格拉斯的生產函數論做了一些修改，他的《資本勞工替代與經濟效率》的調查報告，對美國的生產發展問題進行了研究。美國生產的發展，既不像考伯——道格拉斯函數那樣波動，也不像瓦爾拉斯——里昂惕夫——哈羅德——多馬模式所假定的固定成長比例那樣不波動，而是論證了決定投入替代率的一種新的生產函數，那就是在製造業中，最多只有以一個生產要素代替另一個生產要素的可能性，替代率小於 1。而這種替代是不完善的，但以後整個經濟的發展會改變這種替代彈性。

他在福利經濟學方面的重要貢獻是提出了「不可能性定理」。阿羅在其著作《社會選擇與個人價值》（1951 版，1963 版）中，用數學推理得出不可能從許多不同的個人選擇中得出大家都滿意的社會決策。「不可能性定理」是對福利經濟學的革新，是「社會福利函數論」的一種理論。他把社會福利設想為在一些代表社會福利主要自變量之間存在著某種函數關係，這些自變量包括每個社會成員所購買的產品和所提供的生產因素，以及其它可能影響社會福利的因素，他根據社會福利函數論中個人選擇與社會選擇的關係，來尋求如何產生最適度的社會福利函數的途徑。

現在，一般的均衡論的分析方法在西方經濟學中已被廣泛應用，福利經濟學的最適宜的資源配置問題，經濟計量學的投入——產出分析，經濟成長模式等都以一般均衡論作為分析方法。由於他在一般均衡論和社會福利經濟學方面的成就，他和英國經濟學家約翰·希克斯一同被授予 1972 年諾貝爾經濟學獎。

除了諾貝爾經濟學獎外，阿羅還獲得了其他眾多獎項和榮譽。1957 年

榮獲美國經濟學會的約翰‧貝茲‧克拉克獎，1967 年和 1972 年分別獲得芝加哥大學、紐約市學院的榮譽法學博士，1971 年獲得維也納大學社會和經濟學榮譽博士，1973 年獲得哥倫比亞大學榮譽理學博士。

吉拉德‧德布魯

吉拉德‧德布魯 1921 年 7 月 4 日生於法國的加萊。

他的小學和中學課程都是在加萊市學院學習的。在法國，學院是為學生進入大學做準備的預科大學機構。受優秀的中學物理老師的影響，他考慮成為一名物理學家。

1941 年夏，德布魯進入有聲望的高等師範學校，在那裡學習和生活直至 1944 年春季。

戰後初期，德布魯是法國不拘禮儀的「博爾巴基（Bourbaki）」組織中的一員，這是由一群年輕的法國數學家組成的團體。1945 年底至 1946 年初，德布魯格在巴黎取得了數學助教的資格，並開始學習研究生課程。但是，儘管他讚賞鮑貝克的數學形式，當時，這種數學在法國占有支配地位，但他認為不應該終身從事這種理性領域的研究，而應把該學科投入應用。這引導他進入了令他著迷的經濟學領域。當他在 1943 年讀了莫里斯‧阿萊的《個體經濟學說研究》中陳述的列昂‧華爾拉在 1874-1877 始創的一般經濟均衡的數學理論時，他對一般均衡發生了濃厚的興趣。第二次世界大戰後的歐洲面臨重建的繁重任務。德布魯認識到，經濟學將在其中扮演重要角色，這進一步激發了他對經濟學的熱情。結果興趣變成了終生事業。

1948 年夏，德布魯參加了在薩爾斯堡舉行的為時幾個星期的研討班。

這個研討班由像瓦西里・列昂惕夫這樣的人物講授經濟學。年底，他由阿萊提名獲得洛克斐勒基金會的獎學金。洛克斐勒基金會給予他一個千載難逢的機會，使他在美國、挪威和瑞典度過了 1948-1950 年這段時期。1949 年，他訪問了哈佛大學、柏克萊加州大學、芝加哥大學、哥倫比亞大學。1950 年訪問了挪威的奧斯陸大學和瑞典的烏普薩拉大學。當時，拉格納・弗裡希是斯堪的納維亞最著名的經濟理論學家，斯德哥爾摩學院在瑞典聲望很高。在那裡，德布魯會見了經濟學界的幾個著名人物，如林達爾和倫德伯格。這段經歷對他日後的事業發展意義重大。他在自傳中曾說：「我在薩爾斯堡的日子和我的洛克斐勒獎學金使我接觸到法國被割斷的經濟學的一切新進展。」這個時期的訪問和接觸使他直至今日仍然站在經濟學的前沿。

1949 年，在德布魯訪問芝加哥大學期間，考爾斯委員會向他提供了一個經濟學副研究員的位置。

那時他開始同肯尼思・阿羅合作，聯名發表了一篇具有劃時代意義的文章《競爭性經濟中均衡的存在》（1954）。在這篇文章中，他們運用迄今在經濟學中尚鮮為人知的拓撲學方法，對一般均衡的存在提供了權威性的數學證明。這些論證以及其他旨在證明供求方程的一般均衡體系可能存在唯一解，這常常是容易被人輕視的。顯然，在現實世界中，單一價格和數量總是按照某種方式，在不同市場上被決定的。於是人們不免要認為，經濟學家最好把時間用於發現市場怎樣產生一個唯一解，而不是用在擔心一組聯立方程在數學上是否可解。但是，一般均衡理論被運用於現代經濟學的一切分支之中，如果人們不能肯定一般均衡模型確實有解，則絕不可能信心十足地使用一般均衡分析。此外，一般均衡的存在取決於一定的限制條件，這些條件有助於理解現實世界中實際達到多市場均衡的方式。無

疑，阿羅和德布魯的這篇文章的確使實際生活中的競爭的某些方面更清楚了。

1955 年，德布魯與考爾斯委員會的其他成員去耶魯大學，直到 1960 年為止，他一直在那裡任副教授。1959 年，他出版了名作《價值理論，經濟均衡的公理分析》，這本書內容不多，但自此以後，它代表著經濟學家在數學上成熟的最後階段。他運用集合理論的拓撲學，而不是微積分學、矩陣代數，用極大化的經濟系統，準確地描述了所有傳統的競爭價格理論的結果。對於那些僅僅能夠用文字思考的人，這本書完全沒有向他們做任何讓步。雖說這樣，它對經濟學教科書中的思想卻影響頗大。

德布魯後來發表了大量論述所謂「存在定理」的專業性文章，試圖使那些證明競爭條件下一般均衡存在的嚴格假設有所鬆動；同時，還論述了與此不相干的問題：即實際經濟系統在一般均衡解上收斂的速度問題。希爾登布蘭德（H‧Wildenbrand）編的《數理經濟學：德布魯的 12 篇論文》就是從這些文章中選了一部分出來重印的。

1956 年，德布魯獲得巴黎大學經濟學博士學位，1962 年，到美國柏克萊加州大學任經濟學教授，1975 年起又兼任數學教授。德布魯是多種經濟學刊物的編委，1977 年起任美國科學院院士。德布魯是個體經濟學研究中拓撲學方法和集合論方法的奠基人之一。

在考爾斯委員會工作時，研究主任恰林‧科普曼斯將他引見給肯尼思‧阿羅。當時阿羅在史丹佛大學工作，像德布魯一樣，他也正在研究一般經濟均衡的存在問題。德布魯與阿羅進行了極其友好地合作研究，並產生了許多合作出版物，其中一本為《競爭性經濟的均衡存在》，於 1954 年出版。

1953 年夏季和秋季，德布魯在芝加哥的最後一年中，他有 6 個月時間

是在法國電力部門度過的。在那裡，他研究了有關水力發電廠水庫儲水的有效量的不確定性問題。由於受到他在巴黎的實踐和阿羅寫的一篇關於應急商品的論文的影響，他確定了他的那本古典派著作──《價值理論：經濟均衡原理分析》（1959）中有關經濟不確定性的重要章節的基礎。1955 年，他與考爾斯委員會一起搬到耶魯大學，該委員會成為考爾斯基金會。在耶魯時，他完成了《價值理論》的著述。該書對一般經濟均衡理論進行了公理性分析。這部古典派著作的最初版本是 1956 年在巴黎大學以博士論文的形式出現的。

德布魯在耶魯一直工作到 1960 年，調查了有關基本效用的幾個問題。第二年，他是在加州史丹佛的行為科學高級研究中心度過的，在那裡他把全部時間都奉獻給有關存在問題一般定理的一種綜合證明。與此同時，柏克萊向他提供了一個吸引人的工作，在史丹佛附近，能與阿羅、赫伯特‧斯卡夫和其他著名人物合作，以及柏克萊提供的進行科學研究的良好條件。

德布魯於 1961 年秋季在耶魯度過最後的半學期，進行經濟核心的研究工作，稍後，在 1963 年，他與斯卡夫合作寫了一篇有關這方面的論文。1962 年 1 月，他成為柏克萊大學的經濟學教授，並一直逗留至今，並於 1975 年 7 月獲得數學教授職務。1968 年秋季開始，他幾度長期離開，到許多著名的國內外大學和研究中心講學和指導研究。他也獲得了許多榮譽博士學位，並作為著名成員、研究者、官員和主編參預了幾個有聲望的職業性組織和雜誌。德布魯是《經濟理論雜誌》（1972 年以來）和工業應用數學學會的《應用數學雜誌》（1976-1979）的主編，以及《數理經濟學雜誌》的顧問委員會成員（1974 年以來）。他在許多大學獲得榮譽科學學位，如波恩大學（1977）、洛桑大學（1980）、西北大學（1981）和土魯斯第

吉拉德·德布魯

二大學（1983）。他的國外旅行包括作為古根海姆研究員和客座教授訪問了盧萬大學的運籌學及經濟計量學中心（1968-1969，1971-1972）；作為海外研究員訪問了丘吉爾學院、劍橋大學（1972）；作為客座教授訪問了紐西蘭克賴斯特徹奇的坎特伯雷大學（1973、1987）；並作為非正式研究員訪問了巴黎的 CEPREMSP（1980）。

德布魯是謹小慎微的，顯示了對精確性的明顯願望，這個性格一部分來自他的數學特性，一部分來自他對優秀和正確的卓越探究。他經過長期的認真的考察和評價以後，向公眾展示了他的科學成果。這就是 1983 年出版的《數理經濟學 —— 德布魯論文 20 篇》。

德布魯於 1960 年離開耶魯大學，在加州大學任經濟學和數學教授。1969 年至 1971 年，他曾任經濟計量學會會長，1970 年以後又是美國科學發展協會的會員，1977 年和 1980 年先後獲波恩大學、洛桑大學授予的榮譽學位。但真正給他以極大快樂的，還是 1976 年他獲得的「法國榮譽軍團騎士」稱號。他被授予這一榮譽，是因為他在美期間，其語言談吐、飲食習慣和個人魅力，都無不具有一望即知的典型的法國味。不過，這一榮譽還是不如他 1983 年獲得的諾貝爾經濟學獎。

在經濟學中，德布魯堅定地相信分工概念和比較優勢法則。但他不願評論現代經濟問題，如第三世界國家的失業、通貨膨脹和經濟發展。他寧可把這些問題留給那些領域的專家。他是一個無官職的人，他透過他的手稿與我們一起分享他的智慧和對世界的想像力。正像諾貝爾獎委員會宣布的那樣，德布魯把新的分析方法應用到經濟理論中和對一般均衡理論嚴密系統地闡述，許多經濟學家將會牢牢記住他的名字。

德布魯是數理經濟學大師。他用集合論代替微積分，系統證明了一般均衡的存在、一般均衡的穩定和一般均衡狀態恆等於最大效率狀態這三個

91

基本原理。他使一般均衡的證明更加簡化，並且由於拓寬了貨物概念的定義，使得一般均衡理論不但用於純粹靜態均衡分析，也可用於生產和消費活動的空間分析、短暫分析和不確定分析。他的一般均衡模型綜合了靜態分析、區位理論、資本理論、金融理論、國際貿易和總體經濟理論以及不確定情況的經濟行為理論。

　　他的主要學術成就是對一般經濟均衡理論所做的貢獻。這集中反映在他 1959 出版的僅 102 頁的代表作《價值理論：對經濟均衡的公理分析》一書中。就是這本篇幅極小的著作，幫助他摘取了諾貝爾經濟學的桂冠。他的學術貢獻不在於理論本身，而在於分析方法上的改進。

　　德布魯的主要理論貢獻包括：資源未被充分利用的量、概括帕累托的最優理論（福利經濟學）、具有相關商品的均衡存在性（一般競爭均衡理論）、用效用函數表示偏好次序關係、總量超額需求函數（效用的需求理論）、經濟核算的收斂定理等。50 年代初，他與合作者透過建立個體經濟學基本概念的拓撲學集合論基礎，引起了西方經濟理論研究的一場革命。此外，德布魯首倡的一般均衡分析領域，已成為大部分西方個體經濟理論的統一構架。他使用的公理化分析方法已成為西方經濟分析的標準形式。70 年代以來的資本理論、區位理論、金融理論、國際貿易和總體經濟理論等，均從他的一般均衡理論概念、思想和新加入的工具中獲益匪淺。

默頓・穆勒

　　1923 年 5 月 16 日，默頓・穆勒出生於英國麻薩諸塞州的波士頓。他父親喬爾是一名律師，畢業於哈佛大學。穆勒追隨父親的腳步，於 1940 年也進入哈佛大學，不過他沒有學法律，他的興趣在經濟學。1987 年，

經濟學獎金獲得者勞勃・梭羅是穆勒的大學同學，他們在上經濟學入門課程是同一個小組的。穆勒於 1943 年以優異的成績畢業，並獲得文學學士學位。

穆勒在談他第一次接觸到經濟學及他的老師時，他說：「我在大學上課時，發現我們的經濟觀點很相似，那令我很高興。我年輕時，世界上很混亂，到處都很蕭條。對那些不懂經濟的人來說，就好像天氣一樣，發生變化卻沒有辦法去弄明白，但我的經濟學老師說：『不，那不是偶然發生的，事情的發生總有原因。』我於是發現經濟學非常振奮人心，因為我發現要理解經濟運行是可能的。」

他年輕時，曾給予他重大影響的是 G・J・斯蒂格勒，他與斯蒂格勒相識多年，對他的評價很高：「他棒極了！」他在接受記者採訪時，曾深情地回憶斯蒂格勒：「我第一次見到他是 1943 年，我當時很年輕，剛從大學畢業，在紐約國家經濟研究局工作。G・J・斯蒂格勒也是那裡的職員，他正在寫一本叫做《相對價格理論》的教科書。我和他每天共進午餐，每天進行交談。和他一起工作使我學到了很多東西。作為同事，我仍然尊敬他，感謝他……我從內心尊敬他，我曾模仿他的某些研究來從事我的工作。」

戰爭年代，穆勒作為一名經濟學家先在美國財政部稅務研究處，以後在聯邦準備系統董事會的研究和統計處工作。1949 年，他選擇了巴爾的摩的約翰・霍浦金斯大學的研究生院，並於 1952 年獲翰・霍普金斯大學博士學位。他的第一個工作是 1952-1953 年倫敦政經學院的訪問助理講師。之後，他到了卡內基工學院，即現在的卡內基・梅隆大學。當時，他們的工業管理研究是領導美國商學院新浪潮的第一家，也是最有影響的一家。在這裡，穆勒的同事中有西蒙和莫迪尼亞尼，他們分別是 1978 年和 1985 年

諾貝爾經濟學獎獲得者。1958 年,他與莫迪尼亞尼發表了關於公司理財的 MM 論文的第一篇,以後還合寫了幾篇論文,直到 60 年代中期。1961 年,他來到芝加哥大學。1965-1981 年,他任芝加哥大學商業研究生院布朗(Edward Eagle Brown)講座銀行金融學教授。1966-1967 年,在比利時的魯文大學作了一年的訪問教授。1981 年至今,任芝加哥大學商業研究生院馬歇爾(Leon Carrol Marshall)講座功勳教授。自 80 年代初以來,穆勒的興趣轉移到金融服務業的經濟和管制問題,特別是證券和期貨交易方面。穆勒現在是芝加哥商業交易所的一名董事。此前,他曾擔任該所的特別學術委員會委員,對 1987 年 10 月 19-20 日的危機做事後分析。穆勒還是美國經濟計量學會會員,1976 年,他擔任美國金融學會會長和《商業雜誌》副主編。

對於獲得諾貝爾獎,穆勒輕描淡寫地說:「當我開始進行那項研究時,諾貝爾經濟學獎尚沒有設立。我做的研究工作之一被證明在後來這個領域的發展中有很大的影響力,那也是很久以前的事了。你知道,我做了工作,評獎委員會決定授予我這個獎,但我並不在乎什麼獎。」

穆勒的前妻愛里諾,1969 年不幸去世。當時,她是三個小女兒的母親。她的去世對穆勒是一個沉重的打擊。以後,穆勒又與凱薩琳結婚。他們平時工作生活在海德公園處的一所市區住宅裡,週末則在伊利諾州伍德斯托克的一個農場過鄉村生活,和其他有些週末退居者相似。他的業餘愛好是修剪灌木和一般維修,再加一點園藝。與他的某些更愛運動的經濟學獎金獲得人的同事們不同,他常在寒冷的兵士球場的季票座位上觀看芝加哥熊隊賽球,這個愛好他已保持了二十多年了。

穆勒的公司財務理論,解釋了什麼因素決定公司在應計債務和分配資產方面的選擇。他的這一理論基於這樣一種假設,即股票持有者可以像公

司一樣進入同樣的資本市場，因此，公司保證股東利益的最佳辦法就是最大限度地增加公司財富。穆勒認為，透過資本市場所確立的公司資本資產結構與分配政策之間的關係，同公司資產的市場價值與資本成本之間的關係，是一個事物的兩個方面。因而，在完全競爭（撇開稅收影響）條件之下，公司的資本成本及市場價值與公司的債務 —— 資產率及分配率是互為獨立的。也就是說，一定量的投資，無論是選擇證券融資還是借款，對企業資產的市場價值並無影響；企業的分配政策對企業股票的價值也不起作用。

穆勒進一步提出，對資不抵債公司的稅收優惠，雖然會影響一個給定的經濟部門的總債務率，但對個別企業的債務 —— 資產率卻無關痛癢。這無疑在「雙M理論」的基礎上又向前邁進了一大步。穆勒在將理論應用於金融領域的其他一些方面，也頗有建樹。這些引人注目的觀點以後導致了大量的反對性研究，但是MM定理已經證明比許多人開始想像的更長期適用。現在這個定理仍然是幾乎所有公司財務的實驗性研究的出發點。

他的著作主要包括：《經濟學術語文選》（1963）、《審計、管理策略與會計教育》（合作，1964）、《金融理論》（合作，1972）、《總體經濟學：新古典主義入門》（合作，1974）、《應用價格理論文選》（1980）。論文主要包括：《內在彈性》（1948年3月）、《利息率變動的收入效應》（合作，1951年春）、《鐵路貨運最優規劃模型》（合作，1956年10月）、《資本的成本、公司財務和投資理論》（合作，1958年6月和1959年9月）、《紅利政策、成長和股票估價》（合作，1961年10月和1963年1月）、《稅收與資本價值：一項修正》（合作，1963年6月）、《對供電業資本價值的若干估算》（合作，1966年6月）、《廠商的一個需求模型》（合作，1966年8月）、《與不確定條件下投資規劃相關的資本價值的若

干估算》（1967年2月）、《與風險相關的收益率：最新發現的再考察》
（1972）、《出租、購買和資本服務的成本》（合作，1976年6月）、《債
務和稅收》（1977年5月）、《銀行控股公司的管制方法》（合作，1978
年7月）、《石油與天然氣的定價：若干後續結論》（合作，1985年5月）、
《金融創新：最近20年進展與未來發展展望》（1986年12月）、《30年之
後的莫迪尼亞尼 —— 穆勒定理》（1988年秋）、《毛利管制與股市波動》
（合作，1990年3月）等。

勞勃·梭羅

　　勞勃·梭羅1924年8月23日生於美國紐約的布魯克林。他的父母是
移民的後代，生活迫使他們不得不在中學畢業之後就去謀生。所以，在他
的家庭中只有梭羅這一代的兄弟姐妹們才有可能上大學。

　　梭羅在紐約市的鄰近公立學校中受到了良好的教育。對於這時候的
他，他在自傳中寫到：「在學校裡從一開始我的成績就是優良的，但整個
高中期間我的智力並不很好。」那時，有一位優秀的教師指導他學習19
世紀法國和俄國的文學作品。由於他的成績很好，他得到了一筆哈佛大學
的獎學金。

　　梭羅對經濟學的系統學習純屬偶然。雖然孩提時代對經濟蕭條現象的
觀察使他對社會問題產生了一些興趣，但他於1940年進入哈佛大學時還
是打算學習生物學和植物學。但是不久他就發現，這些學科並不合他的心
意。在他最後確定學習計劃之前，第二次世界大戰爆發了。1942年，他加
入美國軍隊，服役於南非、西西里島和義大利的信號隊。他自始至終參加
了在義大利的戰爭，一直到1945年8月退役為止。

　　三年兵役生活鍛鍊了梭羅成熟的性格。「我發現自己是一個嚴密團體的一部分，應該熟練而互相忠誠地做艱苦工作，領導我的是我所知的最優秀人物之一，他從不喪失幽默和禮貌。」從他身上，梭羅學到了很多。

　　1945 年重返哈佛大學後，梭羅仍無法確定自己的學習方向。這時他已經與那個「在戰時互通信件的讀信人和寫信人」結婚。最後，在他那剛剛獲取了經濟學學位的妻子的建議下，開始涉足於經濟專業，並發現自己喜歡它。他的運氣很好，華西里‧列昂惕夫成了他的老師、嚮導和朋友。從他那裡，梭羅學到了現代經濟理論的精神實質。梭羅在列昂惕夫的指導下做實際的工作。作為列昂惕夫的研究助理，梭羅計算出了投入產出模型的第一組資本係數。

　　在哈佛的日子裡，梭羅開始對統計學和機率模型產生了興趣。他從社會關係學系的菲德烈‧摩斯泰勒那裡學到了許多東西。然而，哈佛的統計學教學很不正規，所以，梭羅聽從摩斯泰勒的勸告，於 1949-1950 年去哥倫比亞大學聽了一學年的課。在那裡，他聽阿伯拉罕‧華爾德、雅谷‧華爾福威茨和 T‧W‧安德遜講課。那一年間，梭羅還在寫博士論文，探索將相互作用的馬爾科夫過程應用於就業、失業及薪資率、模擬薪資收入數額的分布。那篇論文在哈佛被授予威爾斯獎。

　　梭羅於 1947 年獲哈佛大學經濟學學士學位，1949 年獲哈佛碩士學位，1951 年獲哈佛哲學博士學位。

　　1949 年，梭羅進入了麻省理工學院經濟系。這所高等學府的經濟系是美國第一位諾貝爾經濟學獎獲得者（1970 年）保羅‧A‧薩繆森創建的。梭羅說道：「如果有誰放棄每天與薩繆森坐而論道，為了金錢去其他任何一個地方，那麼這個人一定是個傻子。」

　　從 1949 年起，梭羅一直在麻省理工學院任教，1950 年任統計學助教，

1954 年晉升為副教授，1957 年升為教授。他時常在麻省理工學院做定期講演。在此期間，曾於 1963-1964 年應英國劍橋大學之聘，出任馬歇爾（Marshall）講座的講師；1968-1969 年聘為牛津大學伊斯曼（G·Eastman）講座教授。

　　作為一名職業經濟學家，梭羅的大部分研究重點放在了促進對經濟成長機制理解的工作上。他由於在這方面的研究成就而獲得了 1987 年諾貝爾經濟學獎。除此之外，他還獲得了人稱「小諾貝爾經濟學獎」的約翰·貝茲·克拉克獎。該獎是美國經濟學會設立的用於表彰對經濟思想和知識做出重大貢獻的中青年經濟學家。作為一名經濟學家和經驗調查者，他曾給一些舊問題提供了新答案。但是，無論是他所分析的內容還是與之相適合的模式都絕不是「灰暗」的。

　　1987 年 10 月 21 日，瑞典皇家科學院宣布將本年度的諾貝爾經濟學獎授與美國經濟學家勞勃·梭羅，以表彰他在研究產生經濟成長與福利增加的因素方面所做出的特殊貢獻。據該委員會宣稱，梭羅的得獎是因為他在 1956 年提出了一個用以說明存量的增加是如何使人均產值成長的數學方程式，它可用來衡量各種生產因素對發展所做出的貢獻。根據這一方程式，國民經濟最終會達到這樣一種發展階段：在那個階段以後，經濟成長將只取決於技術的進步。諾貝爾獎金委員會主席林德貝克認為，正是梭羅的理論，使工業國家願意把更多的資源投入大學和科學研究事業，這些方面是促使經濟發展的「突擊隊」。

　　梭羅對經濟學的貢獻主要是：

➤ 長期成長理論，特別是成長過程中的均衡條件、動態效率、單位資本收入成長的原因與不可再生資源的作用；

➤ 總體經濟理論，特別是對市場不能出清的原因的系統考察，失業的性質及其與通貨膨脹的關係，以及存量與流量的作用，資本與利率理論。

梭羅修正了 40 年代在經濟學界占壟斷地位的經濟成長模型：哈羅德 —— 多馬成長模型（Harrod Domar Growth Model）。哈羅德 —— 多馬模型認為，除非是僥倖的巧合，充分就業的穩定成長是很難實現的。梭羅認為這一模型是片面的。在他看來，從長遠觀點看，有著實現充分就業的穩定均衡成長率的必然趨勢。

梭羅提出的經濟成長模型被稱為「新古典成長模型」。這一模型分析了勞動、資本與技術進步在經濟成長中的作用。這一模型的中心在於說明了資本 —— 產量比率或資本 —— 勞動比率是可以透過市場上的價格調節而改變的。這就是說，當資本相對豐富而勞動稀缺時，勞動的價格就會相對於資本的價格而上升，從而增加資本的使用，減少勞動的使用，提高資本 —— 勞動比率，透過資本密集型技術來發展經濟。反之，當資本相對稀缺而勞動豐富時，勞動的價格就會相對於資本的價格而下降，從而增加勞動的使用，減少資本的使用，降低資本 —— 勞動比率，透過勞動密集型技術來實現經濟成長。這樣，透過價格調節資本 —— 勞動比率就可以實現經濟的長期穩定成長。

梭羅非常重視技術進步在經濟成長中的作用。他對所有對經濟成長做貢獻的生產要素加以區分，從而得出資本、勞動和技術進步各自在經濟成長中所起的作用。他用美國的統計資料證明了經濟成長中有一半是由於技術進步而取得的。而且，隨著經濟的發展，技術進步越來越重要。技術進步包括機器設備的改進與人的知識技術水準的提高綜合的主張，梭羅為維護其主流派的地位立下了汗馬功勞。

第一篇　諾貝爾經濟學獎得主

　　在梭羅的兩篇重要文章──發表於《經濟學雜誌季刊》（1956）的《對經濟成長理論的一種貢獻》和發表於《經濟與統計學評論》（1957）的《技術變化與總生產函數》──中，梭羅對把資本構成歸結為說明成長過程的主要原則表示懷疑。根據美國 1909-1949 年的經濟資料，梭羅論證了當時人均工時產量成長的八分之一是由於所用資本的增加，大致八分之七是由於技術變化。一些人可能會對用「技術變化」這個術語去描述研究中的現象感到困惑，但是，這樣做實際所引起的後果是無法說明存在於可觀察到的產量成長和與此相關的額外資本投入之間的差距。

　　嚴格地說，這個觀察結果和計算結果之差也可以被說明為「疏忽的係數」。梭羅意識到，還有許多技術變革的內容包括在其間，正像人們傳統理解的那樣。這樣，他所應用的「技術變化」一詞就不足以表達生產函數的各種變化，不可能包括類似能促進和改善勞動力的教育等方面的情況了。在把非資本的貢獻分開的問題上還有許多工作要做，但事實並未削弱其基本結論的重要意義，即自然資本的積累並不是一個國家經濟成長率的根本調節器。改善投入的品質要比增大投入的數量重要得多。

　　梭羅在這個時期的研究改變了經濟成長研究的日程。經濟學家逐漸增強了對研究、技術變化和透過教育改善生產率要素重要意義的認識。在至少 40 個國家裡，梭羅的方法論奠定了經濟研究的基礎並證實了他最初見解的正確性。事實上，「成長估算」與他所創造的方法一道已成為經濟學文獻中的主要部分。然而，他的成就對於不發達經濟研究的影響在 1956、1957 年間沒有收到預期效果。正像梭羅注意到的，當著手於成長源泉分析的時候，他完全沒有考慮到不發達國家。反之他的精力主要放在了發展建立在哈羅德──多馬成長模型基礎上的理論，這個模型畢竟是在先進工業經濟的基礎上形成的。

　　梭羅除了做教授外，還在學術界和政界兼職。他 1975-1980 年擔任波士頓聯邦儲備銀行董事，後出任該銀行董事會主席。在甘迺迪總統任內，任白宮首席經濟顧問。在約翰遜總統任內，任收入委員會主席。1968 年任美國經濟學會副會長，1979 年任會長。

● 勞勃‧福格

　　1926 年勞勃‧福格出生在美國的紐約市。

　　福格是幸運的。在他的碩士研究生和博士研究生階段，都遇到了世界第一流的經濟學家的指導。

　　在哥倫比亞大學喬治‧J‧斯蒂格勒和卡特‧古德里對福格影響很大，福格在寫碩士論文時曾請古德里賜教。在約翰‧霍普金斯大學給予福格的指導最多的老師有個體經濟理論的阿巴‧樓納和弗裡茨‧馬奇魯，總體經濟理論和經濟成長理論的伊夫賽‧多瑪，數理經濟學的劉大中等。

　　指導他博士論文的西門‧庫茲涅茨，對福格影響最大。在學生們眼中，「他說話和氣，中等身材，人們在他班上不用很長時間就會發現他是一位頂尖的智者，不僅通曉經濟學，而且也在歷史、人口統計、統計學及自然科學方面有廣博的知識。他的經濟成長課程覆蓋現代技術變化史、人口統計和人口理論，以及利用國民收入總量進行經濟成長和收入分配等分布的比較研究」。庫茲涅茨的課程很有價值。他反覆指明經濟學的中心統計問題並非隨機誤差而是數據中的系統性偏誤，而且他傳達一些對付那個問題的一些強有力的方法，特別是重視靈敏度分析的作用。

　　在福格離開約翰‧霍普金斯大學的時候，他已制定了自己今後十年的兩個研究方向。第一是測量主要科技革新，主要政府政策及主要環境和制

度變化對經濟成長道路的影響。第二是提倡更多利用經濟學的數學模型和統計方法以研究經濟史家們集中注視的長期複雜過程。這兩項目標密切相關。提倡新方法的最好論據是證明在研究具體問題時，例如鐵路對經濟成長的貢獻，這些方法比傳統方法優越。新方法有可能以一種方式陳述主要分析問題，使它們便於測量，識別為解決爭議之點所需證據的種類，發展既適合問題又適合現有證據的測量技術，評估研究成果的可靠性。

福格的計劃在實施過程中得到有關教授的關心和支持，他們給予他盡可能的財力和物力的幫助。甚至當福格還是一名未經考驗的新助理教授時，列昂納爾‧W‧麥克肯齊提供了幾名研究助理，一名電腦程式員和他所需要的所有電腦機時。

福格 1958 年在約翰‧霍普金斯大學開始執教，但於 1959 年又轉到羅徹斯特大學。1964 年他進入芝加哥大學，1965 年在那裡任經濟史教授。1965 年，他同時兼任羅徹斯特大學的教授職位，1975 年他把兩個職位都辭去，而到哈佛大學任教授。但是，對他來說，既要任人口經濟學中心的理事，又要兼瓦格林基金會的理事，所以，1981 年，他還是回到了芝加哥大學。福格 1977 年曾任經濟學會會長，1980 年任社會科學史學會會長，1978 年以後又一直任國立經濟研究局的項目理事。

勞勃‧福格以他在計量經濟史方面出色的工作，榮獲了 1993 年諾貝爾經濟學獎。

福格的《鐵路和美國經濟成長：計量經濟史學論文集》的出版，代表著「歷史計量學」或「新定量經濟史學」的誕生。這是把新古典經濟學的原理同統計推斷原理相結合的一門新學科，用以考察這樣的反事實性問題：如果鐵路從來就不存在，美國的經濟成長率會是多少？對那些反對這一問題的人說來答案是：所有歷史研究實際上都是提出反事實性問題，不

過是採用含蓄的而不是直率的方式罷了。

在圍繞「新經濟」史學的興起而展開的熱烈討論中，福格堅定地維護《美國經濟史新釋》和《「科學」史學與傳統史學》中明確制定的方法。不僅如此，對於 19 世紀美國鐵路的經濟影響，福格推翻了不少過去的研究；與恩哲爾曼齊心協力，重新考察了美國奴隸制經濟學。美國史是以其受到熱烈的爭論而著名的課題，而《苦難的時代：美國黑奴制經濟學》要算是迄今在美國史方面出版的一本爭議最大的書。康拉德（A‧H‧Conrad）和邁耶爾（J‧R‧Meyer）發表在《政治經濟學雜誌》1958 年 4 月、10 月號上的那篇文章《南北戰爭前的南方奴隸制經濟學》，最先與那種認為奴隸制是一種無效益、不營利的生產方式的正統觀點唱反調。福格和恩哲爾曼接受了這篇經典文章的論點，進而嚴加抨擊像種族主義者那樣地死死維護正統觀點的那些人；堅持認為奴隸制具有相當的效益，並且唯有像南北戰爭那樣的超經濟力量才可能導致它解體。他們的書已多次被譯成別種文字。在不到 10 年的時間裡，對這本書的各種評論文獻就遠遠超過了原書本身。

● 哈利‧馬可維茲

1927 年 8 月 24 日，哈利‧馬可維茲生於美國伊利諾州的芝加哥。

高中畢業後，馬可維茲進入了芝加哥大學，讀了兩年學士課程。在他的眼裡所有的課程都很有趣。其中，他對一門《觀察、解釋和集成》的課程中讀到的哲學家們特別感興趣。1947 年，他從芝加哥大學經濟系畢業，獲得學士學位。

研究經濟學並非他童年的夢想。他是在拿到學士學位之後選擇碩士專

業時才決定讀經濟學的。個體經濟學和總體經濟學他都學得很好，但是他最感興趣的是不確定性經濟學，特別是馮・諾伊曼和摩根斯坦及馬夏克關於預期效用的論點，傅利曼 —— 薩凡奇效用函數，以及薩凡奇對個人機率的辯解。馬可維茲說：「我在芝加哥有幸有傅利曼、馬夏克及薩凡奇等偉大的老師。庫普曼斯的活動分析課程連同它的效率定義和它的有效集的分析也是我受教育的一個關鍵部分。」

　　馬可維茲在選擇他的論文題目時，發現可將數學方法應用於股票市場的可能性。他向馬夏克教授請教。馬夏克認為這是個合理的想法，還解釋說阿爾弗雷德・考爾斯本人對此類應用感興趣，並建議他去見馬歇爾・克春教授。馬歇爾・克春教授給了馬可維茲一個閱讀書目，指導他進入現代金融理論和實踐的研究領域。

　　馬可維茲創立證券夾理論源於一次很偶然的機會。一天下午，他在圖書館讀約翰・布爾・威廉斯的《投資價值理論》時，有了證券夾理論的基本概念。威廉斯提出一種股票的價值應當等於它的未來紅利的現值。因為未來的紅利是不確定的，馬可維茲對此的解釋是按照一種股票的預期未來的紅利評價它。但是，如果投資者只對證券的期望價值有興趣，他將只對證券夾的期望值有興趣；並且為了使一個證券夾的期望值最大化，一人只需投資於唯一的一種證券。這當然不是投資者所應採用的行動方式。投資者分散投資是為了規避風險並獲得盈利。馬可維茲利用方差來度量風險，按照證券夾方差依賴證券方差的事實根據風險和報酬判斷標準，投資者可以從帕累托最優風險 —— 報酬組合集中進行選擇。

　　馬可維茲在 1952 年離開芝加哥大學進入蘭德公司。在蘭德公司，馬可維茲並未研究證券夾理論，但他從喬治・澤那裡學到了優化技術，並把它運用在均值 —— 方差邊界速算法中。

哈利・馬可維茲

自從 1952 年馬可維茲發表有關證券夾理論的文章以來,他參加了許多課題的研究工作。他注意的焦點始終在數學或電腦應用於實際問題上,特別是不確定下企業決策問題。這些工作在實踐中取得了很大的成功。1989 年美國運籌學會和管理科學學會授予馬可維茲以馮・諾伊曼運籌學理論獎。

50 年代,馬可維茲在蘭德公司還進行了稀疏矩陣的研究工作。參與這項工作的人有阿蘭・S・曼恩、梯保・費邊、托馬斯・馬夏克、阿蘭・J・羅等。他們共同研究建立了工業的全產業和多產業活動分析模型。馬可維茲說:「我們的模型耗盡了當時的電腦能力。」這些矩陣的大多數系統是零,即矩陣中非零是「稀疏」的。而且,若能小心選擇主元,與高斯消去法提供的三角矩陣一般仍將是稀疏的。

除此而外,馬可維茲在此期間還進行了仿真技術的研究。他和許多人一樣確認許多實際問題的解決需要仿真技術。在蘭德公司,馬可維茲參與建立了大型後勤仿真模型;在通用電器公司幫助建立了製造工廠模型。

60 年代,馬可維茲開發了一種以後被成為 SIMSCRIPT 的程式語言。B・郝思納和 H・卡爾參與了該程式的編制工作。他們以後繼續合作共同創辦了一家電腦軟體公司 CACI。目前,這種程式語言的新版本仍由 CACI 維持,而且有相當多用戶。馬可維茲對電腦的應用非常重視。他是紐約大學的教授和電腦程式專家,有時他還利用電腦進行證券程式交易投機活動。

為了清楚明了起見,我們把馬可維茲的簡歷列在這裡。1952-1960 年及 1961-1963 年任美國蘭德公司副研究員;1960-1961 年任通用電器公司顧問;1963-1968 年任聯合分析研究中心公司(Consolidated Analysis Centers Inc)董事長;1968-1969 年任加州大學洛杉磯分校金融學教授;1969-1972

年任仲裁管理公司（Arbitrage Management Co）董事長，1972-1974 年任該公司顧問；1972-1974 年任賓夕法尼亞大學沃頓（Wharton）學院金融學教授；1974-1983 年任國際商用機器公司（IBM）研究員；1980-1982 年任拉特哥斯（Rutgers）大學金融學副教授，1982 年晉升為該校 Marrin Speiser 講座經濟學和金融學功勛教授；現任紐約市立大學巴魯克學院教授。馬可維茲還被選為耶魯大學考爾斯（Cowels）經濟研究基金會員，美國社會科學研究會會員，美國經濟計量學會會員，管理科學研究所董事長，美國金融學會主席等。

　　馬可維茲是一個將學術與應用緊密連繫在一起的經濟學家，由於出色的、開創性的工作，馬可維茲與另兩位學者一起，獲得了 1990 年的諾貝爾經濟學獎。

　　馬可維茲、夏普和穆勒三位美國經濟學家同時榮獲 1990 年諾貝爾經濟學獎，是因為「他們對現代金融經濟學理論的開拓性研究，為投資者、股東及金融專家們提供了衡量不同的金融資產投資的風險和收益的工具，以估計和預測股票、債券等證券的價格」。這三位獲獎者的理論闡釋了下述問題：在一個給定的證券投資總量中，如何使各種資產的風險與收益達到均衡；如何以這種風險和收益的均衡來決定證券的價格；以及稅率變動或企業破產等因素又怎樣影響證券的價格。馬可維茲的貢獻是他發展了資產選擇理論。他於 1952 年發表的經典之作《資產選擇》一文，將以往個別資產分析推進一個新階段，他以資產組合為基礎，配合投資者對風險的態度，從而進行資產選擇的分析，由此便產生了現代的有價證券投資理論。

　　馬可維茲關於資產選擇理論的分析方法，有助於投資者選擇最有利的投資，以求得最佳的資產組合，使投資報酬最高，而其風險最小。

　　假設在兩項有風險的資產中，一項在某種情況下有收益，另一項在另一種情況下有收益。兼有這兩項資產的有價證券將總是有收益的。換言之，一項有風險的資產加上另一項資產能大大減少有價證券的總風險。因此，現代有價證券理論認為，單個資產的風險對投資者幾乎無關緊要，重要的是它對投資者的總風險所起的作用。

　　投資者對風險和收益的感受各有不同，把上述原則轉變為從眾多的不同資產中選擇恰當的有價證券的可行技巧是一個棘手的數學問題。馬可維茲利用所謂的平均方差分析解決了這個問題。這種方法已經成為現代經濟學的必要工具，其應用範圍已超出了金融領域。

　　這種分析方法由托賓（1981 年諾貝爾經濟學獎獲得者）、夏普等經濟學家加以發展，已成為當代經濟學家所應用的主要分析工具之一，其用途已遠遠超出了金融市場的範疇。除資產選擇理淪之外，馬可維茲在線性規劃分析方法和不確定條件下的理性行為理論等方面也頗有貢獻。

　　馬可維茲的代表作是 1959 年出版的《資產選擇》一書。該書分析含有多種證券的資產組合，提出了衡量某一證券以及資產組合的收益和風險的公式和方法，即：在某一特定年內，一證券的報酬率＝（本年的收盤價格 - 上年的收盤價格＋本年的股利）÷ 上年的收盤價格。一資產組合的穩定性，決定於三個因素：每一證券的標準差，每一對證券的相關性和對於每一證券的投資額。他認為，一個有效率的資產組合，須符合下列兩個條件：（1）在一定的標準差下，此組合有最高的平均報酬；（2）在一定的平均報酬下，此組合有最大的標準差。

勞勃·孟岱爾

　　羅伯特·亞歷山大·孟岱爾出生並長大在加拿大。在上中學時，孟岱爾對經濟學產生了興趣，並從此走上了經濟學之路。在加拿大讀完大學本科後，由於獲得了一項資助，孟岱爾就去了位於美國西雅圖的華盛頓大學繼續讀研究生。在華盛頓大學就學期間，孟岱爾發現那裡不是他理想的攻讀博士學位的地方。於是，去了麻省理工學院攻讀博士學位。但實際上他的博士論文卻是在倫敦政經學院逗留期間完成的。

　　在芝加哥大學做完博士後研究後，孟岱爾回到他大學大學的母校不列顛哥倫比亞大學執教至 1958 年。隨後在史丹佛大學開始創立著名的孟岱爾 —— 弗萊明模型。1959-1961 年，孟岱爾於約翰斯·霍普金斯大學高級國際研究院任教。1961-1963 年任職於國際貨幣基金組織研究部，這個工作機會為孟岱爾對國際貨幣問題的研究提供了有利條件，因此也促進了他在這一課題上的研究。而他於 1961、1963 年發表的兩篇著名論文正是在這期間寫就的。1964-1965 年在布魯金斯學會任研究教授；1965-1966 年在芝加哥大學任研究教授；1965-1975 年兼任瑞士日內瓦的國際問題研究學院的國際經濟學暑期教授；1966-1971 年，任芝加哥大學經濟學教授和《政治經濟期刊》的編輯；1974 年至今執教於哥倫比亞大學，任經濟學教授；1980 年兼任南加州大學教授；1989-1990 年兼任（加拿大）麥吉爾大學經濟學教授；1990-1991 年兼任賓夕法尼亞大學教授；1997-1998 年兼任（美國）保羅·H·尼茨高級國際研究學院經濟學教授。由於較高的知名度，孟岱爾擔任了很多教學以外的其他職務，這其中包括：1964-1978 年擔任關於國際貨幣改革的比雷吉奧 —— 普林斯頓研究小組成員；1970 年任歐洲經濟委員會貨幣委員會顧問；1971-1987 年，他擔任關於國際貨幣改革

的汕塔一克倫巴會議主席；1972-1973 年任關於歐洲經濟與貨幣共同體的研究小組的成員。此外，孟岱爾還是或曾經是聯合國、國際貨幣基金組織、世界銀行、加拿大政府、拉丁美洲和歐洲的一些國家、聯邦儲備委員會和美國財政部等許多國際機構和組織的顧問。

　　較高的知名度與榮譽是相輔相成的。孟岱爾於 1971 年獲得古根海姆獎；1983 年獲得法國參議院頒發的雅克‧呂夫獎章和獎金；1992 年獲得巴黎大學授予的名譽博士學位；1997 年被選為美國經濟學協會傑出會員；1998 年當選為美國人文社會科學院院士；1999 年獲得諾貝爾獎；2000 年被上海交通大學、南京大學聘為名譽教授；2003 年被浙江大學聘為名譽教授。

　　孟岱爾與中國的來往非常頻繁。他於 1995 年參觀訪問了中國人民大學；於 2000 年 12 月參觀訪問了南京大學；於 2001 年 10 月參加了在中國深圳舉行的第三屆中國國際高新技術交易會「高新技術論壇」，發表了題為「資本市場國際化」的演講，並赴北京大學、清華大學參觀訪問。2002年 3 月訪問了位於北京的對外經濟貿易大學。孟岱爾還是世界經理人諮詢有限公司董事會主席。該公司原在紐約世貿中心設有辦公室，但不幸於「9 11 事件」中被毀。鑒於中國的快速發展，孟岱爾於 2003 年 3 月將該公司總部遷至北京。孟岱爾還於 2003 年 9 月在中國參加了第六屆北京國際科技產業博覽會高成長企業與金融市場國際論壇。在論壇上，他發表了題為「全球化時代的中國經濟合作與發展」的演講。他表示，中國保持人民幣匯率穩定是十分正確和有效的，應當繼續保持下去。隨後他訪問了台灣，並以「人民幣對東亞貨幣穩定的影響」為題作了演講。他繼續了他的觀點。他認為，人民幣的突然升值對中國經濟所造成的後果將是災難性的。孟岱爾還於 2003 年 10 月參加了第五屆中國國際高新技術交易會並出席深

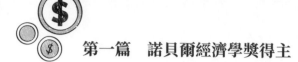

圳高科技交易會；隨後出席了於 2003 年 10 月 28-30 日在北京召開的「2003 國際金融論壇」研討會。在會上他再次指出，人民幣不應該升值，中國也不宜實行浮動匯率制度。如果讓人民幣升值，將可能造成通貨緊縮，外商投資的積極性也會降低，甚至會造成社會的不穩定，整個東亞都將因此受到不良影響。另外，人民幣升值也並不能解決美國的貿易赤字問題。孟岱爾還於 2003 年 11 月初出席了在中國海南省召開的博鰲亞洲論壇會議，緊接著又出席了於 11 月 6-7 日在珠海召開的世界經濟發展宣言大會。

羅伯特·亞歷山大·孟岱爾因為對於不同匯率體系下的貨幣與財政政策的分析以及對於最適宜的貨幣流通區域的分析而獲得 1999 年度諾貝爾獎。

孟岱爾最重要的貢獻是在 20 世紀 60 年代完成的。60 年代早期，孟岱爾發展了用於開放經濟條件下的穩定經濟的貨幣與財政政策。孟岱爾把反映對外貿易、資本流動、匯率這些因素的國際收支曲線 BP 引入了希克斯 IS-LM 模型，使得 IS-LM 模型裡兩條曲線交叉構成均衡變成了三條曲線交叉構成均衡，這也就是人們常說的孟岱爾 - 弗萊明模型。特別地，他論證了匯率體制的重要意義：在浮動匯率下貨幣政策比財政政策更有威力，在固定匯率下則相反。他的分析是建立在這樣的假設前提下的，即國際資本可以在國家之間自由流動。在這個假設前提下，他進而分析到，在固定匯率體系下，由於匯率不能自由地變化以調節對於貨幣的供給與需求之間的關係，因此，政府必需出面人為地干預貨幣市場以使得這一關係保持平衡。如果此時國外和國內的利率不一致，那麼必有大量的（在理論上是無窮無盡的）貨幣流人（當國內利率高於國際利率水準時）或流出（當國際利率水準高於國內利率時），直至到最後國內外利率趨於一致時。因此，在最後經濟處於均衡狀態時，固定的匯率以及國內外相同的利率已經確

定了貨幣的流通量，或者說 IS、BP 兩條曲線的位置已經決定了 LM 的位置，用更專業化的術語說此時 LM 的位置是一個內生變量，而不是外生變量。所以說政府無法再用貨幣政策對經濟施行干預。因此，貨幣政策是無效的。

相對於固定匯率體系而言，浮動匯率體系下的匯率是由市場供求關係決定的。在浮動匯率體系下，政府可以完全控制貨幣的流通量。此時，政府的行為決定了 LM 的位置。而國際市場利率又決定了 BP。這兩條位置已固定的曲線的交叉點就決定了國民經濟的規模。如果此時政府試圖採取某項財政政策以刺激經濟繼續發展，例如，增加政府支出等，則增加的政府支出將導致對貨幣的更大需求並由此推高利率。而高利率又必然吸引國外資本的流入，這就會導致國內貨幣的升值，從而影響到出口。當出口降低後，政府試圖透過財政政策刺激經濟的措施就失效了。所以說，在浮動匯率體系下，財政政策是無效的。

根據同樣的分析原理可以得出這樣的結論：在固定匯率體系下，財政政策是有效的；在浮動匯率下，貨幣政策是有效的。

孟岱爾的另一個重要貢獻是關於最優貨幣區域理論的。孟岱爾率先提出了關於廢除各國貨幣，在一個國際區域內採用單一貨幣的想法。

孟岱爾認為實行單一貨幣的好處很多。例如可以更方便地進行國際貿易、降低國際貿易中的交易費用、消除由於匯率波動所造成的商品價格波動等。而單一貨幣也有可能帶來負作用。例如，如果人們的消費需求發生了變化，因而對某一種商品的需求大大下降，那麼生產這些商品的地區或國家的就業率就有可能下降。為解決這類問題，孟岱爾提出了實行在單一貨幣區域內勞動力自由流動的方案，允許那些失業的人們流動到就業率高的國家或地區以尋找工作。後來在 20 世紀 90 年代歐洲國家為實行歐洲單

一貨幣——歐元而進行談判的關鍵問題正是允許勞動力在成員國之間自由流動以解決這些問題。

孟岱爾的研究為歐元的誕生奠定了理論基礎，他在歐元的誕生過程中起了重要的作用，他還起草了歐洲統一貨幣的第一批方案之一。正是因為他的這一系列貢獻，他被人們稱為歐元之父。當然，後來其他學者在孟岱爾研究的基礎上陸續提出了其他實行單一貨幣的條件，使得這一理論變得更加完善。

除上述主要貢獻外，孟岱爾還對總體經濟理論做出了其他貢獻。例如，他指出，如果人們預計到將來某個時間內會產生通貨膨脹，那麼投資者可能會把他們所持有的現金投資變成固定資產（現金會因為通貨膨脹而貶值，固定資產不會因通貨膨脹而貶值）。而固定資產投資是可以對經濟產生刺激效用的。結果，預計的通貨膨脹就導致了真實的經濟效應，這也就是眾所周知的「孟岱爾——托賓效應」。孟岱爾還對國際貿易理論做出了貢獻，他還是供給學派的創始人之一。

蓋瑞・貝克

加里・斯坦利・貝克，1930 年出生於美國賓夕法尼亞。貝克的研究範圍廣泛，在公用事業與運輸的最優定價理論方面做出了重大貢獻。是諾貝爾經濟獎的獲得者。

貝克年幼聰慧、文思敏捷，是一名好學生。他在布魯克林上小學和中學。16 歲以前，貝克對數學和手球都感興趣，他不得不為參加手球隊還是數學隊而費神。雖然，他的手球打得很好，但他還是選擇了數學。

1951 年，貝克 21 歲時已從普林斯頓大學拿到了文學學士學位。大學

的三年裡他對數學投入了大量的精力，為將來在經濟學中運用數學做好了準備。但是大學三年級時，他對經濟學開始失去興趣，因為這裡邊似乎並不研究社會問題。後來在芝加哥大學作研究生時，他第一次上傅利曼的個體經濟學課程時才恢復對經濟學的興趣。傅利曼強調經濟學不是聰明的學者玩的遊戲，而是分析真實世界的強大工具。他的課程充滿了對經濟理論的結構及其在實際和重要問題的應用的深刻見解。與傅利曼的接觸對貝克的研究方向產生深刻影響。

1952 年貝克在普林斯頓根據他的研究發表了兩篇文章。1957 年與傅利曼合寫了一篇文章並完成了他的博士論文《歧視經濟學》。在這本書裡他把對歧視的「嗜好」既引進僱主的效用函數，也引進僱員的效用函數。用這一簡單方法，他試圖使競爭性的勞工市場模型同所觀察的事實 —— 白種工人與黑種工人之間的薪資差別一一吻合起來。這本書最初未引起人們重視，因為大多數經濟學家認為種族歧視不是經濟學，而社會學家和心理學家一般不相信這是對他們學科做出的貢獻。然而，傅利曼、萊威斯、舒爾茨和芝加哥的其他人相信這是一本重要的書，因此貝克能夠面對許多敵意堅持下去。

三年研究生學習結束後，貝克成為芝加哥大學的一名助理教授。他的教學任務很輕，能集中精力主要做研究。但他希望在精神上更加獨立，所以三年之後，他放棄芝加哥大學豐厚的薪水而在哥倫比亞大學得到一個相似的教職，並在曼哈頓國民經濟研究所工作。

貝克是當代最著名的經濟學家之一。按照他的劃分，經濟學共經歷了三個階段：「在第一階段人們認為經濟學僅限於物質資料的生產和消費結構，僅此而已（即傳統市場學）。到了第二階段，經濟理論的範圍擴大到全面研究商品現象，即研究貨幣交換的關係。今天，經濟研究的領域已擴

大到研究人類的全部行為及與之有關的全部決定。」蓋瑞‧貝克就是這第三階段經濟學，也就是現代經濟學的奠基人之一。他對現代經濟學的突出貢獻體現在「時間價值」概念的引入，透過時間價值分析，經濟學關於「經濟人」的傳統假定被大大擴展了，經濟理性不僅在貨幣支出的行為中，而且在人類花費時間的一切行為中發揮作用，這樣，經濟學領域拓成了一門人類行為學。

貝克也許是最早突破傳統「經濟人」框架的經濟學家。他早年的博士論文就對非貨幣因素進行了經濟分析，但因在當時看來太出格而未得到廣泛承認。蓋瑞‧貝克對現代經濟學的開創性貢獻始於 1964 年的《人力資本》和第二年的《時間分配論》兩篇論著的發表，這兩篇論著代表著他與傳統的消費者理論的決裂，也暗含著一個新的「經濟人」的誕生。由於引入了時間價值的分析，新的「經濟人」有三個不同於傳統「經濟人」的鮮明特點，這三個特點可以總結為：

➤ **從靜態「經濟人」到動態「經濟人」**：傳統的消費者只知道在既定的貨幣收入水準下到市場去裝滿需求的「籃子」，他只關心眼前利益，眼前的消費同未來收入水準沒有關係。而「新消費者」的學說則假定人是追求長期利益，也許是終身利益極大化的「經濟人」。為了獲得未來收入極大化，他寧願節省眼前消費而投資於技術和教育以獲得長遠受益的人力資本。貝克分析的消費行為不僅花費金錢而且耗費時間，由於時間價值的引入，花費同樣金錢的消費行為對消費者的意義可能大不一樣。例如，同樣花 10 美元，在餐桌上花費 1 小時 2 小時，對消費者的意義就完全不一樣，可能 10 美元 1 小時的美餐對消費者是值得的，但再額外加 1 小時可能就很不值得。因為這額外的 1 小時可能意味著消費者用於工作可得的 7 美元報酬，而這 7 美元就可視為

消費者的機會成本，他可能因此而放棄這頓美餐。由於貝克分析了時間價值，消費和支出同未來收入有直接連繫，消費者不僅以眼前的貨幣支出做出選擇，而且對不同的時間做出選擇，他要考慮使其一段時間內獲得的滿足極大化，動態「經濟人」代替了靜態「經濟人」。

➤ **從被動的「經濟人」到主動的「經濟人」**：傳統消費理論把一組物品或服務的選擇看做是最終消費行為，消費者根據自己的金錢收入和市場上價格水準來購買物品，消費者需要的是物品本身。但「新消費者」理論認為購買一種物質資料或服務，並不構成最終的經濟行為。例如，人們不是為了汽車本身，而得到以汽車為物質基礎的服務和滿足，人們購買的不是汽車而是一種使人們方便地從甲地到乙地的手段；同樣是買汽車，有人獲得的是運輸方便的滿足，有人則得到「炫耀」的滿足。透過這樣分析，消費者就不是要求某種物品的被動消費者，而是要求物品採取滿足消費者需要的形式的主動消費者，物品只是人們從中產生滿足的工具和形式。必須隨消費者要求而改變，最終消費是消費者從中獲得的滿足，汽車是什麼形式並不重要，關鍵是要更快更好。

➤ **從貨幣「經濟人」到非貨幣「經濟人」**：人類在廣泛的社會生活中從事的不僅僅是獲得收入然後到市場的「純」經濟活動，人們在社會關係和社會制度下還追求權力、榮譽、愛情、宗教信仰等活動，由於蓋瑞‧貝克「時間價值」概念的引入，這些人類活動也不是不能納入經濟分析中去。所有這些都是符合人類利益的活動，也花費了人類最根本的稀缺資源，即時間。所以，只要把利益不單看做是從市場物品中獲得的滿足，也不單把獲得滿足的手段僅限於貨幣，那麼「經濟人」的「有理性、會算計、追求最大利益」的假定依然成立。這裡，消費

者仍可看做一個消費函數，人們花費時間所從事的各種活動對消費者來說邊際效用相等（最好看做一段時期而不是某一時點）。

從以上三點可以看出，由於貝克的貢獻，現代經濟學重新奠定了「經濟人」假定，「有理性、會算計、追求最大利益」的含義不變，但適用的範圍擴展了。一個有長遠眼光的、富於創造性的、有多種消費傾向的現代消費者形象確立了，這使得經濟學可以應付多種複雜多變的人類行為，把更多的人類行為納入經濟學模式研究。

當然，現代經濟學的中心內容還是貨幣領域，但貝克透過引入「時間價值」概念就直接對時間耗費進行分析，而不同於傳統經濟學只限於貨幣關係的框框，時間價值的分析顯然具有更廣泛的研究能力。這一概念把人類行為在過去、現在和未來的時間軸上約化為共同的時間價值，從而塑造出一個積極主動的「經濟人」形象。

貝克在新「經濟人」假定的基礎上發展起來的家庭經濟學把家庭視做同企業組織一樣富於生產性和創新性的機構，人們對自己的稀缺資源時間做出最合理的主動的安排，借助貨幣購買的物品和直接耗時間「生產」出各種各樣的滿足。現代家庭理論對家庭的功能做了遠比新古典經濟學廣泛的分析。貝克充分相信家庭人員的經濟理性，把家庭視為經濟決策的基本單位，這實際暗含著對國家干預的排斥。難怪《美國新自由主義經濟學》對貝克予以高度評價，並把他的理論作為新自由主義陣營中最重要的組成部分之一，貝克革命中確實包含著自由主義的哲學。

貝克是美國新自由主義經濟學派的重要成員，是當代美國最著名的經濟學家之一，是經濟理論的探索者和新領域的開拓者。J·R·沙克爾頓和G·洛克斯萊主編的《當代十二位經濟學家》一書就把貝克稱為「帝國建立者的經濟學家」，辟專章予以介紹，認為在拓寬經濟學研究的範圍和領

域方面，他所做的工作和貢獻比其他所有的經濟學家都多。

貝克在分析人們行為時，涉獵的領域相當廣泛，包括社會學、政治學、人口統計學、生物學以及犯罪與懲罰，等等。在涉獵這些領域時，他運用經濟理論與分析方法，試圖創建新興的邊緣學科，如人口經濟學、時間經濟學、資訊經濟學以及犯罪經濟學等等。他試圖分析影響人類行為的各種因素，他十分重視經濟因素對人類行為的決定性影響，並說明經濟因素在人類各種行為中所起的重要作用。

作為芝加哥學派的一員，貝克信奉經濟自由放任主義和市場均衡理論，不主張凱因斯的國家干預主義。早在 50 年代中後期，貝克的《歧視經濟學》（芝加哥大學出版社出版）一書，向正沉浸於凱因斯主義「勝利」的狂熱之中的美國經濟學界吹進了一股新自由主義之風。貝克努力為傳播新自由主義的市場調節理論，為把經濟理論和分析方法運用於研究人們行為，運用於經濟學以外的領域而著書立說。

對於經濟學科，貝克把對反總體經濟學與個體經濟學對立起來或分割開來，相反，他主張以個體經濟學為基礎來建立經濟科學體系。貝克在研究人們行為和闡述各種問題時，總是把自己的理論建立在新自由主義和市場均衡的方法論基礎上。他認為，不用國家干預，或者減少國家干預，只用市場機制就可以有效地調節各種經濟活動，使之正常運轉。他和芝加哥學派主要成員奈特、舒爾茨一樣，主張資本概念的一般化，認為資本概念可以普遍運用於分析人類行為的各種問題；他和斯蒂格勒一樣，強調資訊的作用和對勞動市場的調查研究；他也和傅利曼一樣，認為經濟學研究的目的不在於去描述實際經濟生活，而在於運用經濟理論，對經濟發展做出有用的「預言」，預測未來經濟發展的動向。在學術研究方面，貝克運用經濟理論進行大量的探索，擴展經濟學研究的範圍，涉足那些被認為是非

經濟學領域的問題，正是這一點使他獲得理論上創新者的美稱。

　　由於貝克提出人力資本理論，認為人力資本取決於國家的教育和培訓投資並造成文化之間和國家之間的差別，瑞典皇家科學院將 1992 年諾貝爾經濟學獎授予加里‧斯坦利‧貝克。

約翰‧納許

　　1928 年 6 月 13 日，約翰‧納許出生在西維吉尼亞州勃魯費爾。

　　當納許還是一名高中生時，就閱讀 E‧T‧Bell 的著作《數學家》。他曾成功地證明了一項費瑪的經典定理，即關於一個整數的 P 次冪，其中 P 是一個素數。

　　那時他也做電器和化學實驗。以後納許進了匹茲堡的卡內基技術學院主修化學工程。

　　納許在卡內基（現在的卡內基美隆大學）學習，享有全額喬治‧威斯汀豪斯獎學金。納許畢業時，有兩個學校的獎學金供他選擇，或者哈佛或者普林斯頓。由於普林斯頓出的獎學金高，離家近，且有德克教授在旁鼓勵他去，最後，納許決定去普林斯頓上研究生。這裡的德克教授就是發現囚徒困境問題，並作博弈論研究的人。

　　1948 年 9 月，年僅 20 歲的約翰‧納許來到普林斯頓的這個沸騰的研究環境。他來到數學系，帶上卡內基工學院的 R‧L‧達芬的只有一句話的推薦信。這封信簡單地說：「此人是一個天才。」作為他的論文導師，德克教授幾年後寫道：「有時我認為這封推薦信未免誇張，但是我認識納許愈久，愈傾向於同意達芬是對的。」

　　1950 年，納許畢業後，先在普林斯頓做了一年講師。1951 年夏，他

去了麻省理工學院數學系,做 C‧L‧E‧莫爾講師。在那裡,納許設法解了一個古典的有關微分幾何的未解決的問題,它也與廣義相對論中發生的幾何問題有關。這是求證平直(或「歐幾里得」)空間中抽象黎曼流形的等容積可嵌性問題。但是這個問題,雖然是古典的,被作為一個未解決問題卻議論得不多。

1956-1957 學年,納許獲得一筆阿爾弗雷德‧P‧斯洛安贈款,可以在普林斯頓的高等研究所做臨時研究員。在那裡他研究了另一個涉及偏微分方程的問題。問題也得到解決,但不幸的是義大利的恩尼奧‧德‧喬治比他早一點解決了這個難題,從而他有資格獲得數學家的斐爾德獎章。

對策論(即所謂的博弈論)於本世紀初由一些數學家率先提出,涉及到用數學公式表達棋、牌類選手下棋和出牌技巧。1944 年,大數學家約翰‧諾伊曼與經濟學家奧斯卡‧摩根斯坦相識於普林斯頓大學,並合作出版了《對策論與經濟行為》一書,該書代表著策略對策論取得了重大進展,並且成功地把對策理論與經濟分析結合在一起。從此,普林斯頓大學成為世界對策理論研究中心。1950 年,該校年僅 22 歲的數學博士約翰‧納許連續發表了兩篇劃時代的論文:《N —— 人對策的均衡點》、《討價還價問題》。次年,他又發表了《非合作對策》。這一切為非合作對策理論以及合作對策的討價還價理論奠定了堅實的基礎,同時為對策論在 50 年代形成一門成熟的學科做出了創始性的貢獻。

長期以來,納許主要在純數學領域從事學術研究,其數學成就也是十分顯著的。然而,他對經濟學研究產生重大影響的還是在對策論上,可以概括為兩點:第一,納許明確地區分了合作對策與非合作對策,並指出,在合作對策中可以達成有約束力的協議,而在非合作對策中,則不能達到;第二,對於兩人以上的非合作對策,可能出現什麼樣的結果,納許提

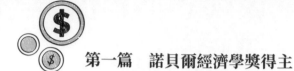

出了分析方法，這一方法可以用「納許均衡」來稱謂。後來對策論的許多討論，都是建立在納許均衡這一概念之上的，或修正它，或完善它。

納許均衡可以這樣來理解，如果其他局中人不改變策略，任何一個局中人都不能透過改變自己的策略來得到更大的效用或收益。納許進一步證明，在有限個局中人參加的有限行為對策中，至少存在一個這樣的均衡。

如何來解釋納許均衡呢？假定在某一對策中，如果每一局中人都熟知他的對手們所選擇的策略，局中人關於對策可能達成一致；但如果局中人傾向於選擇一種不一致的策略，則就不會有人考慮這種一致而自我強迫服從這種策略。因此，從這個意義上來講，自我強迫協議是組成一個納許均衡的必要條件。但是，並不是每一個納許均衡都是一個自我強迫協議。

如何達成對策的一致呢（即納許均衡）？納許認為，一個可行的方法是所有局中人進行直率的談判。我們並不能保證局中人會達成一致，也無法說會達成何種一致；但是，若達成的一致是上述自我強迫型的，則一定是一個均衡，而且是納許均衡中的一個集合。

納許均衡在對策論中占有很重要的地位，然而，它存在幾個突出問題：第一，一個對局可能有一個以上的納許均衡。第二，有一些對局則根本不存在納許均衡；第三，納許均衡假定：每個人將別人的策略視為給定，選擇對自己最有利的策略，即如果其他局中人不變換策略，任何單個局中人不能透過單方面變換策略來提高他的效用或收益。這種完全資訊的假定並不符合實際情況。第四，並不一定導致帕累托最優一個很好的例子就是所謂「囚犯的難題」。參與一樁犯罪的兩個罪犯被隔離審訊，每個囚犯有交待（並供出他人）與否定參與過兩項選擇。如果只有一個局中人交待，他將得到寬大，另一個將被罰 6 個月監禁；如果都否認，他們將依法監禁一個月；如果都交待，他們將都被監禁 3 個月。結果兩人為了各自的

利益均將坦白交代 —— 似乎是明智的策略，也是一種納許均衡策略。然而，最終的結局並不是兩人所期望的。這就意味納許均衡並不導致帕累托最優。

● 賴因哈德‧塞爾滕

1930 年 10 月 10 日，賴因哈德‧塞爾滕出生於德國的布雷斯勞。第二次世界大戰後，布雷斯勞歸併於波蘭，激烈的戰鬥毀滅性地破壞了他的家鄉，戰後，他沒有再回到過那裡。

在希特勒的統治下，塞爾滕備嘗生活的艱難，14 歲時被迫放棄高中學業而到工廠做工。半年後，他和母親及兄弟妹妹坐最後一趟離境列車離開了布雷斯勞。

他們離開德國後，淪為難民。塞爾滕曾在農場做過童工。先在撒克遜尼亞，然後在奧地利，最後在赫西亞。1947 年，遷往邁孫根，一個小城，他在那裡上高中直至 1951 年。

當他高中畢業時，由於想學的科目很多，所以塞爾滕在學經濟學之前，曾涉獵了眾多似乎毫不相關的科目。學習數學是他的第一個選擇。1951 年至 1957 年，他在法蘭克福大學學數學。他還學習物理學，並曾考慮天文學為他的碩士學位的附修科目。

他和博弈論的第一次接觸是《幸運》雜誌的一篇通俗文章，他在高中最後一年讀過，並立即被吸引到這個主題，而且他在學數學時，在圖書館發現馮‧諾伊曼和摩根斯坦的著作並且學習它。這時候他看到一個關於博弈論經濟學家的學生研討班的通告，由愛華德‧伯格教授主持，他教高等數學課程但也教經濟學。他參加了研討班，並得到寫一篇關於合作博弈論

　　碩士論文的機會。愛華德·伯格是一個有特殊數學素養的人和一位優秀教師，他給予塞爾滕悉心的指導和耐心的幫助。

　　塞爾滕的碩士論文和以後的博士論文的目的在於公理化 n 人擴展式博弈的一個值。此項工作使他熟悉擴展式，那時對擴展式做過的工作甚少。這使他能比其他人較早地看到完善性問題並且寫出能夠榮獲諾貝爾獎金的文獻來。

　　1957 年，塞爾滕獲得碩士學位後，他在馬恩法蘭克福大學的一位經濟學家海因茨·蘇爾曼教授做了 10 年的助手。塞爾滕的任務是做德國科學基金資助的研究工作，是專門的研究人員。他對經濟實驗室試驗充滿興致，在蘇爾曼教授的幫助下，這個研究課題成為可能，並組成了 15 名助理的研究小組。

　　1959 年，塞爾滕與蘇爾曼合寫了一篇《一項寡占實驗》，這開闢了實驗經濟學的新領域。

　　在 1961 年，塞爾滕獲得馬恩法蘭克福大學的數學博士學位。在奧斯卡·摩根斯坦的關照下，塞爾滕參加了在普林斯頓的一個博弈論會議。以後，塞爾滕在博弈論領域中的作為都給摩根斯坦留下很深的印象，所以，他給予這個年輕人特別多的關心，在以後幾年中經常與他會晤，也給他財務支持，以便在普林斯頓多待幾個星期。在普林斯頓的短期訪問，使他會見和訪問了摩根斯坦的博弈論研究組的成員，這對他以後的研究有重要的意義。

　　1958 年，塞爾滕讀到 H·A·西蒙的有關有界理性的文章，便嘗試構造一個有界理性多目標決策理論，並與蘇爾曼教授合寫了《企業的期望適應理論》於 1962 年發表。後來塞爾滕發現「在安樂椅中不能發明有界理性經濟行為的結構，必須用實驗方法予以探討」。

賴因哈德・塞爾滕

　　在 60 年代初，他曾進行一個有需求惰性的寡占博弈實驗，並找到一個自然均衡，並界定了子博弈完善性。1965 年發表了《一個需求惰性的寡占模型》，1975 年，又對此進一步地完善並發表了一篇文章，重新界定一個改善的完善性觀念，即現在常被稱為「顫手完善性」的概念。

　　1965 年，塞爾滕應邀參加耶路撒冷的那個著名的博弈論研討會，此會延續三星期並且只有17位參加者，但他們中間都是博弈論的重要研究者。

　　1967-1968 學年，塞爾滕去伯克萊加州大學商學院做客座教授。1969年接受柏林大學聘請，擔任經濟學教授至 1972 年。1972 年塞爾滕被一個創設數理經濟學大研究所的計劃所吸引，來到比勒費与德大學，後來只成立了一個有三名教授組成的小研究所。儘管如此，塞爾滕對此仍給予高度評價，他說：「對於這樣的解決，我沒有什麼不高興，因為我成功地說服仟命委員會所有位置應被博弈理論家占有。職務由 Joachim Rosenmuller、Wulf Albers 和我擔任。集中於博弈論給我們一個得到某種國際聲譽的機會。」

　　塞爾滕在比勒費爾德大學的 12 年是個多產的時期。他與夏仙義密切合作。夏仙義有時在比勒費爾德住上一年，而塞爾滕則頻繁地去伯克萊。他們構造一個相當一般的博弈均衡選擇理論約花費了 18 年的時間。他們進行討論並不斷捨棄不成功的哪怕是相當好的方法。與此同時，他還與其他的同事及其學生進行卓有成效的合作研究。

　　在比勒費爾德大學有一個獨特的機構，跨學科學研究究中心，有利於不同領域之間的雜交。在那裡使他接觸生物學家們，並了解了博弈論在生物學方面的應用。一名青年數學家，彼德・漢莫斯頓，在生物學系擔任統計顧問的職務，他使塞爾滕熟悉演化穩定性的觀念，並發展了對生物博弈論的強烈興趣。

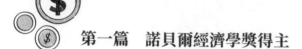

塞爾滕發現和不同領域的科學家們合作很有趣，他們的數學訓練很少但有許多實際知識。這些接觸不僅使他學術上受到啟發，並開拓了博弈論的應用範圍，同時也有有趣的「副產品」。他說：「在我接觸植物學的理論問題之前我很難區別一種花和另一種花。然而，我感到不學一點認識野花的技術，我不可能真正做關於傳播花粉的工作。從那時起，除冬季外，我散步時總帶一本花書。我為識別野花的努力高興，雖則常常失敗。這項活動使我了解了開花植物的驚人的多樣性和異常的美麗。」

雖然他喜歡比勒費爾德大學的跨學科氣氛，但為了建設一個電腦化的實驗經濟學實驗室，又由於波恩大學提供優厚的條件，塞爾滕1984年來到波恩大學成為該校的經濟學教授。在這裡，他與他的助手們的工作集中於實驗經濟學。他們的目標是幫助建立決策和博弈論的一個描述性分支，它認真對待人類行為的有限理性。

1959年，他與伊麗莎白‧朗倫納結婚，他們沒有孩子。對於妻子，塞爾滕說，多少年來「她幫助我成為現在的我」。他們兩人都患有糖尿病，他妻子因此而失去了膝蓋以下的雙腿，但她是個堅強的女性。儘管她現在離不開輪椅，而且她的視力變得很差，然而她做許多家務事，即使每件事花費比通常長得多的時間。她做飯並照顧家裡的三隻貓，而最重要的是她對生活保持一種愉快的態度。

從1965年起，塞爾滕對納許均衡的概念進行了精心的研究。他發現納許均衡只侷限於這樣一個假定，即任何參加者單方面沒有意願去轉變策略，忽視了在此期間別人發生策略變換的可能性。在許多場合下納許均衡的結果缺乏說服力。為了能夠剔除那些缺乏說服力的納許均衡，塞爾滕於1965年提出了關於「子對策完全性納許均衡」的概念，以完善納許均衡，得到形成自我強制協議的其他必要條件。它的基本思想是在擴展型對策

賴因哈德‧塞爾膝

（即對策的局中人一步一步地往下推演）中的任一點，先行者利用其先行地位及後行者必然理性地更改的事實，來達到對其最有利的納許均衡，相應的辦法是「倒退演繹法」，所謂倒退演繹法，就是先找出其子對策的納許均衡，當所有局中人對已泄露的資訊達到一致的看法時，那麼剩下來的對策就是子對策。我們可能需要知道，在這種情況下，局中人預期，就這個子對策者達成的協議，不僅是該子對策的一個納許均衡，而且也是整個對局的一個納許均衡。

　　子對策完全性納許均衡的思想十分簡明、直觀，非常適合應用於許多實際情況。為此，塞爾膝嘗試性地把它用到了商品供應的壟斷現象分析之中。在寡占市場上，一個企業的策略選擇勢必引起一系列不同層次的連鎖反應，此時，用子對策來分析十分有價值。後來，塞爾膝詳細地分析了連鎖商店問題，發表了《連鎖商店之跡》（1978）一文。目前在市場行為學領域正流行所謂的「斯塔克爾伯格均衡點」，事實就包含有上述思想，只不過這個均衡是一個簡單的二人兩層次的對策。

　　1975 年，塞爾膝在《國際對策理論雜誌》發表了《關於擴展性對策中均衡完善概念的再檢驗》一文，提出了另一個被後人稱為「顫抖手完美納許均衡」的概念以改進納許均衡。顫抖手完美納許均衡的基本思想是這樣的：每個對策的參加者（即局中人），在按照納許均衡的策略行事時，偶然地會犯錯誤（形象地說，手可能會顫抖），以致失手而選錯策略。但一個完善的顫抖手，必須具有這樣的穩定性質，即假定某參加者極偶然地犯了錯誤（這個犯錯誤的機率被定為大於零，但無窮小），其他局中人即使按最佳應變策略的原則行事，會發現他們仍然選擇的是原來那個納許均衡的策略選擇。

　　然而，顫抖手的完美性也不能消除直觀上看來缺乏說服力的納許均衡

所存在的問題，毛病出在哪裡呢？麥爾遜在 1978 年提出《對納許均衡概念的精化》，並指出顫抖手的完美性的假設出了問題，隨後，大衛‧克拉珀斯和威爾遜提出「序列均衡」，儘管它的教學表達非常繁瑣，其原始思想卻不太複雜，即在一個對策樹（可以表示為序列的對策形式）中，所有部分的行為從某些信條來看都是合理的，這些信條如展開對策將與局中人已確知的不發生衝突。如此，這就支持了子對策的完全性。

不管怎樣，塞爾滕對納許均衡進行修正的思路無疑是開創性的，尤其對不確定世界的對策具有極大的啟發性，構成了 80 年代以來對策理論的前沿課題。

阿馬蒂亞庫馬爾森

阿馬蒂亞庫馬爾森，1934 年生於印度，是第一位獲得諾貝爾經濟學獎的亞洲人。他在經濟學領域對福利經濟學中幾個重大問題的研究上做出了重要貢獻。庫馬爾‧森的研究成果給他帶來了享譽世界的榮譽，擔任了國內外一系列學術職務。

庫馬爾‧森的主要著作有：《集體選擇和社會福利》（1970）、《論道德規範與經濟學》（1987）、《貧窮與饑荒》（1981）、《商品與能力》（1985）、《性別與合作衝突》（1990）等。

阿馬蒂亞庫馬爾的外祖父、父親都是大專院校的教師。他出生在印度一所由著名詩人泰戈爾籌建的大學校園裡。後來他上學也是在校園裡，畢業後當教師的工作也是在校園裡。所以論，庫馬森他的一生似乎都是在校園裡度過的。

庫馬爾‧森在 9 歲的時候目睹了 1943 在發生在孟加拉的大饑荒。這次

阿馬蒂亞庫馬爾森

大饑荒使得 200-400 萬人死於饑餓。這次經歷導致了後來他對於饑荒、貧窮等問題的終生研究,並獲得諾貝爾獎。

在攻讀博士學位期間,庫馬爾·森暫時離開三一學院回到了印度,於1956-1958 年在新成立的(印度)吉達弗大學負責籌建經濟學系並兼任經濟系系主任、教授。由於庫馬爾·森當時僅 23 歲,並且僅有學士學位,所以這一任命引起了眾多的抗議之聲。在印度逗留期間,庫馬爾·森也繼續做他的博士論文。他還將此論文提交給了三一學院用以參加一項申請獎學金的角逐。申請成功後,庫馬爾·森於 1958-1963 年用這筆資助選擇了在三一學院學習哲學、倫理道德等。這段學習經歷所形成的世界觀、方法論反映在了他後來對於貧窮問題的認識與研究上。在這期間,他還暫時離開三一學院,於 1960-1961 年兼任麻省理工學院客座助教。在麻省理工學院逗留期間,庫馬爾·森結識了薩繆爾遜、莫迪尼亞尼、梭羅等人並與他們進行了學術交流。此後,庫馬爾·森又於 1961 年夏季去了史丹佛大學,做了一個學期的客座副教授。自美國返回英國 2 年後,庫馬爾·森決定離開三一學院,於 1963-1971 年任(印度)德里經濟學院經濟學教授,這是他的第一個獲得博士學位以後的正教授職位。在這段時間裡,他主攻社會選擇理論,並於 1964-1965 年兼任加州大學柏克萊分校客座教授;1968-1969 年兼任哈佛大學客座教授;1971-1977 年任倫敦政經學院經濟學教授;1977-1980 年任牛津大學經濟學教授;1980-1987 年任牛津大學政治經濟學教授;1987-1998 年任哈佛大學教授;1998 ～ 2004 年 1 月成為英國劍橋大學三一學院有史以來第一個既非土生土長的英國人又非白人擔任的院長;2004 年 1 月起回到哈佛大學繼續任教授。

庫馬爾·森的研究成果也給他帶來了一定的知名度,因此擔任教職以外的職務就成了預料之中的事了。他於 1980-1982 年任發展研究會會長;

1984 年當選為經濟計量學學會會長；1986-1989 年任國際經濟學協會會長；
1988 年起任皇家經濟學學會名譽副會長；1989 年任印度經濟學協會會長；
1989 年起任國際經濟學協會名譽會長；1994 年任美國經濟學協會會長。
此外，庫馬爾·森還（曾）是下列組織的成員：英國學院院士、三一學院
榮譽院士、美國人文社會科學院外籍榮譽院士、倫敦政經學院榮譽院士、
經濟計量協會會員、美國哲學協會會員。1972 年，他還曾參與起草了聯合
國開發計劃署發展項目評估準則，這一準則成了許多國際組織非常有價值
的參考依據。

　　庫馬爾·森曾獲得許多名譽學位，其中部分包括：1979 年被（加拿
大）薩斯喀徹溫大學授予名譽文學博士學位；1983 年被（印度）維斯瓦 -
白若迪大學授予名譽文學博士學位；1984 年被（英國）巴斯大學授予名譽
科學博士學位；1987 年被（法國）卡昂哔嘰大學授予名譽博士學位；1988
年被（義大利）博洛尼亞大學授予名譽博士學位；1989 年被（美國）喬治
敦大學授予名譽文學博士學位；1990 年被（印度）吉達弗大學授予名譽文
學博士學位；1991 年被雅典經濟與工商大學授予名譽博士學位；1992 年
被（美國）新社會科學學院授予名譽文學博士學位；1993 年被（印度）加
爾各答大學授予名譽文學博士學位；1993 年被（加拿大）皇后大學授予名
譽法學博士學位；1994 年被（瑞士）蘇黎世大學授予名譽博士學位；1995
年被安特衛普大學授予名譽博士學位；1996 年被牛津大學授予名譽文學博
士學位；1997 年被基爾大學授予名譽博士學位。

　　1954 年獲得劍橋大學頒發的亞當斯密獎；1955 年獲得三一學院頒發的
研究獎學金；1956 年獲得劍橋大學頒發的史蒂文森獎；1990 年獲得參議員喬
瓦尼·阿涅利國際倫理道德獎；1993 年獲得由（美國）塔弗茲大學頒發的吉
恩·邁耶全球公民獎；1997 年獲得愛丁堡獎；1998 年獲得諾貝爾獎。

阿馬蒂亞庫馬爾森

由於出生在亞洲，庫馬爾‧森對亞洲有著無法割捨的感情。森用他的諾貝爾獎金設立了兩個基金會，主要用於幫助印度、孟加拉兩國降低文盲率、解決缺醫少藥、性別歧視等問題。他曾頻繁地穿梭於歐洲、美洲與亞洲之間。

庫馬爾‧森的出生地在亞洲這一背景也使得他在亞洲成了引人矚目的「明星」，他甚至讓某些地方的人崇拜為神人。成千上萬的人們湧到印度西孟加拉邦首府加爾各答體育場慶祝他的獲獎。許多家長都給他們的新生兒起了與庫馬爾‧森相同的名，即阿馬蒂亞，以示對庫馬爾‧森的崇拜。但庫馬爾‧森也毫不客氣地批評亞洲存在的問題，他曾批評新加坡前領導人李光耀只注重發展經濟而政治上獨裁的做法。

阿馬蒂亞庫馬爾由於對福利經濟學幾個大問題，包括社會選擇理論、對福利和貧窮標準的定義、對匱乏的研究等做出了重要貢獻而榮獲 1998 年諾貝爾經濟學獎。

1970 年出版的《集體選擇和社會福利》構成了庫馬爾‧森的主要貢獻之一，他的這一貢獻解決了阿羅的不可能定理裡所提出的問題。阿羅的不可能定理主要思想是，如果說個人的選擇是理性的，並且如果全社會每個人的選擇偏好不是完全一樣的話，那麼建立在少數服從多數原則基礎上的社會集體選擇卻不可能是理性的，或者說要尋找出一個使所有人都滿意的方案是不可能的，故名不可能定理。不可能定理就像是一個緊箍咒套在了福利經濟學的頭上，因為如果不可能定理所反映出來的問題無法解決，那麼也就不可能設計出一個方案使全社會所有人的福利都得到改善。

庫馬爾‧森認為一項決策是建立在一定的資訊基礎之上的。資訊的改變也將會導致不同的決策。傳統經濟學在研究個人行為時依據的準則是個人效用的最大化。人們根據能夠帶來的效用的相對大小而在兩個方案，例

如 A 與 B 之間，決定取捨。但效用在傳統經濟學裡是一個序數的概念，即只有相對大小。我們可以說一個蘋果給張三帶來的效用大於一個梨給張三帶來的效用，但卻無法衡量究竟一個蘋果或者一個梨各自能夠給張三帶來多少效用。森認為，資訊的不完善導致了阿羅的不可能定理。如果有更進一步完善的資訊，那麼就可以解決這一問題。

　　1970 年發表的「論帕累托自由主義者的不可能性」及 1987 年出版的《論道德規範與經濟學》代表了庫馬爾·森的第二方面的貢獻。他認為，帕累托最優在理論上似乎是說得通的，但這一最優準則絲毫沒考慮社會倫理道德方面的因素，因此用帕累托最優作為衡量社會福利狀況的準則就會出現問題。例如，如果一個社會裡少數人很富有，但多數人很貧窮，按照帕累托最優原則，這一狀況也是屬於帕累托最優的，因為你無法透過重新分配財富使得窮人變富，而又不剝奪富人的任何財富。但顯然這一貧富懸殊的帕累托最優狀況是大部分人所不希望的，它更不是全社會總的福利最大化的一種狀況。

　　上述研究顯示庫馬爾·森已在考慮社會分配均等、貧富懸殊問題。1973 年出版的《關於經濟上的不平等》、1995 年出版的《再論不平等性》更加證明了這一點。在這本書裡，他關心的是如何度量一個社會的平等，如何度量貧富懸殊。他發現，以往的度量辦法都或多或少地摻雜了度量者個人的價值觀，因此使得對於社會平等、貧富差距等問題的研究帶上了個人主觀色彩。

　　此外，庫馬爾·森還對貧窮、性別歧視多有研究。正像在介紹森的主要經歷及生平軼事時所說的，1943 年發生在孟加拉的大饑荒給庫馬爾·森留下了深刻的印象。而貧窮往往又伴隨著性別歧視，主要是對女性的歧視。因此，庫馬爾·森對這兩方面的問題予以了額外的關注。他在這方

面的著述有：1981 年出版的《貧窮與饑荒》、1985 年出版的《商品與能力》、1990 年出版的《性別與合作衝突》以及同年發表的《一億多婦女消失了》一文。

發現問題之後的下一步是想辦法解決問題。庫馬爾‧森為此提出了消除性別歧視、普及初級教育、降低文盲率並進而提高人們的能力等辦法。他在這個課題上對許多國家做了對比研究。透過蒐集數據並加以研究，庫馬爾‧森發現，中國的高等教育普及率比印度低，但中國的初級教育普及率比印度高，因此中國的文盲率比印度低。另外中國人的平均壽命也比印度人長。庫馬爾‧森認為，降低文盲率、提高平均壽命、提高國民的能力是一個國家發展的代表，而經濟指標（如 GDP）的提高是成長的代表。從長遠來說，一個國家是否成功應主要看它的發展而不是看它的成長。

● 威廉‧夏普

1934 年 6 月 16 日，威廉‧夏普出生於美國麻薩諸塞州的坎布里奇市。

1951 年，夏普進入伯克萊加州大學，計劃透過主修科學而得到醫學學位。但是，一年的課程學習之後，他失去了興趣，並轉學到洛杉磯加州大學，選擇主修企業管理專業。

在洛杉磯加州大學的第一學期，他學習會計學和經濟學 —— 這兩門功課為商科學位所必需。會計課程主要講簿記，而經濟學課程集中在個體經濟理論。他發現簿記繁瑣且智力內容簡單。但是他卻被個體經濟理論的嚴格和有用所吸引。因此他決定主修經濟學。對此，他說：「那時起我學會從實用和智力兩方面重視會計學，而且因為初次學習它有助於使我轉向在我的全部職業生活中愉快工作的領域而感到高興。」

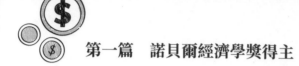

在洛杉磯加州大學，夏普得到兩個經濟學士學位，然後到陸軍服役。在 1955 年獲得文學學士學位和在 1956 年得到文學碩士學位。在讀文學學士學位時，他被提名到聯誼會。

短期服役之後，在 1956 年夏普作為一名經濟學家加入蘭德公司。

夏普是在蘭德公司工作的同時繼續在洛杉磯加州大學攻讀哲學博士學位。1960 年，完成了全部專業課的考試之後，夏普開始考慮他的博士論文題目。在弗雷德‧威斯頓的建議之下，他向同在蘭德公司的哈利‧馬可維茲求教。他們從此開始密切合作，研究「基於證券間關係的簡化模型的證券夾分析」課題。雖然，哈里並不是夏普博士論文答辯委員會的成員，但他的作用是整篇論文的顧問。夏普說：「我欠他的債是巨大的。」1961 年，夏普的博士論文透過答辯，同時獲得了哲學博士學位。

在論文中，他根據馬可維茲首先提出的一個模型探討了證券夾分析的一些方法。當時稱為「單一指數模型」，即現在的「單因素模型」。在論文中，他討論了規範的和實證的兩方面結果。最後一章「證券市場行為的一個實證理論」包括一項成果，類似現在稱為資本資產定價模型的一部分，但是在單一因素模型產生報酬的有限環境中得到的。

1961 年，夏普在華盛頓大學商學院接受了一個金融學職務，定居在西雅圖。一安頓下來，他便開始著手歸納其博士論文的規範性成果，並於 1963 年發表在《管理科學》上。更加重要的是他開始使博士論文最後一章中的均衡理論一般化。到 1961 年秋季他發現，不必對影響證券報酬的因素數目作任何假設即能得到一組很相似的結果。在 1962 年 1 月他第一次在芝加哥大學報告這個方法，此後不久將一篇這個題目的文章投向《金融》雜誌。由於編輯部的原因，該文遲至 1964 年 9 月才發表。這篇文章在內容和標題兩方面為現在被稱為資本資產定價模型（CAPM）的理論提

供了主要基礎。

從 1961 年到 1968 年，夏普一直在華盛頓大學。他教學的題目範圍很廣，包括來自個體經濟學、金融、電腦科學、統計學、和運籌學。他發現學習一個主題的最佳方式是教它。他在華盛頓的歲月是忙碌的，但成果豐碩。

1968 年之後，夏普應邀在史丹佛大學商業研究生院擔任一個職務，他在 1970 年才去那裡。在去之前他完成了一本書《證券夾理論和資本市場》，總結了這些領域中的規範和實證工作。

1973 年，在史丹佛夏普被命名為鐵木根金融學教授。

70 年代，他的大部分研究集中在與資本市場中的均衡有關的問題以及它們對投資者的證券火選擇的含義上。美國在 1974 年通過關鍵立法後，他開始研究用於支付退休金義務的資金的投資政策的作用。他還寫了一本教科書《投資》，將制度的理論的和經驗的材料歸納在一起，便於大學生和研究生學習。1978 年出版的第一版很成功。現在與高登‧亞歷山大合作的這本書已出了第四版。與高登‧亞歷山大合作的，在 1989 年出版的另一本書《投資學基礎》，也受到讀者好評。

1976-1977 年，夏普在國民經濟研究所，在邁塞爾的指導下，作為研究銀行資本是否充分問題的研究小組成員，研究存款保險和拖欠風險之間的關係。成果於 1978 年發表在《金融和數量分析》雜誌上，支持基於風險的保險費概念。與勞裡‧古德曼合作的經驗工作也說明金融機構的證券的市場價值能提示關於資本是否充足的重要資訊。國民經濟研究所的項目強烈提倡更多擔心金融機構的風險，並且警告一個固定保險率制度和事實上無限的覆蓋面，而監測及實施程式不完善，為經營這些機構的那些人甘冒太大風險提供激勵。

在 1970 年代後期，他開發了一種簡單但有效的方法，用於對一類證券夾分析問題求近似解。目前，這個程式已被廣泛應用。

1980 年夏普被推選為美國金融學會主席。他選擇《分散投資管理》為講演的題目。目的是提供某種結構，用於分析大型機構投資者在一些專業投資經理之中分配資金的流行習慣之用。

在 20 世紀 80 年代，夏普繼續對有關退休金計劃投資政策的問題進行研究。1983 年，與 J·米海爾·哈利遜完成了對此題目的一篇理論文章。與此同時，他開始對美國股票市場中產生報酬的過程感興趣。那時在伯克來加州大學的巴爾·羅森堡是這個題目的先驅者，他在 1982 年發表了關於紐約股票交易所證券報酬的因素的一篇經驗論文。夏普也開始將精力集中於資產配置。為此，他進行了一系列的準備工作，包括一本書《資產配置工具》，優化軟體和資料庫。《資產配置工具》在 1985 年第一次出版。現在這本書原來的出版商和亞馬遜公司連同他們的大得多的資料庫集合，都可以提供使用。

1983 年，他幫助史丹佛建立一個國際投資管理計劃，初期與日內瓦的國際管理研究所，以後與倫敦商業研究生院聯合提供。這個計劃是為希望得到金融經濟理論和有關經驗研究的全面基礎的高級投資專業人員設計的。夏普擔任此計劃的主任之一，直至 1986 年。他還獨立地幫助野村高級管理學院創設一個三星期的計劃，將大致相同的材料帶給日本的投資專門人員，並為此計劃教學五年。他也協助金融研究公司的雪梨·科特爾籌備討論班，將最新研究成果通報給投資實務人員。

1986 年，夏普在史丹佛請假兩年，以創辦夏普 —— 羅素研究公司，註冊進行研究並開發程式以幫助養老金、基金會和捐贈基金選擇對他們的情況和目標適合的資產配置。這項工作受到幾個重要養老基金及法蘭克·

羅素公司支持，並在一群有才能的專門人員的協助下，他能使以前金融經濟學領域中的成果用於這些重要問題並且提供有用的新的理論和經驗材料。這個時期之後企業的註冊證擴大到包括作為養老金、捐贈基金和基金會在資產配置方面的顧問。已發表的這些活動導致的工作包括集成資產配置，資產配置的動態策略，評價經理風格和績效的因素模型，以及負債套頭交易。

由於夏普在金融領域的成就和影響，他擔任了許多名譽職務。從 1975 年至 1983 年，擔任大學退休股票基金的一名理事，註冊金融分析家學會的研究基金會的理事，金融定量研究會的委員，註冊金融分析家學會的教育和研究委員會委員。還擔任日光證券投資技術研究所和瑞士聯邦銀行的單位證券夾管理部的策略顧問。

他也得到了來自各方面的獎金。1980 年，他獲得美國商學院協會的優異貢獻獎；1989 年，得到金融分析家協會尼古拉‧摩洛道夫斯基金融專業優異貢獻獎。

夏普對經濟學的主要貢獻是在有價證券理論方面對不確定條件下金融決策的規範分析，以及在資本市場理論方面關於以不確定性為特徵的金融市場的實證性均衡理論。他在 20 世紀 60 年代將馬可維茲的分析方法進一步發展為著名的「資本資產定價模型」，用來說明在金融市場上如何建立反映風險和潛在收益的有價證券價格。在他的模型中，夏普把馬可維茲的資產選擇理論中的資產風險進一步分為資產的「系統」（市場）風險和「非系統」風險兩部分。前者指總體股價變動引起的某種資產的價格變化，後者則是由影響股價的某些特殊要素引起的資產價格變動。夏普提出的一個重要理論是，投資的多樣化只能消除非規則風險，而不能消除規則風險。亦即投資於任何一種證券，都必須承擔系統風險。

假設有兩種具有相同 β 的有價證券組合，一種是由非系統風險大的股票構成，另一種是由非系統風險小的股票構成。「有風險」的有價證券組合比「安全」的有價證券組合收益更大嗎？夏普的資本定價模型給予了否定的回答。兩種有價證券組合的系統風險（即不可避免的風險）相同，風險更大的股票對理性的投資者沒有影響。

夏普的「資本資產定價模型」，是現代金融市場價格理論的主要部分。現在，投資公司廣泛應用該模型來預測某一種股票在股票市場上的運作情況。該模型也有助於計算與投資和合併有關的資本消耗，控制公共事業的公司股票，並能夠決定有關沒收公司財產的法律案件。它還被廣泛用於經濟分析，從而系統地、有效地編排統計數據。總之，這一模式對金融經濟學的貢獻是眾口皆碑的。

● 夏仙義・亞諾什・卡羅伊

1920 年 5 月 29 日，夏仙義・亞諾什・卡羅伊出生於匈牙利的布達佩斯。他父母讓他到布達佩斯最好的中學路德學校接受最好的教育。1937年，當夏仙義從這所學校畢業時，他在全匈牙利高中生年度競賽中得到數學第一名。

1946 年，夏仙義再度進入布達佩斯大學。由於以前大學的基礎課已學過，所以在學習一年的課程和寫了一篇哲學論文後，1947 年 6 月他獲得了哲學博士學位。

1954 年初，夏仙義被布列斯班的昆士蘭大學任命為經濟學講師。在1956 年，他獲得一筆洛克斐勒獎學金，使他和安娜能在史丹佛大學學習兩年，並在那裡得到經濟學博士學位，安娜得到心理學碩士學位。

夏仙義・亞諾什・卡羅伊

　　夏仙義在史丹佛師從著名的經濟學家諾貝爾獎獲得者肯尼斯・阿羅。在他的指導下，夏仙義獲得極好的經濟學的基礎訓練，加上有很好的數學與統計學的底子，他與阿羅的經濟理論方面的交流與探討使他受益頗多。

　　在阿羅和吉姆・托賽的幫助下，夏仙義被底特律的韋恩州立大學任命為經濟學教授，1964 年，成為伯克萊加州大學商學院的教授。他們的獨生孩子湯姆是在伯克萊出生的。

　　在學術上，夏仙義在 20 世紀 50 年代初發表了關於在福利經濟學和在倫理學中應用馮・諾伊曼 —— 摩根斯坦效用函數以及關於可變愛好福利經濟學的論文。他在閱讀了納許 1950-1953 年期間的四篇有關博弈論的著名論文之後，對博弈論產生興趣，並進入這一研究領域。

　　下面是夏仙義的學術研究的軌跡。1956 年，他說明了周生和納許的談判模型的數學等價形式並且陳述了最優威脅策略的代數差別標準。1963 年，他把夏普萊值（Shapely value）延伸到沒有可轉移效用的博弈，並且表明他的新解概念是夏普萊值和納許有可變威脅談判解的推廣。在 1967 年和 1968 年發表的一篇論文中，他說明如何把一局不完全資訊博弈轉化為一局有完全而不完善資訊的博弈，以便可用博弈論分析。在 1973 年說明「幾乎所有」混合策略納許均衡可以重新解釋為一個適當選擇的有隨機波動報酬函數的博弈的純策略嚴格均衡。

　　除論文外，夏仙義還出版了四本書：《博弈和社會情況中的理性行為和談判均衡》（1977），是將談判模型的應用從合作博弈延伸到非合作博弈以統一博弈論的一個嘗試。《論理學、社會行為及科學解釋文集》（1976）和《博弈論文集》（1982）。《博弈中均衡選擇通論》（1988），與萊因哈德・澤爾滕合寫。

　　夏仙義仍然進行博弈論的研究。他又提出一個新的均衡選擇理論，並

對不斷解決新問題而孜孜以求。他現在已經退休，萊因哈德・澤爾滕主編了一本《理性互動》的書獻給他。他還是國家科學院的一名院士、美國藝術和科學院、經濟計量學會的一名研究員，以及美國經濟學會的一名榮譽研究員。1965-1966 年，他是史丹佛行為科學高等研究中心的一名研究員。他獲西北大學的科學博士榮譽學位。

從 20 世紀 50 年代中期以來，夏仙義就致力於對策理論的研究。1956年，他在經濟計量學雜誌上發表了《論對策論前後關於討價還價問題的研究方法：對 Zeuthen、希克斯和納許等理論的一個評註》；1959 年，提出了一個《對策的討價還價模型》；1963 年，進一步地將上述模型進行簡化；1966 年，他系統地提出了對策情形中合理行為的一般理論；1967-1968 年，根據以前的研究成果，夏仙義證明如何能分析資訊不完全的策略問題，從而為資訊經濟學奠定了理論基礎。在 70 年代與 80 年代期間，夏仙義曾兩次與澤爾滕合作，發表《關於不完全資訊情況下兩人討價還價對策的一般納許均衡解》（論文）和《關於對策中均衡選擇的一般理論》（專著），為不完全資訊對策的理論研究做出了卓越的貢獻。

在納許均衡中，必須假定局中人都了解其他對手要選擇的策略。而事實上，這與實際情況並不完全符合，因為參加對策的所有局中人都不可能在對策初期擁有其他局中人所有的資訊，這些資訊包括：各自的愛好、能力甚至對策規則等方面的知識。在經濟學分析中，若局中人是廠商，這種不確定性可能反映為一個廠商起初對其他競爭者的金融或人力資本等資訊的不確定性。因此，運用納許均衡以及一般的對策理論就有問題了。為了解決這個問題，夏仙義建立了所謂不完全資訊對策（1967-1968）。其基本思想是：首先假定兩步對策，各局中人其他資訊起點相同，而差異在於理解對策規則上存在不確定性，這種不確定性將在對策過程中加以解決，並

且，局中人對於將如何解決這種不確定性有先驗的判斷。這意味著自然的進程消除了不確定性，並且有選擇地向局中人透露解的一部分。換句話說，一個局中人在最初一輪的資訊交換中，可能得知沒有透露給另一局中人的資訊。然後，對策開始。局中人在知道對策規則方面的這種初始差別，源於對策開始之前由自然過程而知的局中人資訊方面的差異。

夏仙義關於不完全資訊對策的系統表述是採用程式方式進行的，並使用策略形式的概念。有了上述的探討後，夏仙義開始進一步研究合作對策。他認為，如果在一對策中，義務－協議、承諾、威脅－具有完全的約束力且強制執行，則稱之為合作對策；若義務不可強制執行，即使局中人之間在進行對策前可以交往，則此對策稱為非合作對策。建立一個合作對策的非合作模型，最早是由納許於 1951 年想到的，夏仙義透過 1972 年與澤爾滕合作以及他在 80 年代的一些研究，已取得了某些成功。在不完全資訊對策裡，儘管局中人並沒有完全的資訊，但透過重複對策，局中人的行動將隱約地顯示出私人資訊，如顯示他們的偏好等，這也許將有助於在後來的子對策中做精細的談判，由此，局中人逐漸達成越來越廣泛的協議，成長相互的信任，同時顯露更多的資訊。

● 丹尼爾‧康納曼

丹尼爾‧康納曼 1934 年出生於以色列的特拉維夫，1961 年獲得美國加州大學柏克萊分校博士學位。康納曼擁有以色列希伯來大學、加拿大不列顛哥倫比亞大學和美國加州大學柏克萊分校的教授頭銜。自 1993 年起，擔任美國普林斯頓大學心理學和公共事務教授。2002 年度諾貝爾經濟學獎獲得者。瑞典皇家科學院的新聞公報說，授予丹尼爾‧康納曼諾貝爾經濟

學獎，是因為他「把心理研究的悟性和洞察力與經濟科學融合到了一起，特別是有關在不確定條件下人們如何做出判斷和決策方面的研究」。

丹尼爾‧康納曼把心理學研究引入了經濟學，因此奠定了一個新的研究領域的基礎，他的主要研究成果在於不確定狀況下的決策過程，他認為人類決策可能與標準經濟理論的預測有系統性差別，他和 1996 年病逝的阿莫斯‧特維爾斯基一起提出了探查理論，這一理論更好地解釋了人類的觀察行為。康納曼還發現人類對快速試探的判斷過程與基本機率原理有系統性偏差，他的研究啟發了新一代經濟學和金融界研究人員，透過採用認知心理學研究人類的動機，從而豐富了經濟理論。

傳統經濟學研究主要建立在人們受自身利益驅動並能做出理性決策的假設基礎之上。長期以來，經濟學被普遍視為是一種依賴於實際觀察的經驗科學，或者是建立在演繹、推理方法基礎之上的思辨性哲學，而不是在可控實驗室中進行檢測的實驗性科學。然而，現在經濟學研究越來越重視修正和測試基礎經濟理論的前提假設，並越來越依賴於在實驗室裡而不是從實地獲得的數據。這種研究源於兩個截然不同但目前正在相互融合的領域：一個是用認知心理學分析方法研究人類的判斷和決策行為的領域；另一個是透過實驗室實驗來測試或檢驗根據經濟學理論做出預測的未知或不確定性領域。

康納曼因卓有成效地把心理學分析方法與經濟學研究融合在一起，而為創立一個新的經濟學研究領域奠定了基礎，其主要研究成果是，他發現了人類決策的不確定性，即發現人類決策常常與根據標準經濟理論假設所做出的預測大相逕庭。他與阿莫斯‧特維爾斯基合作，提出了一種能夠更好地說明人類行為的期望理論。

康納曼的主要興趣領域之一是享樂心理學，也可以定義為對快樂與痛

苦、幸福與悲慘的研究，二者均為當期所體驗並且在未來被記憶的感受。康納曼一直試圖復活邊沁的效用觀念，即快樂與痛苦的享用體驗統治我們的生活，告訴我們應當做什麼以及決定我們實際上做什麼。

康納曼斷言他自己的研究表明體驗效用可以被測度，「測度的品質最終好得足以獲得對福利和悲慘的測度，因此能夠滿足制定政策的需要」。

康納曼關於決策過程的「拇指規則」理論對研究證券市場經常無緣無故地大起大落很有幫助。他的其他行為經濟理論還解釋了為何人們寧願開幾十公里車去買便宜貨，而不願就近購買較貴的商品，雖然這樣他們反而會節省一些汽油費等。

心理學與經濟學交叉的行為決策領域可以說開始於 1970 年代末，主要代表人物是兩位認知心理學家丹尼爾・康納曼和阿莫斯・特沃斯基，以及一位經濟學家理查・泰勒。這一研究工作從此演化為包含社會學、法律、生物學、博弈論、政治科學、人類學和其他學科的研究發現及其策略，並且對上述學科也產生影響。

這一研究項目從兩個重要方面背離了傳統的理性行為者模型。首先，涉及顯性知識。因為人類認知能力是有限的，我們經常以不同於那些在理性行為者模型中被假定的方式來評估不同選擇。「拇指判斷法則」或我們所依賴的直覺在許多背景下都發揮良好，因而增加了從理性行為者模型中預測到的系統性背離。許多人感覺有激勵促使他們採取不同的行為方式。比如說，一方面傳統的理性行為者模型預測決策者應忽略沉澱成本，但大多數人實際上受到沉定成本的影響。其次彙集了對人類動機更為豐富的說明。理性行為者模型以其最廣泛的應用形式，假定個人僅僅由狹隘的自我關注所驅動。此類人被預測為與我們通常所觀察到的行為大相逕庭的方式行事。比如說典型的「經濟人」不會參加諸如總統選舉的投票，在飯店用

餐之後也不給服務小費。然而成百上千萬人定期投票，大多數人在飯店用餐後給服務小費。我們把上述源於不同動機背景的事例稱為「貌似非理性但無遺憾的行為」。1979 年，康納曼與阿莫斯‧特沃斯基合作，共同提出了「期望理論」。該理論是行為經濟學的重要基礎，能更好地說明人的經濟行為。他們透過實驗對比發現，大多數投資者並非是標準金融投資者而是行為投資者，他們的行為並非總是理性的，也並不總是迴避風險的。投資者在投資帳面值損失時更加厭惡風險，而在投資帳面值盈利時，隨著收益的增加，其滿足程度速度減緩。期望理論解釋了不少金融市場中的異常現象：如阿萊悖論、股票溢價之謎等。

威斯利‧米切爾

　　威斯利‧克萊爾‧米切爾（1874-1948 年）是制度經濟學早期的主要代表人物之一，經驗統計學派的創始人。米切爾出生於美國拉什維爾，早年就讀於芝加哥大學，師從韋伯倫，並獲得文學學士（1896）和哲學博士（1899）學位。他起初在芝加哥大學工作了一段時間，1913 開始任哥倫比亞大學教授直到 1944 年。米切爾還曾任位於紐約的全國經濟研究所主任（1920-1940）等職。他一生從事有關經濟週期的研究及其統計資料的收集，到去世時還在寫作《經濟週期內發生的事情》的未完成的手稿。他對經濟週期的深入研究，不僅使他成為當時這一領域的權威，而且還影響到今天的經濟學家對經濟週期的研究。

　　米切爾的主要著作有：《美鈔的歷史》（1903）、《以美鈔作本位制下的黃金價格和薪資》（1908）、《經濟週期》（1913）、《指數的編制和使用》（1915）、《經濟週期：問題及解決》（1927）、《零花錢的回流辦法》

(1937)、《經濟週期的計量》（與 A·F·伯恩斯合著，1946）、《經濟週期
內發生的事情》（1947）。

　　米切爾在經濟理論上最主要的貢獻是經濟週期的研究及其統計論證方
面。他在研究經濟週期時，依據統計材料，指出經濟過程中每一個階段都
產生著下一階段，即繁榮導致衰退，衰退又導致繁榮，資本主義經濟正是
這樣波浪式前進的。他反對用均衡原理來描述經濟過程，認為均衡概念是
虛構的東西。

　　米切爾還進一步批判抽象演繹方法。他指出，不應先有理論概念，然
後再用它來整理事實材料，而應當先對事實進行經驗統計的分析，然後歸
納出原理。米切爾強調制度因素的作用，認為制度因素的作用對任何一種
經濟現象或經濟過程的重要性，都是以經驗統計的分析作為依據的。他在
分析經濟週期時，收集和整理了各國國民經濟的實際材料，使之成為實物
指標和價格指標動態數列形式，叫做「動態數列分析」。米切爾的研究，
推進了美國不少經濟學家在總體經濟研究中注意運用統計學和數量分析方
法，並成為美國經濟學中的一個顯著特點。

　　米切爾一生都強調假設的發展同檢驗假說與事實是否一致，這兩者之
間需有密切的相互作用，他是透過這種強調對經濟理論做出貢獻的。這種
強調在他的經濟週期著作和在全國經濟研究所的許多領域的研究中都表現
得很明顯。1945 年他在任主任期間的最後一次報告中這樣說：「我們喜歡
把自己看成是有助於奠定以下經濟學科基礎的人，即這種經濟學的觀點是
有據可證的，而精明的讀者又能對此證據做出獨立的判斷……純理論體系
能迅速而準確地設計出來，因為它不要求經濟學家去收集分析大量的資
料、檢驗假設與事實是否符合、拋棄不相符的假設、設計新的假設並進行
檢驗，直至最後建立起有事實根據的理論。」米切爾的目的，就是要建立

一個與他煞費苦心觀察和記錄的週期經驗事實相一致的一般經濟週期理論。其經濟週期理論可概括如下：

➤ 在米切爾看來，近代經濟的突出特點就是它的貨幣經濟性質。在近代經濟中，不僅以貨幣作為交換手段，而且一切經濟活動均以掙取和花費貨幣形式而進行。一個人的財富，在經濟意義上看，不取決於他提供或節約有用財貨的能力，而是取決於他支配一個適當的貨幣收入和實行金錢節約的能力。一般地說，有很多掙取金錢的方式並不對國民福利做出任何貢獻，而能增進國民福利的一些因素（如自然資源、機器設備和工藝技能等）又未必能起作用，因為在貨幣經濟條件下，這些因素只能在人們於其生產中期望獲得一定的利潤時才加以利用。

➤ 在《經濟週期》中，米切爾對各種經濟週期理論做了極客觀的描述，同時又以大量統計史料為依據，論證了經濟週期各階段的必然連續過程。他放棄了一般經濟學家所採用的均衡分析方式，而是從整個經濟活動的經驗探索中去尋找經濟波動的內在不穩定性。他把這種不穩定性的根源首先歸於謀取貨幣的過程，在他的著作中，經濟週期的自行調節成為近代資本主義貨幣經濟的歷史運動的同義語。貨幣經濟中的生產由現實的和預期的利潤決定，而利潤又與成本、價格及其他因素相關，對所有這些因素之間關係的調整，經常會出現失誤，於是形成週期的波動。

➤ 米切爾選出了一些特殊因素，如貨幣因素、氣候的週期變動、儲蓄過多、消費不足、投資過多或不足等，作為解釋經濟週期的先驗依據，進行資料收集和統計檢驗。也正是在這種經驗分析的信念支配下，他才成立國家經濟研究局的，他的這種經驗分析方法對後來的經濟學家和統計學家仍有很大影響。現在，主流派的經濟學家在做經濟計量學

的研究時，仍然要以這種方法為基礎。庫茲涅茨就是用這種方法研究現代經濟的成長和波動，從而獲得諾貝爾經濟學獎的。

● 詹姆士‧莫理斯

英國經濟學界，乃至整個科學界已多年沒出過諾貝爾獎得主了。1996年，有兩個英國人獲得了諾貝爾獎，其中之一就是詹姆士‧莫理斯。他得獎後也使劍橋大學感到振奮，因為他是第一個獲諾貝爾獎的劍橋教授。莫理斯與美國哥倫比亞大學的維克里教授共同分享1996年的諾貝爾經濟學獎。

1936年，莫理斯生於蘇格蘭的明尼加夫。他1952年進入愛丁堡大學學習數學，1957年，獲愛丁堡大學文學碩士（數學）學位。他的數學老師曾經希望他將來能做個數學家，但他卻走上了研究經濟學的道路。他在1996年6月4日接受中國《國際經濟評論》記者何帆、馮曉明採訪，記者說：「如果您做了數學家，就沒有今天的諾貝爾獎了。」莫理斯風趣地說：「當然，不過這可不是我當時的想法。我決定研究經濟學的時候，還沒有諾貝爾經濟學獎呢。也許我轉向經濟學是想證明數學家也能獲得諾貝爾獎。有一次當我在華沙大學對一班數學家們演講時，有位教授說，數學家喜歡用間接的方式做一件事情或證明一件事情。這次他們找到了一條間接的方法去得諾貝爾獎。因為諾貝爾絕不會讓數學家拿諾貝爾獎。當年諾貝爾曾向一位女士求婚，結果這位女士嫁給了一位數學家。」

正因為如此，莫理斯的經濟研究中數學成為必不可少的研究方法和工具。他曾說：「如果你曾經學過數學，數學就會成為你思想的一部分。所以我覺得如果不用數學，我幾乎無法研究經濟學。」

　　1963-1968 年，莫理斯在劍橋大學任經濟學助理講師、講師、劍橋大學三一學院研究員，在此期間曾任卡拉奇巴基斯坦經濟開發研究所顧問。1968、1970、1976 年，他出任麻省理工學院經濟系客座教授。1976-1978年，任英國財政部政策最優化委員會（鮑爾委員會）成員。1980 年，他出任經濟計量學會副會長，後任牛津大學埃奇沃思講座經濟學教授。

　　莫理斯是個謙遜的、穩健踏實的學者。他與其他英國經濟學家一樣，寫的東西不多，他更注重品質而不是數量。在被聘為牛津大學教授時，他說當時還沒有正式發表過什麼重要的論文。但他最終因為其開創性的研究工作而獲諾貝爾獎。對此，他說是出乎意料的事情，一點也沒想到自己這次會獲獎，直到現在還總覺得有點兒不可思議。「我和麻省理工學院的彼得·戴蒙德合作多年，我確實覺得他是當今最優秀的經濟學家之一，而且理應獲得諾貝爾獎。所以我曾想過，要是有一天我也會獲獎，那一定是因為我們合作完成的那些工作。」

　　由於莫理斯的獲獎，資訊經濟學迅速成為眾人矚目的焦點。莫理斯的主要議題是「道德危機」和「反向選擇」。

　　所謂道德危機是指在資訊不對稱的情況下，參與交易的一方在雙方契約簽訂後才會做出某種選擇，一旦契約當中所隱含的「刺激」設計不佳，或是沒有充分考慮到資訊不足的缺陷，極可能會引發其中一方渾水摸魚，另一方權益受損的情況出現。因此，要避免道德危機的產生，首重「刺激」的設計及使用，讓一方的行為能夠在符合另一方的喜好之下，做最有利於自己的選擇。例如火災保險的契約通常只是部分險，這樣才使投保人有較高的動機（刺激）預防火災的發生。

　　至於「反向選擇」，則是指在資訊不對稱情況下，參與交易或交往的一方可能隱藏自己的私有資訊，反而藉著提供不真實的資訊以求增加自己

的福利，但是這種行為卻傷害到另外一方的利益。最典型的例子就是人壽保險，保險人了解自己的身體狀態，但是保險公司卻不知道。「反向選擇」的解決之道就是由保險公司設計多項保險組合，由保險人自行選取最適合自己的保單內容及價格來投保，如此更可以符合雙方所需，互蒙其利。資訊經濟學的應用性頗強，而這也是此領域愈來愈受政府部門重視的原因。

1996 年 10 月 8 日，瑞典皇家科學院決定把該年度的諾貝爾經濟學獎授予英國劍橋大學的莫理斯與美國哥倫比亞大學的維克里，以表彰他們「在不對稱資訊下對激勵經濟理論做出的奠基性貢獻」。

莫理斯自 20 世紀 60 年代便活躍於西方經濟學界，以激勵經濟理論的研究見長。70 年代，他與斯蒂格里茨、羅斯、斯彭斯等人共同開創了委託一代理理論的研究，並卓有成就。同時，他還在研究最優稅制結構、非對稱資訊結構下的最優契約設計、不確定性下的福利經濟理論等方面造詣精深，成為這些領域的代表人物。

● 小勞勃・盧卡斯

1937 年，小勞勃・盧卡斯生於華盛頓的雅奇馬。他是家裡的長子，有一個妹妹珍妮弗和彼得、丹尼爾兩個弟弟。當盧卡斯在高中學微積分時，他幫助父親解決了一個冷凍機設計問題，並且使用了他的計算！盧卡斯第一次品嚐實際應用數學，這是激動人心的一次。

1955 年，盧卡斯從西雅圖的羅斯福公立學校高中畢業。他的數學很好，大家都希望他進西雅圖的華盛頓大學學習工程專業，但盧卡斯自己卻希望到離家遠一些的地方上學。後來芝加哥給予他獎學金，使他能夠如

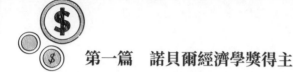

願。但芝加哥沒有工學院，從而終止了他做工程師的夢。當他坐上前往芝加哥的火車時，對將要來到的大學生活有諸多美好的設想。

在那個時候，熱門專業是學物理，但盧卡斯對此沒有興趣。真正令他激動的是芝加哥學院的人文科學，如西方文明史和知識的組織、方法及原理。這些課程中的一切對他都是新的。他選修古代史序列，並且變成主修歷史。

盧卡斯由於獲得了一項伍德羅·威爾遜博士獎學金，而進入加州大學攻讀歷史專業研究生。

在芝加哥，盧卡斯讀到了比利時歷史學家亨利·皮倫尼，他記述了羅馬時代的終結，並強調面對政治大破壞時，人民的經濟生活的連續性。對此，盧卡斯印象深刻。在伯克萊，他選修了經濟史課程，並旁聽經濟理論課。從那時起，他開始對經濟學產生濃厚的興趣。他決定改學經濟學，並因此回到了芝加哥。

為了學到更多的經濟學基礎知識，盧卡斯拿起「戰後最重要的經濟學書籍」保羅·薩繆爾遜的《經濟分析基礎》。雖然，其中的數學和經濟學對他來說是難以理解的，但他決心很大。在談到這段時光時，盧卡斯說：「那年夏天我的所有空餘時間都花費在讀完前四章，一行又一行，在我需要時回到我的微積分書籍。到秋季開始，我已是一名很好的經濟技術人員。而且能管理我自己的經濟學教育。」

1960 年秋季，盧卡斯開始學習密爾頓·傅利曼的價格理論序列。這是他盼望一個暑假的著名課程，但它「遠比我曾想像的任何東西更令人激動」。傅利曼的光彩與深度，吸引著他，也激勵著他。「每一堂課後，我設法把傅利曼講的東西翻譯成我從薩繆爾遜那裡學到的數字。我知道我永遠不如傅利曼思想敏捷，但是我也知道如果我開發了一種研究經濟問題的

可靠的系統的方式，我將到達正確地點。」「費裡德曼的課程終止了我作為一名謹慎的接近端正的 A 等學生的長期生涯。如果一門課程未必是一種改變生活的經驗，我便失去興趣，只偶然去聽課。」

盧卡斯的有些課程的成績開始得「C」。但是他有了更多的時間去學他認為有趣的東西。第一次選修了一門嚴格的分析課程和一門統計學，採用 William Felles 的《機率論及其應用導論》的第一卷。他以極高的熱情學習經濟學的許多課程，如數量經濟學、財政學系列。

20 世紀 60 年代，芝加哥的學生生活是多姿多彩的。他及他的一些同學已成為現在享有國際聲響的人物。

1963 年，卡內基工學院（現在的卡內基美隆大學）的工業管理研究生院提供給盧卡斯一個教職。

盧卡斯在卡內基工學院的第一年，花了不少時間學習動態系統和在時間過程中優化的數學，並設法看一看這些方法如何可以最好地用於經濟問題。那幾年，卡內基 —— 梅隆有一群傑出的經濟學家對動力學和預期的形成有興趣，盧卡斯也是其中之一。他在那時與雷納德·萊普英合作進行項目研究，他還與愛德華·普里斯科特合作完成了一個不完全競爭產業的動力學的理論項目。並寫了一篇《不確定下的投資》的文章。在此期間，盧卡斯的經濟動力學的全部觀點逐漸成形。

以後，盧卡斯又對薩繆爾遜的一個貨幣經濟的交叉各代模型產生興趣。他的觀點集中反映在 1970 年完成、1972 年發表的《預期和貨幣中性》的文章中。這篇文章是他的代表作，貨幣中性是他獲得諾貝爾獎的演講主題之一。1995 年 5 月，在明尼亞波列斯聯邦準備銀行的贊助下，還為此文專門組織了一個 25 週年的紀念會。

1974 年盧卡斯回芝加哥教書。1980 年成為芝加哥的約翰·杜威有優異

貢獻教授。盧卡斯說：「對我來說，芝加哥是一個奇異的地方，我當學生即有這種體驗，並且我曾被同事們和研究生教學推動到貨幣理論、國際貿易、財政政策及經濟成長的研究，都是總體經濟學中的主要題目。」

盧卡斯第一個妻子是麗塔‧柯恆，她是芝加哥大學的畢業生，他們於1959年8月結婚。當時盧卡斯還沒去伯克萊讀研究生。他們有兩個兒子。長子斯旁，1960年9月在芝加哥出生，現在是紐約化學銀行一個證券買賣人。次子約瑟1966年1月出生於匹茲堡，現在是波士頓大學攻讀歷史的研究生。盧卡斯與麗塔1982年分居，幾年後離婚。1982年以後，盧卡斯與南希‧托基共同生活，他們是芝加哥的同事。他們曾合寫關於成長理論、財政學、及貨幣理論等方面的文章，並有合作的專著《經濟動力學中的遞歸法》，於1989年出版。以後，他們共同分享家庭生活的愉悅和安謐。他們經常住在芝加哥北邊的一套公寓裡，夏天則去威斯康辛道爾縣密西根湖邊的夏屋避暑。

1995年10月10日，瑞典皇家科學院宣布，把該年度的諾貝爾經濟學獎授予美國芝加哥大學教授小勞勃‧盧卡斯，以表彰他對「理性預期假說的應用和發展」所做的貢獻。他的研究，「改變了總體經濟的分析，加深了人們對經濟政策的理解」，並為各國政府制定經濟政策提供了嶄新的思路。

盧卡斯從1970年代初起，率先將理性預期假說成功地運用於總體經濟分析，開創並領導一個新的總體經濟學派 —— 理性預期學派，或新古典總體經濟學派。直到獲獎前，盧卡斯在總體經濟模型構造、計量方法、動態經濟分析以及國際資本流動分析等方面都做出了卓越的貢獻。

理性預期，是指經濟當事人為了避免損失和謀取最大利益，設法利用一切可以取得的資訊，來對所關心的經濟變量在未來的變動狀況做出盡可

能準確的預計。這一概念最早是由美國經濟學家穆斯於 1961 年在《理性預期與價格變動理論》一文中明確提出。其目的是想說明：表達商品市場動態行為的蛛網理論模型完全是以非理性預期為前提的，如果生產者的預期合乎理性，那麼商品市場必將更快地趨近於它的均衡點。穆斯所提出的這一假說，儘管在當時曾被用於金融市場動態行為分析，但從未被作為總體經濟動態分析的前提，因而對一般經濟思想並未產生廣泛影響。

直到 1970 年代初期，西方經濟出現了滯脹現象，而貨幣主義者在關於菲利普斯曲線的短期效應問題上仍無法同後凱因斯主義主流派徹底決裂，正是在這一情形下，盧卡斯於 1972 年發表了《預期與貨幣中性》一文，首先將穆斯的假說同貨幣主義模型結合起來分析。隨後，盧卡斯本人及明尼蘇達大學薩金特和華萊士等人發表了一系列論文，對理性預期假說做了進一步闡述。到 1970 年代中後期，一個以年輕學者為主體的新總體經濟學派 —— 理性預期學派（或新古典總體經濟學派）形成，盧卡斯則成為這個學派的頭號領袖人物。該學派的理論在貨幣主義研究基礎上建立了一整套完全不同於凱因斯學說的理論。該理論較好地解釋了經濟的衰退與失業，使理性預期學派在 80 年代以來取代了貨幣主義的地位，贏得了西方經濟學界廣泛關注，並引發了經濟學理論研究的一場大革新。

● 貢納爾‧默達爾

1898 年 12 月 6 日，貢納爾‧默達爾出生於瑞典卡爾卡利亞省古斯塔夫教區塞爾沃博村的一個普通農民家裡。

童年的默達爾對自然科學很有興趣。他刻苦好學，立志長大了獻身於自然科學。1919 年，年滿 21 歲的默達爾以優異成績考入斯德哥爾摩大學。

這時，他放棄了研究自然科學的志向，改學法律，因為他「渴望了解人類社會到底是怎樣運動的」。但是不久默達爾失望了，又迅速轉向了經濟學。他覺得經濟學的方法比法律更加接近於自然科學。

1923 年，默達爾大學畢業後開業當了律師，但他對經濟學的興趣有增無減，默達爾一面工作，一面刻苦鑽研經濟理論，投身於著名經濟學家克努特‧卡塞爾、戴維‧戴維森等人門下，虛心求教。1923 年，他發表了《價格形成和經濟變化》一文，獲得了經濟學博士學位，並被任命為斯德哥爾摩大學經濟學講師。

1925 年至 1929 年，這位年輕的經濟學家訪問了英國、法國和德國。1929 年至 1930 年，默達爾又獲得洛克斐勒獎學金到美國學習。他對這些先進的工業國家進行了詳盡的考察，對整個資本主義有了較全面的了解。1929 年，資本主義世界的經濟危機深深地震動了默達爾，他認為自己必須從純粹經濟理論家的框框中解脫出來。大力從事政治經濟學的研究，並積極投身於公共事務活動。1930 年，默達爾發表了《經濟理論發展中的政治因素》，接著又出版了《週期和財政》、《財政政策的經濟效果》等著作。1933 年，年僅 34 歲的他便被任命為斯德哥爾摩大學政治經濟學和公共財政學希爾塔講座的教授，接替了國際上知名的經濟學家、瑞典學派創始人之一卡塞爾的職務。同時，默達爾積極參與政治活動，成為瑞典政治舞台上相當活躍的人物。後來，他多次當選為瑞典社會民主黨參議員，並任瑞典財政、經濟和社會問題顧問、國家銀行董事、瑞典經濟計劃委員會主席、商務部長和聯合國歐洲經濟委員會執行祕書等職。1960 年，他又回到斯德哥爾摩大學任國際經濟學教授，從事教學和經濟發展與經濟學基本理論的研究。

默達爾受教於瑞典學派的鼻祖卡塞爾，他對這位老師和長者十分敬

重，但在學術上他並不迷信他，而是大膽創新。1931 年，默達爾發表了
《貨幣均衡論》，對卡塞爾「自然利率」的基本理論進行了重要的修改、
補充和發展，一舉成為瑞典學派的重要代表人物。默達爾指出，卡塞爾純
技術意義的「自然利率」概念，在貨幣經濟中是自相矛盾和無法確定的。
他認為，貨幣利率也必須包含在用來確定自然利率的公式之中。他還提出
在分析資本主義經濟動態過程時，把收入、費用、儲蓄和投資等經濟變量
區分為「事前的」和「事後的」兩種類型。前者指分析期間開始時預計的
數值，後者指分析期間結束時已實現的數值。這一觀點已在當代資產階級
經濟學中被廣泛採用。默達爾還將預測引入經濟分析過程中，從而為靜態
經濟學轉變為動態經濟學鋪平了道路。默達爾主張國家干預經濟生活，透
過國家計劃來「指導和調整人力資源和自然資源的分配，以增進公共福
利」，克服資本主義的「缺陷」。30 年代以來，他利用自己在政府中的地
位和在經濟界的影響，努力將自己的主張付諸實施。這對瑞典經濟的發展
和國家壟斷資本主義的加強，產生了重要影響。

　　默達爾的妻子阿爾娃（1982 年諾貝爾和平獎金獲得者）是一位社會學
家和西方婦女運動的積極倡導者。他倆對人口問題都很感興趣，認為人口
問題是整個社會計劃的一部分，是「社會改革的一個關鍵」。1924 年，
這對新婚夫婦尚未度完蜜月，便著手對人口問題進行研究。他們通力合
作，發表《人口問題的危機》一書。這部著作不僅引起了瑞典廣大群眾的
關注，且直接影響了斯堪的納維亞各國的社會政策。默達爾被任命為住房
和人口委員會的負責人。斯堪的納維亞的其他國家也成立了相應機構，廣
泛採納了默達爾夫婦的基本觀點和具體建議。默達爾提出，解決人口危機
的關鍵在於如何控製出生率。他認為，政府應當承認保護兒童是它的任
務，而不管公民個人收入多少。他主張社會平均承擔「撫育兒童的經濟負

擔」，他們也提倡合理節育。

　　默達爾深知一個經濟學家也應當是個出色的社會調查工作者，一個一生關在書齋裡從書本上討生活的人是不會有多大作為的。

　　透過對美國社會經濟的深入調查分析，默達爾 1944 年發表了《警告樂觀主義》一書。他斷言，「戰後的繁榮時期一經消逝，物價管制一旦取消，接著就會出現嚴重的不景氣現象」。歷史又一次證明他的分析是中肯的。

　　默達爾非常強調「現實主義」，不管是經濟理論、種族關係，還是世界性的貧困問題，他都要用「現實主義」這把尺子來衡量。一切不符合現實主義的東西，他都加以揭露和批判。早在 30 年代初期，默達爾就對傳統的經濟理論進行了抨擊，40 和 50 年代以後，其戰鬥精神更加煥發。他的《亞洲的戲劇：一些國家的貧困的研究》（1968）和《反潮流經濟學批判論文集》（1973）等著作集中反映了這一特點。默達爾指出，傳統的經濟理論完全不適用於不發達國家。默達爾主張採用制度方法，對一個國家各方面的情況進行綜合分析，找出它們之間的相互關係。他指出，「在一個相互依賴的社會體制下，不存在獨立的經濟、政治或社會問題」。

　　1945 年至 1947 年，默達爾就任瑞典政府貿易和商業大臣時，曾代表政府與蘇聯進行貿易談判，他同財政大臣維格福斯同意向蘇聯提供 2.78 億美元的商業貸款。消息傳出，輿論大嘩，不僅國內一些人吵吵嚷嚷，其他國家也說三道四，默達爾毫不退讓，他聲稱瑞典「保留判斷為了增進國際間合作採取各種措施是否合適的充分自由」。在他的堅持和推動下，瑞蘇貿易協定於 1946 年 9 月終於簽字。默達爾在經濟學方面的研究工作可分為兩個階段。

　　第一階段 20 年代至 30 年代，他的經濟學研究屬於新古典主義傳統，

研究純粹理論問題。他作為瑞典學派的創建者之一，繼承了卡塞爾的傳統，對資產階級的一般動態均衡理論的發展做出了重要貢獻。瑞典皇家科學院所指出的默達爾「在貨幣理論和經濟週期理論方面的首創性研究工作」，就是指他在這一階段的研究成果。1931 年，默達爾在其名著《貨幣均衡論》中，對卡塞爾「自然利率」的基本理論進行了重要的修改、補充和發展。他指出，卡塞爾「自然利率」概念，在貨幣經濟中是自相矛盾和無法確定的。默達爾認為，貨幣利率也不須包含在用來確定自然利率的公式之中。他在分析資本主義經濟動態過程時，把收入、費用、貯蓄和投資等經濟變量區分為「事前的」和「事後的」兩種類型。前者指分析期間開始時的預計數值，後者指分析期間結束時的實現數值，由此來說明貨幣均衡條件，也就是經濟均衡條件，說明社會儲蓄與投資等式的事前觀察，為何經過供給和需求的調整，達到事後的均衡。這一觀點已被當代資產階級經濟學家廣泛採用。

第二階段，自 40 年代起他就轉向制度經濟學研究，即從結構上或制度上來研究社會經濟問題。瑞典皇家科學院所指出的「對經濟的、社會的和制度現象的內在依賴性的精闢分析」，就是指他在第二階段的研究成果。使他研究的方向轉變，是由於他研究社會平等問題引起的。30 年代世界性資本主義經濟危機，也嚴重地影響了瑞典的經濟，生產下降，企業倒閉，失業增加，廣大人民群眾陷於生活貧困的境地，可是同時社會上另一部分人卻仍然很富裕。這種情況，使他開始研究社會平等問題。1934 年，他與妻子合作，出版了《人口問題的危機》一書，提出實行均等化社會改革的一些主張。1944 年，他寫作的《美國的兩難處境：黑人問題和現代民主》，該書從生活條件最差的人的角度，研究了美國的社會不平等問題。第二次世界大戰以後，默達爾開始研究世界範圍內的平等問題，研究發展

中國家大多數人的窮困問題和均等化社會改革問題，並進而研究發達國家和不發達國家之間的不平等問題。研究社會不平等問題涉及面很廣，經濟、政治、社會、生活習慣、行為方式、社會制度和社會結構問題，需要進行跨學科的研究，使他從理論經濟學的研究轉到制度經濟學的研究，而成為一名制度經濟學家。

為表彰默達爾在貨幣理論和經濟週期理論方面的成就，表彰他對經濟的、社會的和制度現象的內在依賴性的研究成就，1974 年授予他諾貝爾經濟學獎。

除諾貝爾經濟學獎外，默達爾還獲得了很多其他榮譽和獎勵。1938 年獲得哈佛大學名譽博士學位，曾獲得應用人類學會的馬林諾斯基獎，1944 年獲得安尼斯菲爾德 —— 沃爾夫獎。他是瑞典皇家科學院、英國科學院、美國文理科學院的成員，是經濟計量學會和美國經濟協會會員。

拉格納·弗里希

拉格納·安東·基特·弗里希（1895-1973）是挪威當代經濟學家，經濟計量學的先驅者，首屆諾貝爾經濟學獎獲得者。弗里希 1895 年出生於挪威奧斯陸一個小手工業者家庭，曾在金銀首飾店當學徒，同時就讀於奧斯陸大學經濟系，1919 年獲經濟學學士學位。20 世紀 20 年代前半期先後留學法、德、英、美、意等國，研究經濟學和數學。1925 年起執教於奧斯陸大學，並於 1926 年獲該校哲學博士學位。留美期間曾於 1930-1931 年擔任耶魯大學客座教授，自此成為資產階級經濟學中把數學方法和統計方法應用於經濟研究的一位先驅者，並把這一分支命名為「經濟計量學」。1930 年他在美國參與發起和創建了經濟計量學協會，並擔任該會刊物《經

拉格納‧弗里希

濟計量學》雜誌的主編達 22 年之久。在享有盛名之後，弗里希於 1931 年回奧斯陸大學擔任經濟學教授，並擔任該校新成立的經濟研究所所長直至 1965 年退休。退休後仍繼續從事經濟學問題的研究和寫作，二戰後他曾任聯合國的經濟顧問、經濟與就業委員會主席等職，並在印度和埃及擔任顧問工作多年。

弗里希的主要經濟學著作有：《測量邊際效用的新方法》（1932）、《運用完全回歸系統的統計合流分析》（1965）、《生產理論》（1965）、《經濟計劃研究論文集》（1976）。重要論文包括：《論純粹經濟學問題》（1926）、《經濟理論中的靜態學與動態學》（1929）、《動態經濟學中的擴散問題和衝擊問題》（1933）等。

弗里希是西方經濟學中將數學和統計方法應用於經濟學研究的先驅者，是經濟計量學的奠基人。他首先提出了經濟計量學的定義，並第一個運用經濟計量學的方法分析資本主義的經濟波動，首創描述資本主義經濟週期的數學模型，最早把導致經濟波動的因素區分為擴散作用和衝擊作用兩大類，將兩者結合起來解釋資本主義經濟週期，從而為當代資產階級經濟週期理論奠定了重要基礎。他在把經濟計量學的理論和方法應用於社會經濟活動方面，也做出了許多貢獻。

弗里希早在 1923 年就開始研究效用的測量問題，1926 年寫成論文《論純粹經濟學問題》，提出了測定邊際效用的「等量法」，並首次使用「經濟計量學」一詞。他認為以往的經濟學理論有很多含混不清和模棱兩可的地方，要使經濟學具有明確的量的關係，就要把數學和統計方法引進經濟學，從而經濟計量學就是「融合數學、統計學及經濟理論，結合研究經濟行為和現象的理論和實務」。他在《經濟計量學》雜誌創刊號社論中說道：「經驗表明，統計學、經濟理論和數學這三方面對真正了解現代經濟

生活中的數量關係來說，每一方面都是一種必要的但本身並非充分的條件，把這三者結合起來，才是強有力的研究方法，正是這種結合構成了經濟計量學。」

弗里希在 1936 年發表的《論均衡和不均衡的概念》一文中闡述了動態經濟學的基本思想，被視為動態經濟理論的開拓者。弗里希在《動態經濟學中的擴散問題和衝擊問題》等論文中率先提出完整的資本主義經濟週期的數理模型，將造成經濟波動的因素區分為擴散作用和衝擊作用。前者指經濟體系內部的經濟變量的相互作用所引起的經濟變動，即所謂加速原理。後者指外在因素對經濟體系的衝擊引起的經濟變動，即所謂或然因素的衝擊作用。但該週期模型顯示了一個衰減趨勢，與實際觀察到的週期不衰減並不相符，他認為這個模型對「擴散」問題提供了一個滿意的解釋，但沒能解釋「衝擊」問題。他在創立這個模型時所借助的觀點和分析方法，被西方中產階級經濟學界公認為是現代經濟週期分析上的最佳原理。同時，弗里希在統計方法和經濟計量方法上，具體算出需求及供給曲線，進一步把回歸方程法運用於經濟計量學中，創造了「統計合流分析」方法，來解決經濟發展過程中多種關聯同時起作用所帶來的統計問題，開聯立方程式模型之先河，為現代經濟計量學奠定了方法論基礎。

弗里希除了對經濟計量學的理論和方法做出多方面的貢獻外，還把經濟計量方法應用到經濟分析中，在經濟計劃及政策理論方面獨樹一幟。他在這方面的主張概括起來主要有：首先，透過計劃過程把生活最重要目標的實現過程公式化，使得早期的計劃問題得到結構明晰的闡述。其次，他並不主張取消市場機制，而是提倡對市場機制進行有效的測量並作為經濟政策的反饋資訊；第三是所謂「專家治國論」，即建立強有力的國家協調機構，使經濟專家和政治家在政治優先的基礎上進行合作。這些理論對挪

威政府的經濟政策有深刻影響。他提出的「決策模型」和其他為政府制定計劃的經濟模型被廣泛採用。從 20 世紀 50 年代後期起，弗里希的主要興趣轉向指導經濟上落後的國家搞「經濟計劃」，力圖為這些國家的經濟發展找到最優方案。此外，在消費者行動、經濟福利理論、指數論、國際貿易和人口理論上都有所建樹。

　　由於弗里希在經濟計量學的理論、方法及其應用方面做出的貢獻，1969 年他與荷蘭經濟學家丁伯根一起被授予首屆諾貝爾經濟學獎。

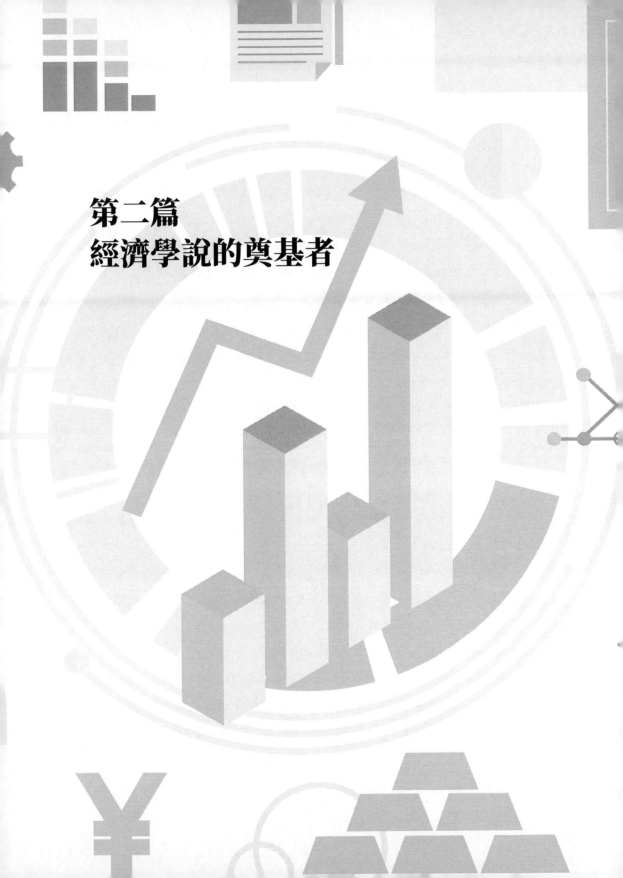

第二篇
經濟學說的奠基者

奧爾本·菲利浦

奧爾本·威廉·豪斯戈·菲利浦（1914-1975 年）是英籍紐西蘭經濟學家。1914 年 11 月 18 日出生於紐西蘭特雷宏加。早年曾在澳洲從事採礦工作；1937 年前往英國，1939 年作為電機工程師畢業，並在倫敦電力局工作；二戰期間曾服役，在遠東戰爭中被俘；戰後進入倫敦政經學院學習社會學，1949 年獲得文學學士學位；1952 年獲得哲學博士學位。1950 年任倫敦政經學院助理講師；1954 年任副教授；1958-1967 年任該校經濟科學與統計學教授；1965-1966 年任麻省理工學院客座教授；1967 年離開英國到澳洲國立大學社會科學研究院擔任經濟學教授；1970 年在中風後返回祖國紐西蘭，1975 年在紐西蘭奧克蘭去世。

菲利浦的代表性論文有：《1861-1957 年英國的失業水準與貨幣薪資率的變動率之間的關係》（1958）。其他重要論文還有：《經濟動態學中的機制模型》（1950）、《封閉經濟中的穩定政策》（1954）、《就業、通貨膨脹與成長》（1962）。

菲利浦對經濟學的主要貢獻，是他首創了貨幣薪資率的變動與失業水準之間關係的菲利浦曲線，最先把最優控制與控制工程的技術應用到經濟計量模型，在經濟計量估算技術方面取得了一些發展。他在 1958 年發表的《1861-1957 年英國的失業水準與貨幣薪資率的變動率之間的關係》著名論文中，運用經濟計量學的方法，根據傳統經濟學關於貨幣薪資決定於勞動的供求關係的理論，列出用以表現失業率和貨幣薪資率的變動率之間的函數關係的經濟計量模型：$Y+a=bXc$（其中，Y 為薪資變動率，X 為失業率，a，b，c 都是參數），然後根據英國 1861-1957 年間的有關統計資料，利用統計學上的最小二乘法和試錯法，估算配合得出一條表示失業率與薪

資變動率的依存關係的曲線。他認為，假定其他事情如失業變動率都相同，則名義薪資率水準的變動率即薪資膨脹率是失業率水準的遞減函數。將薪資膨脹率壓低到正常經驗水準所需要的失業率肯定是僅比的，也就是說，失業率與貨幣薪資率之間呈此消彼長、互相替換的關係。即失業率較高時，貨幣薪資的成長率較低；反之，失業率較低時，則貨幣薪資成長率較高。

菲利浦曲線通俗地反映了凱因斯主義調節總需求的根本要求，為凱因斯主義提供了一個非常有用的政策分析工具。二戰後，以薩繆森和索洛為代表的一批西方經濟學家將以菲利浦命名的這一曲線用來說明失業率和通貨膨脹率之間的關係，在西方經濟學界引起很大回響。凱因斯主義者認為失業率與通貨膨脹之間存在相互替換的關係，因而政府可以根據菲利浦曲線在失業與通貨膨脹之間進行權衡取捨，並以此作為制定政策的依據：可以透過實行高通貨膨脹來降低失業，或高失業來抑制通貨膨脹，但不能同時選擇低失業和低通貨膨脹。1960 年代，凱因斯主義者把資本主義國家通貨膨脹的主要原因，歸結為貨幣薪資的成長率超過了勞動生產率的成長；並假定：物價上漲率＝貨幣薪資成長率 - 勞動生產率成長率。這樣，由菲利浦最初提出的這條曲線，在理論上又進一步被深化，用來表示通貨膨脹率與失業率之間的此消彼長的關係，即失業率高的時候，貨幣薪資成長較慢，通貨膨脹率就低；失業率低的時候，貨幣薪資成長較快，通貨膨脹率就高。這樣，政府要降低失業，就必須付出更高的通貨膨脹率的代價，而要抑制通貨膨脹，則必須忍受更高的失業率。以傅利曼為代表的貨幣主義者認為，菲利浦曲線所表示的替換關係，充其量也只是存在於短時期內的暫時現象，在長時期內並不存在；理性預期學派則認為，菲利浦曲線所表示的替換關係即使在短期也不存在。

　　菲利浦另外還研究了動態穩定問題，討論了反應滯後及其對穩定政策的影響。他依據政策是否按照現有的錯誤、積累的偏差或目標變化的速度而發生變化，將按比例的、整體的和派生的政策區分開來。他認為，最佳的政策取決於經濟的滯後性質，並由按比例的、整體的和派生的成分混合組成。而要實現動態穩定，一個先決條件就是建立經濟計量模型。他的這一方法為後來的經濟學家在對穩定政策進行分析時所採用。菲利浦認為，沒有建立適當的經濟計量模型，穩定的政策就難以實現。而由於經濟變量的動態關係難以精確描述和估計，因而他的研究只是對後來經濟學家的研究起了預示作用，但這仍是他對經濟學的一項重要貢獻。

● 沃爾特‧羅斯托

　　沃爾特‧羅斯托，1916 年出生於紐約，20 歲時獲得耶魯大學學士學位。1938 年以羅茲學者身分去牛津大學學習，獲牛津大學碩士學位。1939年獲耶魯大學博士學位。1940 年羅斯托在哥倫比亞大學講授經濟學和歷史，1949 年執教於劍橋大學任皮特美國史教授。在 1950 至 1961 年間，他還擔任麻省理工學院經濟史教授，並於 1951 至 1961 年間在麻省理工學院國際研究中心兼職。1958 年羅斯托第二次到劍橋大學講學時，曾就被凱因斯及其追隨者所忽視的經濟發展問題作了一系列演講並寫成文字。他關於「工業化過程」的演講導致了他的成名之作 ——《經濟成長的階段》的產生。1969 年羅斯托擔任奧斯汀城的得克薩斯大學經濟學和歷史學教授，並兼任雷克斯‧G‧小貝克政治經濟學教授。1947-1949 年間，羅斯托曾任歐洲經濟共同體執行祕書經理助理。1961-1969 年，他先後擔任過總統國家安全事務副特別助理、國務院政策計劃委員會主席和顧問、爭取進步同盟美洲洲際委員會美方委員，以及總統國家安全事務特別助理。羅斯托曾

被授予英帝國勳章（1945）、軍功勳章（1945）和美國總統頒發的自由勳章（1969）。

羅斯托的主要著作有：《19 世紀的英國經濟》（1948）、《經濟成長的過程》（1952）、《經濟成長的階段 —— 非共產黨宣言》（1960）、《由起飛進入持續成長的經濟學》（任主編，1963）、《政治和成長階段》（1971）、《這一切是怎樣開始的：現代經濟的起源》（1975）、《世界經濟：歷史與前景》（1978）。此外，還包括《投資與大蕭條》（1938）、《貿易條件的理論與實踐》（1950）、《貿易條件的歷史分析》（1951）、《從起飛進入持續成長》（1959）等論文。

羅斯托對經濟學的主要貢獻是，他論述了一種動態非總量的生產和價格理論，其中，人口、技術以及基本商品相對價格的變化均表現為內生的變化，並且與經過各個經濟成長階段的經濟發展以及世界經濟史相適應。其對經濟學的貢獻還表現在他的《經濟成長的階段 —— 非共產黨宣言》一書中。

《經濟成長的階段 —— 非共產黨宣言》是羅斯托的代表作。羅斯托認為，經濟成長階段論既是一種關於經濟成長的學說，又是一種關於整個現代史的更一般性的學說。指出經濟成長不是簡單的經濟過程，同時包含著政治、社會組織和文化等方面的發展和變化。他把經濟成長劃分為五個階段：傳統社會；為起飛創造先決條件的階段；起飛階段；成熟階段；高消費時代。同時他還較詳細地分析了每個階段的社會經濟特徵，以及各個階段之間的相互關係。

羅斯托的經濟思想受到德國歷史學派、美國制度學派、凱因斯經濟學說和熊彼特創新理論的影響。其經濟成長階段的理論也同樣帶有上述各學派的思想痕跡。

■ 傳統社會

羅斯托把近代科學技術產生以前的社會泛稱為「傳統社會」。認為傳統社會的主要特徵是技術長期停滯和緩慢的變革。由於生產力的限制，社會不得不把很大一部分力量用於農業，由此又使家族和民族關係在社會組織中起很大作用。這種社會的信念體系一般是以「宿命論」為核心的，而政治力量則操縱在擁有或控制土地的人手中。羅斯托列舉了古代埃及文明、地中海文明、王朝時代的中國、中世紀歐洲等典型傳統社會。認為今天的亞洲、非洲、中南美洲等的一些不發達地區，仍處在傳統社會階段。

■ 為起飛創造前提條件的階段

這一階段是從「傳統社會」向「起飛階段」過渡的階段。是人類社會進入工業化的前奏。在這一階段中，農業已有一定的成長，可以提供較多的食品以養活城市人口，為工業發展提供了更廣闊的市場，並把農業剩餘收入的很大一部分供工業部門之用；交通運輸事業也有了一定的發展。在政治上建立了一個有效的中央集權的民族國家。出現了為獲得利潤或實現現代化而甘冒風險的企業家。

這個階段大體相當於資本主義社會的原始積累階段。羅斯托還列舉了三種不同的具備起飛先決條件的實例。

■ 起飛階段

羅斯托認為這一階段是經濟成長序列的一個關鍵性的階段，相當於資本主義的產業革命時期。在起飛階段，有效儲蓄和投資占國民收入的比重從5%提高到10%以上。建立了能迅速吸收新技術，並使之擴散到經濟中去的主導部門，形成了一個有眼光、有能力經營現代企業的企業家階層。

農業生產力也發生了革命性的變化。羅斯托還根據投資率占國民收入的比重這一指標,推算了具有代表性的幾個國家的起飛期。

■ 成熟階段

經濟起飛以後,要經過一段相當長的、雖有波動但仍持續前進的時期,即成熟階段。在這一階段,處於正常條件下的經濟力量把現代技術推廣到經濟活動的全部領域中去,並能生產各種工業品。重工業成為國民經濟的主導部門,有了各種形式的聯合(壟斷組織)。這一階段大體相當於自由資本主義向壟斷資本主義過渡的階段,即工業化完成階段。

■ 高額群眾消費階段

羅斯托認為,當一個社會在技術上達到成熟階段或者進入成熟階段以後,主要注意力將從供給方面轉到需求方面,從生產問題轉到消費和福利問題。這時社會已進入一個高度發達的工業社會,一般居民家庭對耐用消費品的購買保證了經濟的持續成長,主導部門已轉移到以汽車工業為代表的「消費品和服務方面」。具有專業知識的經理階層成了新的「中心人物」。

■ 追求生活品質階段

在《經濟成長階段》一書中,羅斯托並沒有明確提出這一階段,只是強調高額群眾消費階段並沒有達到頂點。直到 1970 年代,他才在另一本著作中將經濟成長的第六個階段命名為「追求生活品質階段」,並將這一階段視為社會發展過程中繼起飛階段之後的又一次關鍵性「突變」。

羅斯托認為,在高額消費階段,由於汽車工業的迅速發展和汽車的大量使用,出現了環境汙染、城市人口過多、交通擁擠等諸多問題。這使得

人們嚮往優美的環境、新鮮的空氣、舒適的生活以及精神方面的享受。這時社會就進入了追求生活品質的階段。這是人類社會發展的最高階段。

在這一最高階段，人類社會不再以生產有形產品為主，轉而生產無形產品，即以提高服務為主。主導部門是為提高生活品質服務的部門，如服務業、環保業、旅遊業、教育業等。

● 威廉・配第

威廉・配第（1623-1687 年）出生於英國漢普郡一個小毛紡織作坊主的家庭。由於生活所迫，從 14 歲就外出謀生，先後在英國、法國、荷蘭從事過多種職業，當過水手、家庭教師、醫生和教授等。1644-1645 年配第在荷蘭萊頓大學學醫，此後，到巴黎參加過穆爾塞尼學會（自然科學研究者的學術組織，法國科學院的前身）的學術活動，在英國參加過倫敦哲學會的活動。1649 配第獲得牛津大學醫學博士學位，1651 年起任英國駐愛爾蘭總督亨利・克倫威爾的侍從醫生，後來又任愛爾蘭土地分配總監。1658 年被選為愛爾蘭國會議員，斯圖亞特王朝復辟後，他又投靠了國王查理二世，並封為男爵，成為新貴族，擔任愛爾蘭測量總監，受賜大量土地。此後，配第曾經陸續創辦過漁場、冶煉廠、鉛礦等，還經營木材生意，晚年時他成了擁有 27 萬英畝土地的大地主兼資本家。

配第的主要經濟學著作有：《賦稅論》（1662）、《獻給英明人士》（1664 年寫成，1691 年出版）、《政治算術》（1672 年前後寫成，1690 年出版）、《愛爾蘭的政治解剖》（1672 年前後寫成，1691 年出版）、《貨幣略論》（1682 年寫成，1695 年出版）。

配第以事實、感覺、經驗為依據，著重對經濟現象的數量進行分析，

從而發現經濟活動的內在規律。配第在政治經濟學理論上的最大貢獻，是提出了商品的交換價值是由勞動決定的思想。在研究貨幣問題時，他為了探求交換的規律性，「區分了『自然價格』、『政治價格』和『真正的市場價格』」。他所說的「自然價格」實際上是指的價值，他指出：「自然價格的高低，決定於生產自然必需品所需要人手的多少」；他所說的「政治價格」是指受供求影響的在市場上直接實現的交換價值，即市場價格。同時他又把用貨幣表現的「政治價格」稱為「真正的市場價格」。配第著重研究了商品的自然價格，並用實例說明生產商品時耗費的勞動時間是決定商品價值的基礎。他還進一步分析了商品價值和勞動生產率之間的關係，指出勞動生產率的高低與商品價值大小成反比。

儘管配第提出了勞動決定交換價值的重要思想，但由於歷史條件的限制，其價值論存在著許多缺點和不足。首先，他在論述中把價值、交換價值和價格混為一談，還沒有抽象出科學的價值概念；其次，他沒有把勞動價值論的觀點貫徹始終，如在《賦稅論》一書中，除了勞動決定價值的觀點外，他還提出了勞動和土地共同創造價值的觀點。

除了勞動價值論之外，配第對分配問題也進行了一定的研究。配第的分配理論是建立在其勞動價值論基礎上的。雖然在配第的研究中沒有提出剩餘價值和利潤範疇，但他的地租理論實際上說明的是剩餘價值問題。配第的分配理論是以地租論為中心，以薪資論為前提，基本上反映了資本主義分配的特點。他認為薪資是勞動的價格，但在具體研究中，他又把薪資和維持工人生活必需的生活資料連繫起來，認為薪資是勞動者為了生活、為了勞動、為了繁殖所必需的物品決定的，並認為勞動者的薪資只應等於維持工人生活所必需的生活資料的價值。他不懂得勞動和勞動力的區別，但他認為決定薪資的自然基礎是維持工人必要的生活資料的價值，實際上

他論述的是勞動力的價值。

在分配論中，配第還進一步論述了薪資和地租的對立關係，認為地租的多少與薪資的高低成反比例。他所說的地租實際上就是剩餘價值，並說明了地租的來源和它的剝削性質。但他認為地租是全部剩餘價值的觀點是錯誤的。配第主要從量上對地租進行分析，沒有對地租所代表的生產關係作進一步的探討，使其論述存在一些混亂。同時配第還對級差地租和土地價格進行了初步分析。

由於配第把地租看做是剩餘價值的一般形式，因此，他把利息作為剩餘價值的派生形式從地租中引申出來。他對利息高低的說明也是從地租出發的，他還沒有把利息率的高低和借貸資本的供求連繫起來，更沒有和利潤與利潤率連繫起來，但他已認識到貨幣量與利率的關係。

● 皮耶・布阿吉爾貝爾

皮耶・布阿吉爾貝爾（1646-1714 年）是法國資產階級古典政治經濟學的創始人，重農學派的先驅。出生於法國盧昂一個「長袍貴族」的家庭，年輕時受過良好的教育。學業結束後，他曾從事文學創作，不久後又轉而從事司法工作。1690 年起擔任盧昂地方議會的法官。當時法國處在封建王朝統治下，農民受著嚴酷的封建剝削，再加上政府推行重商主義政策，片面強調發展對外貿易和手工業，禁止穀物輸出，壓低農產品價格，使農業生產遭到嚴重破壞，農民生活十分困苦。布阿吉爾貝爾作為地方法官，目睹農村情況，滿懷激情地揭露封建王朝和貴族對廣大農民的殘酷剝削和壓迫，尖銳地抨擊政府的賦稅政策，堅決反對當時執行的重商主義政策，自稱是農業的辯護人，強調發展農業的重要性。他稱農業和畜牧業是國家的

兩個乳頭，農業興旺是一切其他部門繁榮的基礎，復興法國經濟，首先要保證農業的發展。布阿吉爾貝爾提出了一系列經濟改革方案，但是，他卻因此而被流放外省，他的著作也被查禁。布阿吉爾貝爾晚年回到盧昂，直到去世。

主要經濟著作包括：《法蘭西詳情》（1695 或 1697）、《法蘭曲辯駁書》（1707）、《穀物論》、《論財富、貨幣和租稅的性質》。

布阿吉爾貝爾經濟學說的主要內容包括以下幾個方面：

■ 財富理論

布阿吉爾貝爾對財富及其來源的看法，是同重商主義把財富等同於貨幣的觀點以及認為財富來源於流透過程的觀點相對立的。布阿吉爾貝爾是從物質即使用價值的角度來理解財富的，他認為真正的財富不是金銀，而是維持人的適當生活的各種物品。從生產門類來看，財富是農業產品與工業產品；從對人們使用的重要性來看，財富則是生活必需品、非必需品以及其他一切可以滿足人們享用慾望的物品。他認為農業是財富的源泉，一切財富都源於土地耕種。他還指出，隨著社會的發展，用於消費的物品不斷增加，行業也在不斷增多，財富是同今天文明和富足的國家的 200 多種行業連繫在一起的。

在財富的理論中，布阿吉爾貝爾還分析了農業在國民經濟中的作用。他指出農業在國民經濟中占支配地位，農業是各行各業的基礎，耕種者的繁榮昌盛是一切其他等級財富的必要基礎，農業衰弱則一切行業凋零，各行業人民的生活也會發生困難。

對於如何增加財富，布阿吉爾貝爾認為最重要的是要保持各個產業部門之間的平衡，從而又提出了經濟協調的思想。他認為社會上各種職業都

有不同程度的重要性，各產業部門之間要保持適當的比例，因為沒有一種行業的失調能夠不同時將它的不幸立刻或逐漸地反映到其他一切行業上去。為了維持經濟協調和正確比例，他認為要聽任大自然的安排，遵循自然規律。他所說的自然規律，指的是要使一切產品都按比例價格交換，而自由競爭和自由放任是自然規律的要求。他認為自由競爭能夠恰如其分地調節社會經濟活動，使各行業保持平衡和相互促進的關係，從而增加社會財富。所以，他主張經濟自由，反對國家干預。

■ 價值理論

布阿吉爾貝爾並沒有提出完整的價值理論，僅是提出了對價值問題的一些看法。他雖然重視商品的物質內容，不重視商品的交換價值，但他從實際生活中看到了交換的必要性，並在研究中涉及了交換的基礎即商品的價值問題。

布阿吉爾貝爾指出，為了保持社會經濟的正常發展，各種商品必須堅持按一定比例的價格進行等價交換，否則就會引起經濟紊亂、商業停頓，使各行業蒙受極大苦難。他認為，一定比例的價格或者說等價交換的基礎就是商品生產上「必須的費用」，而「必須的費用」又是以勞動耗費為基礎的。這樣，他雖然不是自覺的，但事實上已把商品的交換歸結為勞動時間。他認為，各行、世間的購買都是依一定比例進行的，各行業勞動者是以一定比例把自己的產品分開而相互購買的，實際上也就是把他們的勞動時間劃分為一定比例來相互交換的。他進一步指出，各行業生產必須均衡發展勞動產品才有價值，否則勞動產品就會喪失價值。在這裡，他實際上是從社會勞動按一定比例分工來考察價值的。

布阿吉爾貝爾沒有提出完整的價值理論，同配第一樣他也沒有區分價

值和使用價值，不了解價值的本質，但是他在研究穀物價格和其他一切商品價格的關係時，不自覺地把商品的交換價值說成是由勞動時間決定的。特別是他關於以農業為基礎的社會均衡生產理論，使他能夠在總體的高度把握商品的價值決定問題，把每一種商品的價值視為由社會總勞動時間按照一定比例分配在各個特殊部門來決定的。這在政治經濟學說史上是一個極有價值的創見，是對英國古典政治經濟學勞動價值論的重要補充。他的這一思想，在西斯蒙第的勞動價值論中得到了進一步發展。

■ 貨幣理論

　　布阿吉爾貝爾輕視貨幣，貶低金銀，甚至對貨幣持否定態度。與重商主義觀點相對立，反對積累貨幣。他認為貨幣本身不是財富，一個國家的富足不在於它擁有的貨幣多少，而在於它擁有的物品的數量。貨幣既不能吃，也不能穿，只是交換手段。他指責貨幣的出現破壞了商品按比例交換，商人為了積累貨幣財富，既剝削買者，又剝削賣者。不等價交換是社會不平等和一切罪惡的根源。因此。他認為如果商品交換沒有困難，就可以不用貨幣，實行物物交換。布阿吉爾貝爾對貨幣的分析，批判了貨幣拜物教和資產階級的拜金主義，揭露了追求金錢而帶來的種種惡果。但是他的保存小商品生產而廢除貨幣的主張，說明他不懂貨幣的本質和貨幣產生的必然性，並且把貨幣的職能和貨幣資本的性質混同起來。在經濟政策方面他反對國家干預經濟生活，主張經濟自由主義。

第二篇　經濟學說的奠基者

● 法蘭索瓦・魁奈

　　法蘭索瓦・魁奈（1694-1774 年）是法國資產階級古典政治經濟學家的
主要代表，重農學派的創始人。出身於地主家庭，早年在巴黎學醫，後成
為名醫，曾寫過醫學和生理學論文。1749 年出任國王路易十五的宮廷御
醫，1752 年被封為貴族。約在 1753 年，魁奈將近 60 歲時開始研究經濟問
題。由於當時政府推行犧牲農業發展工商業的政策，使法國農業衰敗、經
濟停滯、財政陷於困境。致使經濟問題，特別是糧食和賦稅問題成為社會
上普遍關心的問題。

　　魁奈的主要經濟學著作有：《租地農場主論》（1756）、《經濟表》
（1758）、《農業經濟管理的一般原則》（1758）、《經濟表分析》（1766）等。

　　魁奈以「自然秩序」的思想研究經濟學，即認為自然界和人類社會普
遍存在著「自然秩序」，當人們認識了「自然秩序」並使制定的政策法令
與其相符合時，經濟才能正常發展。相反，如違背「自然秩序」，經濟就
會遇到破壞。政治經濟學的任務就是在於探尋經濟運動的「自然秩序」。
「純產品」理論是魁奈理論體系中最為重要的理論。按照魁奈的解釋，
「純產品」是指農業中生產出來的總產品扣除用來補償消耗掉的農具、種
子等生產資料之後的剩餘產品。從價值的觀點看，「純產品」就是指農產
品的價值減去為生產這些農產品所耗費的價值的餘額，實際上就是剩餘價
值。他認為，財富不是貨幣，而是物質資料，即使用價值；財富的來源不
在流通領域，而在物質資料的生產領域。他認為，在充分的自由競爭條件
下，交換是按等價進行的，因此，流通領域不可能成為財富的源泉。只有
能夠使物質財富在數量上增加的部門才是生產部門，而這樣的部門只能是
農業部門。因為農業生產的結果，不僅會使生產中消耗掉的物質資料得到

重新補償，而且會帶來一個增加額。由於他沒有提出勞動創造價值的理論，而只是從使用價值來考察「純產品」，因此，不理解資本主義工業也生產「純產品」。但他完全從生產領域來研究「純產品」即剩餘價值的源泉問題，是他的科學功績。

魁奈以「純產品」理論為依據，對社會成員進行了階級劃分。把國民劃分為三個階級，即生產階級（即從事農業的階級），土地所有者階級，不生產階級（即從事工商業的階級）。生產階級是耕種土地，並為土地所有者提供每年的收入。土地所有者階級依靠收入，即「純產品」來生活。不生產階級，是由從事農業以外的其他工作和別種勞動的人組成，他們的支出，是從生產階級和從生產階級取得收入來源的土地所有者階級取得的。魁奈試圖從社會成員對「純產品」的關係的角度來對全體社會成員實行階級劃分是有積極意義的。

魁奈對「資本」概念也進行了探討。他認為，由於只有農業才是真正的生產，農業才是「純產品」的唯一源泉，因而只有投入在農業上的資本才是生產的資本，工商業資本不是生產的資本。魁奈把農業資本區分為「年預付」和「原預付」兩部分。「年預付」就是每年要預付出去的那部分資本，如種子、肥料和薪資等。「原預付」就是幾年預付一次的那部分資本，如牲畜、農具、倉庫、房屋等。在再生產過程中，「年預付」全部進入生產費用之內。「原預付」只部分進入生產費用之內，需要在若干年之內，才能完全得到補償。魁奈對農業資本的這種分類，實際上就是固定資本和流動資本的分類。他所說的「原預付」即相當於固定資本，「年預付」即相當於流動資本。

魁奈闡述的「純產品」、社會階級結構和資本的理論為他進一步分析社會資本的再生產準備了前提條件。他的這種分析，體現在他的著名

的《經濟表》中。魁奈的《經濟表》有原表、略表。《經濟表》的原表發表於 1758 年，但由於圖解複雜，很難理解，所以流傳不廣。1760 年魁奈為說明「原表」，寫了題為《經濟表分析》的論文，並把圖解加以簡化。經濟表所分析的，實際上是當時法國社會總產品的流通和再生產問題。把資本運動表現為再生產過程，為科學地分析社會資本再生產開闢了道路。但由於該表沒有正確的價值理論作基礎，片面地把農業視為唯一的生產部門，沒有把工業品列入社會總產品中，也沒有把社會生產分為生產資料生產和消費資料生產兩大部門，因此，不可能在理論上最終解決社會資本再生產問題。

大衛・休謨

　　大衛・休謨（1711-1776 年）是英國資產階級唯心主義哲學家、歷史學家和經濟學家，早期貨幣數量論的代表人物之一。出身於蘇格蘭貴族家庭。1723 年入愛丁堡大學學習希臘語，後又學習法律，但他熱愛學習和研究哲學。1735-1737 年旅居法國。1746 和 1747 年兩度擔任聖克萊爾將軍的祕書，並隨他出使維也納和都靈。約在 1750 年間與史密斯結識後成為密友。1752 年出任愛丁堡律師協會圖書館館長。1763 年任英國駐法國大使館祕書，後任參贊，與巴黎思想界著名人士和重農學派來往密切。1767 年任英國負責外交事務的副國務大臣。1769 年休謨隱居於愛丁堡。

　　休謨的主要著作有：《人性論》（1739-1740）、《道德與政治論文集》（1741-1742）、《政治論叢》（1752）、《英格蘭史》（1754-1762）、《經濟學文集》（E・羅德溫編，1955）。

　　休謨曾經對經濟動機或者說「勞動的原因」進行過研究。這是他的經

濟分析最基本的層次。由此，我們可以發現他的經濟思想和他在《人性論》中對人性的探討之間的連繫。休謨認為有四種「勞動的原因」：消費的慾望、行動的慾望、快樂的慾望及獲得的慾望。消費的慾望得到經濟學家普遍接受。行動的慾望主要指勝任挑戰性工作的慾望，特別是商人的活動，以及更一般地說，「勤勞的職業」，符合這樣的要求。快樂的慾望主要指一種積極的情感狀態，但這不是勞動的一個完全獨立的原因，但卻是消費和有興趣的活動的共同主要組成部分。勞動的最後原因是獲得金錢的慾望，即積累在經濟「賭博」中對獲勝的慾望。休謨著重指出這些動機對促進經濟成長的極端重要性。並且認為除了尋求快樂之外，人們還受許多「本能」驅使去幹一些為做而做的事情，從而排除了財富和福利簡單等同，為對資本主義工商業社會的肯定埋下伏筆。

休謨對政治經濟學，或者說市場關係進行過研究。客觀地講，這一部分是其經濟理論研究中價值相對較小的部分。休謨對政治經濟學研究的貢獻主要體現在以下幾個方面：

> 他是 18 世紀貨幣數量論的著名代表。休謨與重商主義觀點相對立，主張貨幣數量論，他否認貨幣具有內在的價值，在他看來貨幣不過是勞動和商品的代表，是決定價格的手段；商品價格由流通中的貨幣數量決定，流通中貨幣數量的增加必然引起商品價格成比例地上漲。休謨這一觀點是依據歐洲 16-17 世紀的情況提出的，由於當時發現了美洲新大陸，黃金大量流入歐洲，貨幣數量急遽增加，出現了物價上漲的情況。當然，由於他不懂得價值，不懂得貨幣本身也有價值，所以，沒有看到商品價格不是由貨幣的數量決定的，而是由商品價值和貨幣價值的關係所決定的。休謨不知道在使用金屬貨幣時，商品價格的提高是由於金銀的價值和商品的價值相比發生了變化。當時物價上

漲的原因不在於貨幣數量的增加，而是由於美洲開採黃金的費用低廉，輸入歐洲的黃金價值下降了。不過後來貨幣數量論成為資產階級經濟學家解釋紙幣管理的理論依據，至今當代資產階級經濟學家的貨幣理論仍是沿著早期的貨幣數量論發展起來的。

➤ 他運用古典的貨幣數量論的分析方法，成功地解決重商主義的貿易收支自動平衡趨勢和利用外貿順差積累金銀政策主張之間的悖論。他的立場是，由於硬幣流通對貿易國的物價影響，每個國家的貨幣數量會在進出口相等時趨於均衡。由此可見，能決定一國吸引並保持貨幣數量的是該國的經濟發展水準，或由其人口及其人民勤勞精神決定的生產能力，而不是該國的貿易順差。

➤ 攻擊了重商主義者關於利率是由貨幣供給量決定的觀點，強調了資本積累對經濟成長的重要性。他站在數量說的立場上指出，貨幣供給量的增加只會簡單地提高所有價格而必然抵消為開支融資而增加的對貸款需求，使利率不受影響。因此，決定利率的是真實資本供給。在這裡休謨轉向自然的歷史研究方法。

➤ 休謨還探討了政府管制市場的消極後果，尤其認為自由貿易對於所有國家的長期經濟成長應該有顯著的有利影響，因此，任何伴隨的代價（屬於短期性質）都是值得承受的。

➤ 休謨認為為了保持人們勞動的積極性，必須有一個適度的稅收規模。休謨一方面贊同重商主義學派關於「貧困的效用」理論，認為增加稅收「會成比例增加人們的勤勞」；另一方面他強調，由於經濟活動也受消費慾望的驅使，獲得消費目標的困難成長超過一定水準會導致失望。從稅收對勤勞刺激效果考察，應該存在最優稅收水準。

在休謨的經濟哲學中他曾站在最高的道德立場上，對商業的和工業社會的合理性進行評價，休謨運用的道德判斷標準是從功利主義的倫理學中提取的。休謨認為人類經濟活動的前三種動機，即消費、有興趣的行動和快樂的慾望，是個人幸福的主要目標。經濟成長有助於所有這些目標的實現，並且最終有助於人類福利的整體改進。此外，休謨認為，經濟成長還有利於許多非經濟目標的實現，如有助於自由主義的和機械論的藝術的知識的成長，以及培養人性和同情意識；提高一個民族的精神的和經濟的力量來保護自己，並且，透過對知識和同情意識的增加的影響，推進對政治藝術與政治和諧的理解。

在分配理論方面，休謨作為 18 世紀的經濟學家已不同於 17 世紀的經濟學家，不再由地租引出對利息的說明，而是把利息和利潤連繫起來。他認為利息和利潤存在相互影響，在可以得到高利息的地方，沒有人會以低利潤為滿足。但他沒有明確指出利息是利潤的一部分。他揭示了利息率發展趨勢，認為利息率低是經濟發達的代表。

亞當斯密

亞當斯密（1723-1790 年）是英國工場手工業鼎盛時期的資產階級經濟學家，古典政治經濟學的傑出代表和理論體系的創立者。1723 年 6 月 13 日出生於蘇格蘭的柯卡爾迪。史密斯從小勤奮好學，14 歲進格拉斯哥大學學習，深受蘇格蘭哲學家 F・哈奇森的自由主義思想影響，1740 年畢業時獲文學碩士學位，同年獲斯內爾獎學金，就學於牛津大學的巴利澳爾學院，直到 1746 年畢業。1748-1751 年在愛丁堡大學講授修辭學、純文學及法學，有一個時期還兼講經濟學。大約就在這個時候，他與著名的哲學

家和經濟學家 D‧休謨相識，並結為摯友。1751-1763 年任格拉斯哥大學教授，先後講授邏輯學和道德哲學（包括神學、倫理學、法學、政治學；政治學中又包括政治經濟學），並曾一度兼任副校長等職。在此期間，還積極參加經濟學、文學、哲學等各種社會學術活動，進一步豐富了自己的經濟自由主義思想。1759 年發表了他的第一部著作《道德情操論》。1762 年獲法學博士學位。1764 年 2 月辭去教授職務，轉任年輕的巴克勒公爵的私人教師，陪同他去歐洲大陸旅行近三年。此間，在瑞士和巴黎見過 F‧M‧伏爾泰、C‧A‧愛爾維修、J‧R‧達朗培爾、F‧魁奈、A‧R‧J‧杜閣等許多名流學者，同時開始著手他的政治經濟學巨著的寫作。1766 年 10 月返回英國，1767 年當選為倫敦皇家學會會員。他回國後，因從巴克勒公爵那裡獲得每年 300 英鎊的養老金，得以在家鄉閉門寫作。經過 10 年的努力，1776 年 3 月出版了自己的主要代表作《國民財富的性質和原因的研究》。此書建立了資產階級政治經濟學第一個比較完整的理論體系，集中體現了當時英國資產階級的利益和要求，因而博得了資產階級的普遍讚揚，史密斯的名聲也隨之大振，以至英國政府首相小彼得都拜他為師，後來資產階級學者也把他當做政治經濟學之父來推崇。

1778 年，史密斯被任命為海關稅務專員，定居於愛丁堡，並繼續研究和寫作。1787 年 11 月和 1788 年 11 月又兩次當選為格拉斯哥大學名譽校長（每次任期一年），1790 年 7 月 17 日去世。

史密斯一生寫過十幾種有關社會科學的著作，但生前只出版《道德情操論》和《國富論》兩部，其餘書稿大都在他臨終前由他一再敦促其摯友焚燬了。他去世後，由後人給他編輯或整理出版的著作有：《哲學論文集》（1795）、《亞當斯密關於法律、警察、歲入及軍備的演講》（1896）、《亞當斯密論美國革命》（1933）、《1762-1763，格拉斯哥大學任教時有關

修辭學和文學演講稿》（1963）、《亞當斯密著作和通信集》（六卷本）
（1975-1980）。

　　史密斯的體系把人性論、法律與政治理論、獨特形式的自然神學論與
狹義的經濟思考有機地結合在一起。在其中，他的經濟理論又牢固地置於
倫理哲學與歷史的框架之中。他在《道德情操論》中所闡述的人性觀和社
會秩序觀，構成了其中經濟學的社會哲學基礎。

　　在史密斯看來，人類的行為是由六種自然的動機所推動的：自發、同
情、追求自由的慾望、正義感、勞動習慣和交換傾向。這些動機經過各種
社會機制的細緻平衡，會使一個人的利益不至於與其他人出現強烈地對
立，由此而產生的自利行動必然在個人的利益追求中考慮到其他人的利
益。由於深信人類動機的自然平衡和對自然秩序的信仰，史密斯提出了他
的著名論斷：每個人在追求自身利益時，都會「被一隻看不見的手引導著
去達到並非出於其本意的目的」。他的經濟學理論正是以這種基本觀點為
基礎而對經濟過程做出分析的。

　　史密斯對經濟成長的總體經濟分析是建立在其個體經濟分析的基礎上
的，從而形成一個用來說明市場社會中經濟關係的本質（包括適應這種制
度的經濟政策）的完整經濟學體系。

　　在個體經濟學方面，他的價值論把勞動看成是價值的唯一源泉以及把
每一種商品中所包含的勞動量視為是衡量交換價值的尺度，並以此為基
礎，透過考察自然價格和市場價格的關係，分析了競爭約束個人自利行為
的作用形式和價格機制配置社會資源的運動過程。他的分配理論分析了薪
資、利潤和地租的決定，並考察了三者之間的相互關係。他指出，利潤是
僱傭勞動創造的、超出薪資以上的那部分剩餘，但由於競爭的加劇和有利
可圖的投資機會減少，利潤率將趨於下降；至於地租，則是土地所有者憑

藉其壟斷權而獲得的一種收入。但是，當他力圖把價值論與分配論結合在一起時，史密斯的論述有不少混亂甚至相互矛盾的觀點，成為後來的學者各取所需的源泉。

在總體方面，史密斯所關心的是經濟成長的性質和動態變化過程：究竟是什麼力量驅使近代社會的經濟不斷發展？按照他的分析，這部分可歸因於市場機制本身，因為，市場在鼓勵人們在追求自身利益的過程中會自然地觸發出他的勤勞、節儉品質和創造精神，並透過競爭的力量，引導人們把其資源投向生產率最高的經濟領域，從而促成社會資源的優化配置。除此之外，還存在著其他基本的力量，那就是以勞動分工為主要基礎的勞動生產率的提高和資本積累所推動的生產性就業人數的增加。因此，他一方面詳細分析了分工如何導致勞動者技能的提高、時間的節約和技術進步，並進而考察分工發展的條件，提出「分工受市場規模限制」的著名論點；另一方面考察了人口的成長和資本的積累對生產性就業量的決定性作用，以及資本積累的源泉 —— 節儉和儲蓄。這些觀點被後來的經濟學家奉為經典。

在經濟政策方面，史密斯是經濟自由主義的倡導者。他期望在自律的個人自由基礎上建立起一種自發調節的社會經濟秩序，因而倡導一種「自然的簡單明瞭的自由體系」。在其中，政府只需維持和平，建立和維持一個嚴密的執法體制，以及提供教育和其他最低限度的公共事業；政府無需干預一般的經濟事務，可以放心地讓每一個人有按他自己的方式來行動的自由，他自然地會對公共利益做出最大的貢獻。也就是說，自由的社會經濟體制是市場經濟得以順利運行和經濟成長的基本條件。

史密斯的理論體系是一個百科全書式的經濟學體系，雖然其間缺乏嚴密的邏輯以及存在各種矛盾，但兩個多世紀以來，一直對經濟實踐和經濟

學的發展具有廣泛而深刻的影響。幾乎從他還在世時開始，經濟學家、政治學家以至其他學者都力圖使史密斯的思想適應其某種體系或時尚。每一代人和每一個經濟學派都在尋找「自己的亞當斯密」，且總能如願以償。因此，把他視為「現代經濟學之父」是有充分理由的，他的著作永遠不失為經濟學的經典。

● 安‧杜閣

　　安‧勞勃‧雅克‧杜閣（1727-1781 年）是法國資產階級古典政治經濟學家，重農主義的重要代表人物之一。出身於貴族家庭，早年在巴黎受神學教育，當過修道院院士和名譽副院長。1751 年放棄神職從政，1761-1774年任利莫日州州長，他實行的稅制改革等政策受到社會的讚譽。1774 年路易十六即位後，他出任海軍大臣。在任職內他推行重農主義政策，建立國內的穀物自由貿易，實行以賦稅代徭役的制度，規定特權階級必須納稅，取消酒類專營，廢除行會制度等。這些改革措施遭到貴族激烈地反對，1776 年 5 月杜閣被迫離職。此後，他脫離政治專心從事學術研究。1781 年3 月在巴黎去世。

　　杜閣的主要經濟著作是《關於財富的形成和分配的考察》（1766）。

　　杜閣雖未參加重農學派，但他完全贊同魁奈的經濟學說並做了重要的發展。他接受將社會劃分為三個階級的觀點，進一步把其中的生產階級和不生產階級劃分為企業家和工人兩部分。企業家是大量資本的所有者，透過投資經營賺取利潤。工人一無所有，只能靠出賣勞動，掙得薪資為生。並認為自由競爭使薪資只限於維持工人生存必需的生活資料。他還描述了僱傭工人產生的過程，認為他們是在不能再占有主要生產資料 —— 土地

的情況下出現的。他對「純產品」學說也做了重要發展，魁奈把「純產品」說成是自然的恩賜。杜閣雖然接受自然恩賜的提法，但做了進一步解釋，他強調這是自然對勞動的賜予，不是對土地經營者投資的賜予。他指出土地離開了勞動便不能生產任何東西，自然力只有與勞動結合才能生產出「純產品」。在他看來，農業中存在著一種特殊的自然生產力，使得農業勞動者在生產中能夠生產出大於自己所必需的產品。杜閣根據自己對「純產品」的源泉的看法，認為土地所有者對「純產品」的占有，就是對別人勞動成果的占有。他不像魁奈等人那樣認為地租是土地即自然的賜予，而認為地租是法權的表現，是土地私有權的結果。由此，「純產品」實際上被看做勞動生產物中被地主階級占有的剩餘勞動產品。他沒有正確的價值理論，因而還沒有把「純產品」歸結為剩餘價值。杜閣把重農主義體系發展到了高峰，脫掉了封建外衣，顯示出了其資本主義的本質。杜閣主張商品的價值由商品的所有者對商品能滿足慾望的效用評價來決定，即提出了主觀效用價值論。這一論點，使他成為邊際效用價值論最早的思想先驅之一。

　　杜閣重農主義學說的發展，特別表現在他的薪資理論上。魁奈已經指出勞動者的薪資只限於維持他們最低生活必須的資料。但是，在魁奈的理論體系中，「勞動者」概念含混不清，並且，他也沒有對薪資決定的原因進行分析。杜閣在這兩方面都彌補了魁奈的缺陷：首先，他明確了什麼是「勞動者」。他認為，除了能把自己的勞動出賣給別人之外就一無所有的普通工人是「勞動者」。這就是說，他已經理解到工人是同生產資料相分離了的生產者。其次，他說明了薪資水準是怎樣決定的。他從自由競爭的原則來分析，認為在僱傭勞動者供過於求的情況下，資本家有一大群工人可供選擇，必然會優先選用那些要價最低的人。這樣就使工人之間引起

競爭，工人不得不降低自己的薪資而受僱於人，從而降低了薪資水準。這樣，工人的薪資就只限於為維持他的生活所必需的最低限度的生活資料。

杜閣在社會階級結構分析上也發展了重農學派的理論。他在魁奈所劃分生產階級、不生產階級和土地所有者階級等三個階級的基礎上，進一步把生產階級劃分為工業工人和工業資本家。他對社會階級的這種劃分，比較真實地反映了資本主義社會中僱傭工人和資本家兩大階級的情況。他闡明了資產階級是一個依靠資本剝削工人勞動的階級，而工人則是除了能夠把他的勞動出賣給別人以外就一無所有的被剝削階級。杜閣在對社會階級結構作做進一步深入分析時，又比較正確地闡明了無產階級產生的歷史條件。他認為，僱傭工人只是在勞動者與生產資料相分離時才產生的。然而，他把沒有占有土地的整個農業階級和工業階級都看做是受土地所有者僱傭的階級，按照這種說法，租地農業資本家和工業資本家都包括在被僱傭的階級中了。這種說法顯然是錯誤的。

杜閣還詳細地考察了資本的五種使用方式：買進田產、租用土地、從事工業生產、經營商業和放債。同時，他相當完備地劃分了資本主義社會的基本收入：薪資、利潤、利息和地租。而且他認為利潤和利息都是農產品的一部分，利息是出賣貨幣使用權的收入，正如出賣土地使用權收取地租一樣。由於杜閣沒有正確的勞動價值論作基礎，只把農業看成是財富的唯一源泉，所以，他不能真正理解資本主義的性質，也不可能把剩餘價值看做為一個獨立的經濟範疇。

杜閣作為重農學派的重要代表人物，除了在理論方面的發展外，還透過社會改革的實踐，來貫徹重農學派的政策主張。他曾提出了實行土地單一稅、取消對糧食貿易的限制、廢除農民的徭役、取消中世紀行會組織等發展資本主義農業的經濟主張。

● 托馬斯・勞勃・馬爾薩斯

　　托馬斯・勞勃・馬爾薩斯（1766-1834年）是英國庸俗政治經濟學的創始人。1766出生於英國薩立州的一個土地貴族家庭，他早期受教育於其父丹爾・馬爾薩斯，1784年進入劍橋大學學習哲學和神學。1798年擔任英國薩立州奧爾堡鎮的牧師，同年匿名發表《人口原理》初版，為統治階級所賞識，一舉成名。緊接著，他旅行各地，進一步收集資料，1803年他署真名的《人口原理》第二版以擴大篇幅出版，以後又經過多次修訂再版。1825年，馬爾薩斯因結婚而喪失神職。此後，他一直在郝福州海雷伯裡學院（即東印度學院）任歷史和政治經濟學教授，他是英國獲此頭銜的第一人，直至1834年去世。

　　1811年起他開始與大衛・李嘉圖通信並交往，經常進行激烈的爭論，他的著作除《人口原理》（1898）外，還有《關於穀物法的影響》（1814）、《地租的性質和發展研究》（1815）、《經研法》（1817）、《政治經濟學原理》（1820）、《價值的尺度》（1823）、《政治經濟學定義》（1827）等。

　　馬爾薩斯與李嘉圖、歐文等是同時代人。英國工業革命趨於後期而產業資產階級與土地貴族鬥爭仍十分激烈，馬爾薩斯則是處於正在沒落的地主貴族階級的代言人。他在許多方面繼承了別人的觀點，人口理論來自唐森（Joseph Tounsend），地租理論來自安德森，價值及銷售理論來自史密斯及西斯蒙第。他與李嘉圖私人關系較為密切，但在理論上一直是對手和論敵，兩人曾代表不同階級長期論戰，對經濟思想史產生較大影響。西方經濟界認為，馬爾薩斯在經濟思想史上有兩大貢獻，其一為「人口論」，其二為「消費不足論」。

托馬斯・勞勃・馬爾薩斯

　　馬爾薩斯的人口理論最初是從如下兩個前提出發的：第一，食物為人類生存所必需。第二，兩性間的情慾是必需的，且幾乎會保持現狀。馬爾薩斯斷言在這兩個前提下，人口的成長比生活資料的成長要快。在無所妨礙時，人口以幾何比率增加，而生活資料只以算術比率增加，他寫到：「隨便假定世界有多少人口，比方假定有 10 億，人類將以 1，2，4，8，16，32，64，128，256，512 那樣的增加率增加；生活資料卻以 1，2，3，4，5，6，7，8，9，10 那樣的增加率增加。」人口繼續不斷增加（超過食物之增加），便成為阻礙人類幸福進步的因素。由此，馬爾薩斯進一步指出，由於自然法則，人類生活要有食物，人口的增加，不能超過足以供養人口的生活資料的最低營養。所以因獲得食物困難所產生的對人口的強大壓力，一定繼續不斷發揮作用，使大部分的人類感到貧困的恐慌。由於人類生存所必需的生活資料是有自然規律限制的，在人口增加趨勢超過生活資料的成長而兩者出現不平衡的時候，自然規律必然使兩者之間恢復平衡，所以就發生貧困和罪惡來限制人口的增加。在《人口論》擴大的第二版中，馬爾薩斯又提出道德抑制，即無力撫養子女者不要結婚，或以晚婚作為預防抑制措施。根據這一人口論的原則，馬爾薩斯反對當時英國的經濟法，他指出，濟貧法由於下面兩點理由使貧民的環境惡化：第一，濟貧法創造必須撫養的貧民；第二，濟貧所為了一般在社會上不算最有價值的人所消費的食物量，使本來可以給予比較勤勉而有德者的分配量減少，將使更多的人失去獨立。若這種分配引起價格上漲，會使濟貧所以外的人受到更大壓迫傾向。基於這種原因，馬爾薩斯進一步指出，貧民本身就是貧困的原因。馬爾薩斯用抽象的人。規律來掩蓋資本主義社會失業及貧困的真正根源。

　　馬爾薩斯的《人口原理》對於後來人口理論的發展有著極其重要的影

響，以至於人們一提起馬爾薩斯，便會想到《人口原理》。實際上，馬爾薩斯在經濟學其他領域也提出了許多重要理論，如價值理論、有效需求理論、分配理論等。

　　馬爾薩斯在分析產生生產過剩的原因時，論證了他的消費不足論，他認為只有增加供給的生產力與刺激需求的手段相結合，才能保證財富的持續成長，有效需求不足將導致生產普遍過剩的危機，他還利用這一理論為地主階級的非生產消費進行辯解。他指出，在出現生產過剩時，即使資本家進行投資，增加對生產性勞動的需要，也仍不足以購買所生產的物品。其基本理論是：對勞動的需要是由對物質的需要引申出來的，僅增加對必需品和便利品的需要，而不增加對奢侈品的需要，其結果必是有效需求不足。馬爾薩斯認為，為消除消費不足現象，宜鼓勵兩種人的消費：其一是地主階級，因為地主階級的地租收入是差額收入，依地租而增加的支出，會增加有效需求；其二是不生產階級的消費支出，馬爾薩斯所稱的不生產階級指的是僕婢、政治家、醫師、法官、律師、店員等。這些人的僱傭不增加物品的生產，但支出則增加對物品的有效需求，可彌補有效需求的不足。因此，為增加國家的財富，並維持經濟社會的穩定，生產性勞動及不生產性勞動的僱傭宜維持適當比率。

　　馬爾薩斯是第一個討論失業問題的經濟學家。他同時指出，經濟體系並非完全自我調整的。當然，並沒有提出系統的經濟週期理論，直到20世紀30年代，經濟蕭條嚴重，他的消費不足論才受到注意。凱因斯把馬爾薩斯視為「有效需求理論」創始人和自己的理論先驅。

讓‧巴蒂斯特‧賽伊

讓‧巴蒂斯特‧賽伊（1767-1832 年）是法國資產階級庸俗政治經濟學的創始人。1767 年出生於法國里昂市的一個商人家庭，在日內瓦長大。早先曾當店鋪學徒，後隨其兄赴英國，在倫敦附近一家商業學校學習，畢業後回國。雖然他酷愛文學，但遵父命，不得已進入一家人壽保險公司任職。公司經理就是後來擔任財政部部長的格拉維爾。當時，格拉維爾將史密斯的《國富論》推薦給賽伊，賽伊如獲至寶。1789 年法國大革命爆發，在革命初期大資產階級執政時，他曾熱烈擁護革命，1792 年參加志願軍。但雅各賓派上台後，他就離開軍隊，跟隨大資產階級一道反對革命。1816年起，他在亞森尼學院講授政治經濟學，這是法國第一個政治經濟學講座。1830 年，在法蘭西學院擔任政治經濟學教授，1832 年病逝。

1803 年賽伊最重要的著作《政治經濟學概論》出版，該書以通俗形式解釋史密斯的經濟學說。資產階級經濟學把賽伊稱為亞當斯密學說在歐洲大陸的繼承者和普及者。他既用簡單的方式把史密斯的理論條理化、系統化，又把史密斯經濟理論中的非科學成分分離出來並加以發揮，創立了資產階級政治經濟學第一個較為系統的庸俗理論體系。賽伊的著作還有《政治經濟學全書》六卷（1828-1829）等。

他提出的政治經濟學研究對象，三分法，效用價值論，生產要素論，三位一體公式和銷售論等，對以後西方經濟學的發展有著深遠的影響。

■ 政治經濟學研究對象和三分法

賽伊認為，在長時間裡，人們把政治經濟學和政治學混為一談，他區分了政治經濟學和政治學，認為前者研究的是社會秩序所根據的原則，而

後者研究的是財富的生產、分配和消費。相應地他把政治經濟學劃分為生產、分配、消費三部分。這就是幾乎被後來所有的西方經濟學家所接受的所謂的三分法。賽伊還把政治經濟學和自然科學相比較，認為政治經濟學和化學、物理學一樣，是實驗科學的一部分。

賽伊把財富作為政治經濟學研究對象，在嚴格科學規律名義下，把人與人之間的生產關係變為人與物之間的關係。他的三分法把生產、分配和消費看成一般形態，抽去了他們的特殊性和歷史性。這些都使他能用對物質生產一般要素（勞動，資本，土地）的研究代替對資本主義生產的研究。

■ 效用價值論和生產三要素論

賽伊認為生產不創造價值，只創造效用。所謂的效用是指物品滿足人類需要的內在力量（使用價值），它是物品價值的基礎。賽伊認為，勞動、資本和自然力（土地）是生產的三個要素，它們在生產中共同創造了效用，從而共同創造了價值。賽伊企圖用使用價值來說明價值，但使用價值千差萬別難以比較，無法確定。於是他轉而求助於供求論和生產費用論，他說物品價值是測量效用的尺度，價格又是測定價值的尺度，而價格是由供求決定的。但市場供求只能說明價格與價值背離程度，並不能說明價格與價值本身，賽伊又用薪資、利潤、地租這三種收入說明價值，回到生產費用價值論上來。

賽伊的效用價值論在說明價值上遇到難以克服的困難，這使後來的經濟學家拋棄了他的效用的使用價值內涵，逐漸發展起一套主觀效用價值論。但他的生產三要素論卻被以後的資產階級經濟學家所推崇和應用。

■ 分配論

賽伊在效用價值論和生產要素論基礎上闡明了分配論。他認為既然勞動、資本和土地共同創造了價值，那麼這三種要素的所有工人、資本家和地主就應該得到各自的報酬：薪資、利息和地租。根據這種觀點，社會各階級的收入都有自己獨立的源泉。馬克思稱之為三位一體公式：土地 —— 地租、資本 —— 利息、勞動 —— 薪資。賽伊的三位一體公式是對古典政治經濟學分配理論的徹底庸俗化。它既掩蓋了資本主義剝削關係，又抹殺了資本主義分配的歷史性。這一公式一直被西方經濟學家用來作為分析收入的依據。

■ 銷售論

銷售論在賽伊的理論體系中占有重要的地位。賽伊認為產品的銷售是產品與產品的交換。他認為，在產品換錢、錢換產品的過程中，貨幣只起瞬間作用，交換結束時將發現總是一種產品交換另一種產品。所以，在交換中，賣者同時也是其他商品的買者，供給會創造需求，整個社會中總供給和總需求一定相等，產品過剩的經濟危機不可能發生。市場上有時會出現某種產品的滯銷，這是暫時現象，自由競爭會自動調節，使各種產品的供求趨於平衡。他由此得出四個結論：生產越多銷路越快；一個企業成功，可以幫助其他企業達到成功；進口國外商品不會損害國內的生產；僅僅鼓勵消費無益於商業，重要的是激勵生產。

賽伊的銷售論的根本錯誤在於混同了資本流通和簡單商品流通，又把商品流通歸結為物物交換，否認全面的經濟危機。

勞勃‧歐文

勞勃‧歐文（1771-1858 年）是 19 世紀英國偉大的空想社會主義者。出生於英國威爾士一個小手工業家庭。由於家庭貧困只讀過 4 年書，年僅 10 歲的歐文便外出謀生，曾當過商店的學徒和僱員等。在辛苦的勞動之餘刻苦自學。並對社會有廣泛的了解，目睹了工業革命帶來的後果。1789 年歐文與他人合夥開辦了一家生產紡棉機的小廠，成為小業主。1791 年起先後被聘為大紡織廠和著名公司的經理，在他的經營管理下，工廠在同行業中居於領先地位，從而使他在全英棉紡業界贏得了聲譽。不久他就辭去經理職務與另一家紗廠合作，他的卓越的組織才能，很快把這家廠辦成擁有幾個分廠的聯合公司，歐文成為擁有相當股份的股東。1800 年歐文擔任新拉納克紡織廠的經理，以慈善的目的進行改革，因成績卓著而聲譽日增。1820 年前後是歐文一生中的轉折點，這個時期，他從一個慈善家轉變為一個科學社會主義者。1824 年他和他的信徒們到美國進行「新協和公社」試驗。四年後此舉失敗，他又投入到英國工人運動中，並繼續宣傳和推行他的各種試驗方案。1833 年他領導成立了「大不列顛和愛爾蘭全國產業部門大聯盟」，實質上是英國第一個全國性工會組織。1834 年該組織被迫解散後，他又繼續推行小型試驗，如建立「和諧大廈」和「皇后林新村」都沒有成功。

歐文的代表作品是：《新社會觀，或論人類性格的形成》（1816）、《致拉納克郡的報告》（1820）、《論全新的社會狀態的演講》（1830）、《新道德世界書》（1842-1844）、《人類思想和實踐中的革命》（1849）等。

歐文深刻地批判了資本主義制度。他明確指出，私有制是資本主義一切罪惡的根源，是阻擋資本主義制度改造的三大障礙中的禍首。因此他主

張要取得人類的幸福，必須實行公有制。他完全接受李嘉圖的勞動價值學論，並能夠較正確地運用這一理論。他認為既然財富是勞動創造的，那就應該由勞動者共同享有，而事實上資本家付給工人的薪資只是勞動所創造的價值的一部分，剝削了工人。勞動者過著十分貧困的生活。他進一步指出，大機器的使用加劇了勞動階級的貧困和痛苦。一方面大機器的使用引起了生產力的巨大發展，財富大量增加；另一方面卻出現了兩極分化。結果世界上充滿了財富，然而這財富卻不能被創造者 —— 工人所擁有，整個世界到處籠罩著貧困。在這裡他已意識到資本主義制度中兩大階級的對立。就這種對立而言，他認為現有的社會制度已經過時，迫切要求進行人類事業的巨大變革。他還把經濟危機的產生看成是資本主義制度本身的產物。但是他未能由此科學地分析資本主義制度，並且把解決這種危機的希望寄託在了剝削階級身上。

歐文提出了自己的理想社會。理想社會的基層組織是「合作公社」，它實行財產公有制，公社全體成員集體進行生產勞動和消費。在公社裡，勞動是自願的愉快的事情，每個成員都應該被分配給適當的工作，同時需要從事多種工農業勞動，既各盡所能，又能夠得到全面發展。由於產品十分豐富，分配則可以根據需要進行。他還十分重視透過教育與生產勞動的結合來促進勞動者的腦力與體力相結合，使得每個人都能全面發展。他又主張公社應當把城市和農村的優點結合起來。這些思想包含了消滅工農差別、城市差別、體力勞動和腦力勞動三大差別的萌芽。顯然，歐文的這些設想具有對共產主義的天才猜測。歐文設想的公社基本上仍然是一個自給自足的經濟單位。但是他比傅立葉前進了一步，他認為公社之間存在著互通有無、調劑餘缺的交換，這種交換遵循著等量交換的原則。不過他並沒有真正認識到社會發展的客觀規律，也沒有把無產階級當作實現新制度

的依靠力量。總地來說，歐文的「合作公社」的思想只能是一種美好的空想。

　　歐文對貨幣持否定態度，認為它破壞了等價交換的原則。因為它不僅使資本家有可能剝削工人，而且也限制了財富的生產。他主張既然勞動創造價值，就應該直接以勞動為價值尺度，而取消貨幣這種人為的價值尺度。為此他曾經建立過勞動公平交換市場，實行勞動券制度，即勞動者將自己的產品交給市場，同時獲得相應的勞動券，然後憑券向市場領取等價的其他勞動產品。歐文企圖用消滅商品貨幣關係的辦法來消滅資本主義的弊端，這說明他根本不知道資本主義的本質。同時他也不了解商品經濟是人類社會發展不可踰越的階段，以及商品經濟的進步作用。不透過商品經濟的充分發展就進入社會化大生產的產品經濟，只能是空想。同樣，這種試圖在維護私有制商品生產的基礎上實行有組織的交換，也同樣是一種空想，所以他的交換市場最後不得不宣告破產。

　　歐文是個傑出的社會實踐家。他的思想學說的形成始終同他改造社會的實踐活動緊密連繫。他先後進行過以慈善為目的的「新拉納克」管理、公平交換市場和空想共產主義即「新協和公社」的試驗，又是全國性工會組織形式的創始人和領導者，他還創辦過幼兒園、工人學校和公共食堂。他一生熱情宣傳社會主義思想和積極推行其改造社會的試驗方案，這些活動對工人運動的發展起著很好的推動作用。總之，英國當時一切有利於工人的社會運動和實際成就，都是和歐文這個名字連繫在一起的。

● 大衛・李嘉圖

　　大衛・李嘉圖（1772-1823 年）是英國資產階級古典政治經濟學傑出代表和完成者。1772 年出身於英國倫敦一個猶太族資產階級家庭，其父是一位富有的證券交易所經紀人。他 14 歲就結束了正規教育，跟隨父親從事證券交易活動。20 歲時他和異教徒女子普利絲娜戀愛，遭到父親堅決反對。1793 年迫於婚姻和宗教問題，與家庭脫離關係，並開始獨立從事證券交易業務。1797 年年僅 25 歲的他擁有 3000 萬法郎的財產，成為當時的巨富。隨後，為了彌補早年教育的不足，他開始把主要精力轉向學術研習，如數學、物理、化學、礦物學和地理學等。1799 年，他讀了亞當斯密的《國富論》，對經濟學產生了興趣。1823 年 9 月 12 日病逝，終年 51 歲。

　　李嘉圖研究經濟是從論述貨幣開始的。1809 年他首次在英國匿名發表《論黃金的價格》一文，奠定了自己貨幣理論的基礎。在英國所謂「金價論戰」時期（1808-1811），李嘉圖寫了不少關於貨幣問題的文章、小冊子和札記。在這些論著中，他把英國自 1797 年停止銀行券兌現以來出現金價上漲和物價上漲以及英幣匯價下跌的現象，歸因於銀行發行過多造成銀行券貶值，主張恢復銀行券兌現，以穩定國家的幣制。李嘉圖的理論觀點帶有強烈的黨派色彩，代表了工業資產階級的利益與要求。因此，他博得了著名貨幣理論家的聲譽，被邀請參加了議會的金價委員會的工作。1811 年他發表了《答博贊克先生關於金價委員會報告的實際感觀》。此後，其經濟注意力轉向「穀物法」的論戰。1815 年，他發表了《論穀物價格的低廉對資本利潤的影響》一文，1816 年發表了《關於一種經濟而穩定的通貨的建議》。1817 年李嘉圖出版了其名著《政治經濟學及賦稅原理》。這部著作出版後，人們把李嘉圖看成是政治經濟學的權威，以他為核心，

聚集了一些經濟學家，他們創立政治經濟學會，逐漸形成了所謂的李嘉圖學派。

1819 年李嘉圖被選為英國下議院議員，他雖然沒有參加政黨，但卻是托利黨（保守黨）政府反對派中代表工業資產階級利益的最激進的集團中的一員。1822 年，他又發表了《論對農業的保護》，指出地主階級利益與工業資產階級和全社會利益的矛盾，主張廢除穀物法，鼓吹議會改革，提倡自由貿易，反對宗教專制。除去上述著作之外，李嘉圖一生中還寫了大量有關經濟問題的通信。馬克思對李嘉圖在政治經濟學方面的貢獻評價很高，認為李嘉圖是「古典政治經濟學的完成者」，「在李嘉圖那裡，政治經濟學無情地做出了自己的最後結論並以此結束」。

《政治經濟學及賦稅原理》於 1817 年出版後轟動一時，被譽為繼史密斯《國富論》之後的經濟學巨著。這是李嘉圖的成名代表作，其重要性與影響性與史密斯的《國富論》並列。但其結構比較鬆散，只是前兩章給人以高度的理論享受。《稅賦原理》共 32 章，前 6 章，特別是前 3 章闡述李嘉圖經濟學的基本原理。李嘉圖接受邊沁的功利主義，維護工業資產階級利益，反對國家干預，主張自由競爭和自由放任，認為這是一個國家的資本按最有利於社會的方式來進行分配的重要條件。

李嘉圖在《稅賦原理》中，始終一貫的使用抽象法。從勞動價值的原理出發，考察其他的經濟範疇，建立起前後一貫的完整體系。但他把資本主義關係看做是永恆的，僅把歷史發展歸結為生產力的發展，難以看到經濟範疇由於生產關係變化而引起的變形和複雜化，往往跳過一些必要的中間環節，直接去論證各種經濟範疇的一致性，使其理論存在一些矛盾。

李嘉圖肯定史密斯對使用價值和交換價值的區分，並認識到使用價值是交換價值的物質承擔者。批評史密斯樹立了兩個價值標準尺度，批評史

密斯三種收入決定價值的觀點，但他也不能區分勞動和勞動力，不了解勞動的二重性。李嘉圖把商品分為二類（有稀少性決定和由人類勞動決定的），指出不同性質勞動在決定價值上的定義，把決定商品價值的勞動歸為最差條件下的勞動，初步區分了價值和交換價值。

　　分配論是李嘉圖經濟學的核心，他在《賦稅原理》的序言中曾說，說明社會產品如何分配為地租、利潤和薪資，是政治經濟學的主要內容。從薪資學出發，把薪資同僱傭工人收入相連繫，研究了薪資數量的基礎和薪資變動的規律：勞動的自然價格（薪資的自然基礎）、勞動的市場價格（薪資變動規律）、薪資下降的趨勢。李嘉圖把利潤看做剩餘價值的唯一的基本形式，只與薪資相對應分析利潤，實際上是以利潤變化名義分析剩餘價值。把商品全部價值分為薪資、利潤兩部分，斷定利潤變化取決於薪資的變化，變化方向相反，並指出勞動生產率是利潤變動的最終原因。薪資和利潤相反變化的分析，實際上揭示了工人和資本家之間的矛盾與對立。李嘉圖忽略了絕對剩餘價值生產，並沒有對剩餘價值本身進行分析。李嘉圖認真地研究了地租的起源，以勞動價值論為基礎，區分了真正的地租與名義地租，認為真正的地租是為使用土地的原有的和不可摧毀的生產力而付給地主的那一部分土地的產品，他指出地租的存在，是由於土地的有限性和土地在肥沃程度及位置上的差別性。李嘉圖地租理論以兩個規律為基礎：從優到劣的土地耕種順序和土地收益遞減。李嘉圖地租理論也存在一定缺陷，如：把資本主義地租看做一般地租，沒有認識到資本主義地租的歷史特點，把土地肥沃程度和位置不同，說成是級差地租產生的原因，而土地經營壟斷才是級差地租產生的原因等。李嘉圖的地租理論的內容和歷史意義——對地租及利潤的分析揭示了地主階級和資產階級的矛盾與對立，成為反對「穀物法」的理論武器。

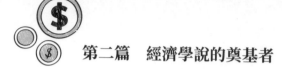

　　李嘉圖發展了史密斯國際分工和自由貿易學說。從勞動價值論出發，分析並論證了自由貿易對提高利潤率的作用。比較成本學說：在自由貿易下，各國生產條件最好的產品，這種產品的成本不一定比別國的成本絕對地低，只要在本國各種產品中和與其他國產品比較相對低就可以進行交換，雙方都可以獲得較多的利益。他還給出了比較成本學說圖示。比較成本學說在一定的前提下，具有一定的科學性，同時也反映了英國對外擴張的需要。

　　除以上理論外，李嘉圖對貨幣、資本積累、賦稅等也進行了一定的研究。

● 讓·西斯蒙第

　　讓·西斯蒙第（1773-1842 年）是法國著名的經濟學家和歷史學家。他與李嘉圖是同時代人，其經濟理論是建立在李嘉圖修正史密斯經濟學說的基礎上的。他既是法國資產階級古典政治經濟學的完成者，又是小資產階級政治經濟學的創始人和經濟浪漫主義的鼻祖，在經濟學說史上具有雙重地位。

　　1773 年西斯蒙第出生於瑞士法語區日內瓦近郊的一個新教牧師家庭，其祖先為義大利人。西斯蒙第曾在巴黎上過大學，後因父親破產而中途輟學，到法國里昂的一家銀行當職員。法國資產階級民主革命爆發後，他回到瑞士。不久瑞士爆發了革命，西斯蒙第和他的父親因和某些貴族有密切的來往而被捕入獄。出獄後西斯蒙第起初舉家遷居英國，後來又重返日內瓦。由於革命形勢發展，西斯蒙第再度離開了自己的家鄉，遠遷義大利，在那裡置辦農莊，經營農業。西斯蒙第對政治經濟學的研究大約也是在這個時候開始的。1800 年，當他重返日內瓦後，一直從事經濟理論和歷史研

究，成為一個著名的經濟學家和歷史學家。1842 年 6 月 25 日，西斯蒙第在日內瓦病逝，終年 69 歲。

西斯蒙第曾於 1801 年發表其最早的著作《托斯卡那的農業》。1803 年發表了《商業財富或政治經濟學原理在商業立法上的應用》，在此文中，他鼓吹和闡述亞當斯密的《國富論》，這使他獲得了經濟學家的聲譽。其後 15 年間，他轉而研究歷史，寫了《義大利共和國史》（1818）、《法國民族史》（生前完成 29 卷）。在這期間，他的思想發生了極大變化。英國在 1815 年和 1818 年爆發了經濟危機，當工業革命的浪潮席捲法國和瑞士而小生產者面臨破產威脅的時候，西斯蒙第就一反自己的觀點，從英國古典政治經濟學的忠實信徒轉而成為它的反對者，對史密斯的學說提出了修正，對李嘉圖學說進行了尖銳批判。1819 年，西斯蒙第出版了《政治經濟學新原理或論財富同人口的關係》一書，他試圖以小資產階級世界觀來改造世界，改造政治經濟學。繼《新原理》之後，他又寫成了《政治經濟學研究》一書，進一步論證他在前書中所提出的原理。西斯蒙第認為他在這些著作中闡述了與英國古典學派完全不同的經濟學原理，把政治經濟學帶進了一個所謂的「新領域」，即經濟浪漫主義。

西斯蒙第的經濟理論是以財富為起點，以消費先於生產的理論為基礎，以收入分配為中心，以財富和人口的關係理論為研究的主要任務，以經濟危機理論為全部經濟理論的結論而展開的。他主張政治經濟學主要目的不應僅研究如何增加財富，更重要的是使全體居民獲得最大的物質利益，增加財富是手段，滿足人們的消費需要才是目的。他批判李嘉圖的經濟學為生產而生產，只注意增加財富而忘記了人。西斯蒙第認為生產是人類財富的源泉，消費是人們生產活動的動因，消費先於生產。他以孤立的個人作為研究經濟學的出發點，他指出一個人生下來既帶來了滿足生活需

要的慾望，也帶來了勞動的能力。他的慾望為他的勞動指出了方向，他的勞動創造財富，使慾望得到滿足。由此，他認為消費是生產的動機和目的，消費先於生產，生產自然與消費保持平衡，這時沒有交換。隨著社會發展，出現了分工和交換，形成了自己的一些需要由他人生產供給，自己的生產又供給他人需要的情況。這時消費與生產的關係變為需求與供給的關係，但是消費仍然決定生產，供給與需求仍然要求保持平衡，否則，再生產不能正常進行，人們的物質福利就會受到損害，他站在小生產者立場上批評資本主義商品經濟，認為資本家為追求利潤而生產，不了解社會消費需求，再加上激烈的競爭，使生產有盲目擴大的傾向。同時，資本主義制度下勞動創造的財富分為三種收入，工人只能得到維持最低的生活需要的薪資，利潤和地租是對勞動者的掠奪。由於工人得不到應有的收入，自由競爭使小生產者破產，占社會多數的勞動者收入在減少，雖然資本家增加了收入，但他們人數很少，增加的消費彌補不了多數人消費的減少，必然存在消費不足。生產的盲目擴大和消費不足使供給需求失衡，必然爆發經濟危機，使社會經濟造成極大破壞，給勞動群眾帶來災難。他認為資本主義制度必須改良，政府應當維護勞動者利益。限制自由競爭，使生產者同時是生產資料所有者，保持生產與消費的平衡，阻止社會化，在他看來這樣才能保證絕大多數人的福利。

西斯蒙第懷著對勞動群眾的深切同情，揭露了資本主義存在消費與生產的矛盾是有積極意義的。但他消費先於生產的關係，顯然是錯誤的，他不了解消費是取決於生產，完全顛倒了消費與生產的關係，他提出了對資本主義生產目的、自由競爭及分配制度的批判。因而，他在經濟學說史上雖有獨特的貢獻，但是他不懂得經濟危機爆發的根本原因在於生產資料私人占有和社會化大生產的資本主義基本矛盾。他的透過政府干預，阻止小

商品生產向資本主義發展的主張顯然是不符合社會發展規律的,是小資產階級浪漫主義的幻想。

西斯蒙第在經濟學說史上的最主要的貢獻,就是他第一個論證了資本主義制度必然發生經濟危機。他將資本主義下的一切矛盾,都歸結為消費和生產的矛盾,並認為是資本主義經濟危機產生的原因。他認為消費是矛盾的主要方向,消費不足是產生資本主義經濟危機的原因。西斯蒙第的危機理論是消費不足危機論。他是經濟思想史上消費不足危機論的首位人,確認了資本主義經濟制度下的經濟危機存在的現實和不可避免性。經濟危機理論既是他全部經濟理論的歸結,也是他成為法國古典政治經濟學家的重要代表。

● 弗里德里希‧李斯特

弗里德里希‧李斯特(1789-1846 年)出身於德國路特林根一個製鞋匠的家庭,他透過自學,參加了國家官吏考試,考試合格後,曾任會計檢察官。1817 年任教授。李斯特一生飽受迫害,他流亡在外,顛沛流離長達 22 年之久。於 1846 年去世。

李斯特的代表作是《政治經濟學的國民體系》(1841)。

李斯特經濟學說的核心是反對「世界主義經濟學」,主張國家經濟學;反對價值論,主張生產力論;反對自由貿易,主張貿易保護。

■ 國家主義經濟學

李斯特認為,英法流行的政治經濟學是一種「世界主義經濟學」。它研究一種適合於世界經濟的「普遍規律」,但是不研究國家經濟的發展,

不研究每個國家特殊的發展道路。這種世界主義經濟學只有在世界上一切國家經濟發展狀況都相同的情況下才有意義。可是世界各國的情況千差萬別，因而並不存在經濟發展的普遍規律。各國經濟都有自己的特點，都有自己發展經濟的特殊道路。因此，政治經濟學不應是世界主義經濟學，而應是「國家主義經濟學」。

　　生產力理論是國民經濟的核心。李斯特系統地論述了生產力這一概念的內容。他把生產力分為四類：一是人的生產力，包括精神和肉體的；二是自然的生產力；三是社會的生產力，即社會的、市民的、政治的條件；四是物的生產力，即物質的農業、工業和商業資本的生產力。李斯特認為，在這四種生產力中，前四種是不可分離的，否則不能發生作用，而它們又必須在一定的社會秩序的條件下發揮作用，第四種生產力是生產力的核心。

　　李斯特還提出了生產力平衡的協調發展的觀點。他認為，要發展生產力，農工商必須協調發展，商業是媒介，在工農業之間起協助和擴充的作用，工業對農業、商業及整個國民經濟起主導作用。他強調德國必須有自己的工業，在一國的物質生產中最重要的是工業和農業之間的分工和協作，一個國家如果沒有工業，只經營農業，就會受外國牽制。

　　實際上李斯特提出了國內經濟結構和發展的理論。但是，該理論混淆了財富和交換價值，忽視了英國古典經濟學關於財富的源泉及其成長的理論，對生產力範疇做了不夠精確的表達。

■ 貿易保護主義

　　李斯特認為，發展生產力的措施很多，但最重要的是實行保護主義的政策。他認為，實行自由貿易，向外國購買廉價商品，初看起來似乎比較

合算，但其結果，本國工業就不能發展，使德國工業始終處於落後的地位。相反，如果實行貿易保護，開始時會使產品價格提高，似乎不如進口外國商品合算，但透過一定時期，本國工業發展起來以後，成本和價格都會自然降下去，甚至會降到進口商品價格以下。因此，保護關稅如果使價格有所犧牲卻會使生產力發展，得失相抵而有餘。

李斯特認為，各國要根據自身的不同發展階段來制定對外貿易政策。他提出經濟發展階段論，並以此證明自己的經濟政策。他把經濟發展劃分五個歷史階段：原始未開化時期、畜牧時期、農業時期、農工時期和農工商業時期。李斯特認為，從經濟發展之初到農業時期，應與經濟更發達的國家進行自由貿易，能促進本國經濟發展。當一國生產力發展了，發展到第五階段，也應實行自由貿易，因為它不怕與外國競爭。只有在第三、第四階段實行貿易保護主義政策，以防止發達國家的工業品打擊本國產業。

實行保護主義政策，就是實行保護主義關稅政策。李斯特主張當一個國家的經濟發展處於發展初期，保護關稅應定得相當輕微，隨著國家生產力的發展再逐漸提高。

李斯特的經濟理論，反映了德國工業資產階級力圖對抗來自英國的競爭和發展民族經濟的願望，他是 19 世紀上半葉德國資產階級進步的思想家和經濟學家。他的代表作得到恩格斯的肯定。他的經濟思想對今天發展中國家是有現實參考作用的。

弗雷德里克・巴斯夏

弗雷德里克・巴斯夏（1801-1850 年）是 19 世紀三四十年代法國最有名的資產階級經濟學家，「經濟自由主義」的理論大師，自由貿易派的旗幟，還是樂觀主義的「經濟利益和諧論」的提出者和鼓吹者。

巴斯夏出生於法國南部釀酒地區的一個富商家庭。他早年隨叔父經商，並開始接觸到賽伊和亞當斯密的經濟學著作。1825 年，24 歲的巴斯夏獲得祖父遺產後成為釀酒業的大資本家。法國 1830 年革命後，他積極參加社會活動，不久當選為繆格地區法官，後又作為本地區顧問。在七月王朝後巴斯夏遷居巴黎，從事經濟學寫作並贊成和倡導自由貿易。同時，他與英國同道者曼徹斯特學派連繫，在 1846 年創建了「法國爭取自由貿易協會」，並擔任該會祕書和協會的機關雜誌《自由貿易》的主編，寫過許多論文和書，成為歐洲大陸主張自由貿易的代表人物。1848-1849 年法國資產階級大革命期間，被選為制憲會議和立法會議的代表，這個時期，他以反對「社會主義」為姿態，寫了一些著作來反對空想社會主義和小資產階級社會主義思想。

巴斯夏著作很多，但最主要的代表性經濟學著作有《經濟論辯》（1847）和《經濟和諧》（1850）。《經濟和諧》這本書未最後完成，只出版了第一卷。它的特點是宣揚經濟和諧，在此基礎上說明樂觀主義的勞資利益和諧的一致性。

服務價值論是「經濟和諧論」的理論基礎。巴斯夏認為服務的交換是人類的最高法則：前資本主義社會是人為的、不自然的，資本主義社會是和諧的、自然的社會組織。在這個社會中，和諧的建立是以交換為基礎的，這種交換方式就是相互服務。服務，就是為滿足別人慾望而做出的努

力。就是說，人們透過交換，互相幫助，互相替代工作，從而提供相互的服務。同時價值存在於相互服務的比較評價之中。所謂價值，就是交換著的兩種服務之間的關係，它反映服務提供者所做的努力和服務接受者所節省的努力。他反對李嘉圖的勞動價值論，認為勞動價值論把勞動理解為物質財富的生產過程是錯誤的，勞動是一種努力、緊張。他強調價值量只與服務承受者因交換而節省下來的勞動或努力存在著的比例關係，他認為這是對李嘉圖觀點的重大修正，這樣一來，就可以解決政治經濟學上的難題。

巴斯夏提出，在自由放任的條件下，任何人和任何事物都不能強迫人去做不利的買賣，而買賣雙方的利益告訴人們，交換總是以等價為基礎的。等價交換是一種公道的交換，這就說明人類社會的利益是和諧的。在巴斯夏的服務價值理論中用到了賽伊經濟理論中的「服務」概念。在賽伊那裡，服務是指對效用的創造，在巴斯夏這裡，服務是指替服務承受者所節約的努力，他們都抽掉了商品價值決定中所包含的經濟關係。同時巴斯夏完全否定了商品的勞動生產過程，以此來否定由資本主義商品生產過程所產生的各種矛盾。

巴斯夏在自由競爭理論上並沒有什麼創造，主要是重複別人的論述。他認為商品生產者獲得的最大利益的條件是完全的自由競爭，即有關生產的一切決策（生產什麼和怎樣生產等）均由私人生產者決定，反對國家對經濟生活（包括產量和價值等）的干預。即考慮生產者的利益，就是反對社會利益；考慮消費者的利益，就是考慮社會利益。巴斯夏比較有影響的東西就是「豐富」和「不足」學說。他認為對社會可以從兩個角度考察。第一個角度是把社會看成生產者的總和考察，作為生產者的個人與社會是不和諧的。生產者希望社會物品「不足」，他才有利可圖。同時他又

要求貿易保護主義來幫助他壟斷市場，而這恰好與社會廣大消費者的利益相矛盾，也與其他生產者的利益相矛盾。巴斯夏認為，中小資本家希望「不足」，希望實行貿易保護主義。工人也希望「不足」，從而可以擴大生產、增加就業、提高薪資，也希望借貿易保護主義來保證勞動市場的壟斷。而這些都與社會利益相衝突。第二個角度是把社會看成消費者總和來考察，作為消費者的個人，利益與社會相一致，希望「豐富」物品，改善生活，也希望競爭自由，降低物價。而社會上只有大資產者贊成「豐富」，不怕競爭，提倡自由。貿易保護主義是保護生產者的，經濟自由主義是維護消費者的，兩相比較，「豐富」優於「不足」、自由主義優於保護主義。進行對大資產階級的辯護。他認為財產私有制和自由競爭一樣，也是實現社會進步和繁榮的基本保證，並據此來反對當時在法國廣泛傳播的空想社會主義思想。

巴斯夏認為薪資是對勞動提供服務的報酬，利息是對資本家延緩享樂即犧牲即時的滿足的報酬，勞資關係是一致與和諧的。資本家為工人提供生產資料和生活資料，這是資本的服務；工人替資本家勞動，這是工人的服務。利息和薪資分別是這兩種服務的報酬。隨著生產發展、資本增加，利息會下降，所以資本所得份額的絕對量雖然和工人所得份額一樣會增加，但其增加速度會低於工人所得；工人所得份額則無論在絕對量和相對量上都會增加的；並由此斷言，資本主義社會各階層都會無止境地接近於不斷提高的水準。使其自身狀況不斷得到完善，而且自由競爭制度本身就具有促成各階級平等和諧的趨向。他以此顯示社會主義者企圖以其他方式實現平等的主張是不可取的。

巴斯夏的「經濟和諧」思想，對西方經濟學發展有一定的影響，以後經濟學家所探討的「均衡」問題，實質上是經濟和諧思想的另一種表述。

● 約翰‧史都華‧穆勒

　　約翰‧史都華‧穆勒（1806-1873 年）是英國著名經濟學家、哲學家和邏輯學家。1806 年 5 月 20 日生於倫敦，是英國經濟學家詹姆斯‧穆勒的長子。穆勒幼小時，老穆勒就給予極嚴格的訓練，3 歲時由老穆勒親自教授希臘文及數學；8 歲學拉丁文；稍後又學幾何學、代數學、化學及物理；12 歲學邏輯學；13 歲在父親的指導下學完了李嘉圖的《政治經濟學及稅賦原理》和史密斯的《國富論》；14 歲到法國學習，先後寄宿在邊沁和賽伊家中，受到他們兩人思想的影響。1822 年，進入他父親任職的東印度公司服務。1828 年任助理檢察官，1836 年老穆勒去世後接替父親的職務。他在東印度公司服務 35 年，於 1858 年該公司解散時才退休。1865-1868 年曾被選為下院議員，提出婦女參政權、比例代表制、愛爾蘭土地改革等主張。

　　穆勒的著作主要有：《邏輯體系》（1843）、《政治經濟學未解決的問題》（1844）、《政治經濟學原理》（1848）、《論自主》（1859）、《政治、哲學及歷史論集》（1859-1871）、《功利主義》（1863）、《自傳》（1873）。

　　在西方經濟思想史上，穆勒所著《政治經濟學》一書，被認為是集古典學派理論之大成的著作。該書包括生產論、分配論、價格論、貿易條件的決定等方面內容。

　　他綜合了當時的各種經濟理論，修改了史密斯、李嘉圖關於經濟規律普遍性和永恆性觀點，把經濟規律分為生產規律和分配規律兩類，認為前者是永恆的規律，不依社會制度的改變而改變，後者受人類意志的支配，取決於社會的習慣和法律等，因而是可改變的，為他的社會改良主義政策綱領提供了依據。

　　穆勒在形式上繼承了李嘉圖的勞動價值理論，同時把供求論、生產費用論融進了他的價值理論中。他在論述價值決定時把商品分為三類：（1）數量有限、供給不能任意增加的商品，如古董等，其價值決定於供求關係。（2）供給數量可以無限增加，而生產費用不會提高的商品，如工業品。其價值由生產費用決定，其市場價值是供求的結果。生產費用具體地說即為薪資加平均利潤。（3）供給數量可以增加，而其單位生產費用也會隨之提高的商品，如農產品。它的價值受土地收益遞減規律的影響，由生產所必需的供給量的最高生產費用決定。

　　在薪資問題上，穆勒把李嘉圖的自然薪資和馬爾薩斯的人口理論結合起來說明。在利潤上既接受李嘉圖認為利潤是剩餘價值的觀點，又接受賽伊、西尼爾等人的觀點，把利潤分為利息、保險費和管理薪資，分別用節慾、風險報酬和資本家勞動報酬來說明。其地租理論基本上沿襲了史密斯和李嘉圖的觀點，不同的是認為地主和工業資產階級的利益不是絕對對立的。

　　穆勒在方法論上企圖調和抽象法和歷史方法，認為前者具有侷限性，因而把歷史方法引入經濟學。穆勒還對經濟成長和發展、人口、國際貿易及國家在經濟生活中的作用等方面都做了論述。穆勒用折衷主義綜合了各種經濟學理論，其《政治經濟學原理》一書在幾十年內被英國經濟學界視為「無可置辯的聖經」。他的理論體系被視為經濟思想史上的第一次大綜合。

赫爾曼·戈森

　　赫爾曼·戈森（1810-1858 年）畢生從事於普通公務員的職務而無甚成就，到 1847 年離職後才專心編寫著作。但他的寫作生涯是很不幸的，前後花費 20 年時間寫成的《論人類交換規律的發展》一書，於 1845 年出版

後幾乎沒有銷路，不得不在臨死前自行收回。此書直到 70 年代經傑文斯和 L·瓦爾拉斯發現並加以稱讚，才於 1889 年重新出版。

在邊際效用學說方面，戈森不僅是一位先驅者，可以說後來奧、英、法等國邊際主義創建者所使用的全部重要概念均已在他的著作中有所論述。如果他不用數學作為表達工具，而寫作技巧能更流暢和更系統些，則邊際效用學說將會提早 10 年就出現。戈森試圖給人類社會建立一種像天文學那樣的科學的交換規律，但又認為當時要用數學計算出人們滿足的絕對量還不可能，而運用幾何原理的對比來衡量一些未知量的大小則是可行的。他認定每個人的目的均是要提高他的生活享樂到最大程度。享受有兩個特徵：一是享樂的量會逐漸減低直到飽和為止；二是同一享樂的璧復也有類似的降低，不僅原來的滿足更為減低，其持續的時間也較短。根據上述對享樂的分析，戈森引申出三條滿足量減低的定律，後來也被稱為戈森定律，其要點是：

第一，在一種享樂的場合，其享樂的狀況主要取決於重複的次數，以實現享樂的最大總和量。如已達到此最大量，較多次數的重複或較少次數的重複均將減少此享受總量。

第二，當在多種享樂間進行選擇而又無足夠時間全部享樂時，享樂的最大量要求每一種均須部分地予以享受；即使在這些享樂中最大的一種尚未全部享受完畢，在消費停止的時刻從各方面得到的享樂必須相同。

第三，在前述情況下，仍有增加生活滿足總和量可能性的存在，亦即在一種新的享樂（不論其如何小）被發現時，或在一種現有享樂被擴展時。

戈森最不贊成絕對價值概念，認為外部事物之所以對我們有價值，是由於它們能有助於我們達到生活目的，故價值的量是由於事物所發生的享

樂或滿足的程度來衡量的。任何消費財貨的個別「原子」（意指單位）具有很不同的價值，對於任何一個人來說，只有某種決定性數量的這些「原子」才有價值，而超過此點的增加就沒有價值。第一個「原子」有最高的價值，每一次的增加只有較小的價值，直到不屑一顧為止。

　　他把財貨分為三大類：第一類為全部可用於直接滿足人們慾望的消費財貨；第二類均為補足財貨，如煙斗和茶葉、煤炭和煤爐等等；第三類為生產財貨，其作用是創作消費財貨。他認為，要給人們提供滿足慾望的財貨，就得有「勞作」。所謂「勞作」，是指生產中的痛苦程度或困難。以現代術語表示，即為負效用。從事生產能帶來享樂的財貨的勞作，並伴隨著勞作本身的痛苦，也就是說，不同的財貨生產，要用不同程度的痛苦才能獲得。因此，勞作是一種產生滿足、效用亦即創造價值的活動，但同時也是一種痛苦或負效用，須由它所產生的效用來平衡。當產量達到勞作的效用和痛苦平衡時，價值達到最大量。換言之，在最後單位的痛苦和價值相等以前，生產總是要進行的。超過該量以後，痛苦或負效用大於效用，就不考慮進行勞作了。

　　由上可知，他已提出了決定價值的邊際效用概念，也連繫到邊際負效用問題，並對財貨的分類及其等級做過明確的分析。在所有邊際主義的先驅者中，他的分析是較為全面的，只是對市場價格尚缺乏必要的論述。

威廉·羅雪爾

　　威廉·羅雪爾（1817-1894年）是德國經濟學家，歷史學派創始人之一。出生於德國漢諾威的一個高級軍官家庭。曾在格廷根大學和柏林大學攻讀歷史學和政治學，1840年開始在格廷根大學任教。1843年出版被稱

為歷史學派綱領性著作的《歷史方法的國家經濟學講義與研究》。1848年轉到萊比錫大學任教授,直到逝世。他的主要著作還有:《國民經濟學體系》(1854-1894)、《十六和十七世紀英國經濟學說史》(1851-1852)和《德國經濟學說史》(1874)等。羅雪爾強調用歷史的方法建立新的經濟學,即所謂國家經濟學。他否認進行抽象理論概括的重要性,把政治經濟學僅僅歸結為對經濟發展過程做純經驗主義的觀察和描述。他的國家經濟學原理,實際上是在重複當時流行的庸俗經濟理論基礎上,加上大量歷史材料以證明他所謂的歷史發展的「規律」。他認為,原始社會就已經存在無產者,並把他們稱之為 —— 原始森林虛弱的無產者。贊同賽伊從生產資料在生產過程中提供「服務」的角度引出利息、利潤和地租等概念的庸俗觀點,並援用西尼爾「節慾論」,把利息說成是資本家「節制」其慾望的報酬。

羅雪爾主張採用歷史的方法研究政治經濟學。他把薩維尼 —— 阿希荷因的歷史法學方法引入經濟學。按照時間順序的發展過程研究經濟現象。

關於國民經濟學的基本思想。(1)羅雪爾認為國民經濟學的目的,就是要從經濟方面說明本民族的要求,說明其遵循的目標和獲得的成就,說明其目標選擇的理由極其成功的原因。(2)羅雪爾認為,近代一切民族問題都有密切的連繫,必須對他們加以比較才能把握一個民族經濟發展的本質。而已經滅亡的古代民族的歷史則會為他們提供完整的教訓,因此必須對古代生活加以特殊的研究。(3)國民經濟學的任務,在於說明一種經濟制度在當時為什麼和怎樣是合理的和有益的,而現實為什麼會變成不合理的和有害的東西。他認為歷史上還沒有對各民族各文化發展階段完全有益或完全有害的制度。因此不要輕易讚美或詛咒一種經濟制度。他還認為,

第二篇　經濟學說的奠基者

國民經濟學應當研究各國人民對於本國經濟的想法、要求、感受、所做的努力和結果。

民族主義傾向。羅雪爾認為，國民經濟的主要課題就在於表達一國的經濟如何、為何由理性變為背理，由幸福逐漸變成災難。國民經濟學除所謂的「單純地描述人的經濟本性和他的經濟慾望」之外，只能具體地考察適合於滿足這些慾望的各種制度的規律和本質，以及他們所達到的或大或小的成功，他否認經濟學的普遍規律，認為古典學派唯一的錯誤是主張他們有普遍的適用性。他認為一種經濟理想不能適用每一個國家人民的不同種類的慾望，正如一件上衣不能適合一切人的身材一樣。這樣，他就只能看重一個民族一個時期的經驗性規律，只注重收集資料，加以描述，而否認理論概括和抽象分析的必要性。

提出歷史的經濟發展階段論。羅雪爾從生物發展的進化觀點，提出國民經濟的發展，像動植物一樣，可以看做一種有機體，有他的發生和發展過程。他要經歷幼年、青年、成年和衰老四個時期。這是一種循環往復的運動。羅雪爾認為，這就是可以從歷史描述中發現的自然規律。

他還認為，一國國民經濟的發展，主要受自然、勞動和資本這三種主要經濟因素的支配。可以分為自然支配階段、勞動支配階段和資本支配階段。

辯護性觀點。他依據「經濟發展階段論」指出，德國社會已經發展到資本階段，貧富對立的階段到來了。但是社會主義和共產主義是「生在軀體上的疾病」，必須加以反對。但是社會矛盾又需解決，這就只能實行「人為治療」。他認為，私有制是不能廢除的，因為人人都有自己的思想，都想多享受，少勞動，要是實行公有制，人們對社會總節約效果的關心程度就大大降低了。「人為治療」的關鍵就是保護私有制，實行階級調

和。只要政治上德國資產階級與容克地主階級相協調，經濟上各階級利益相協調，就能給德國帶來永久的繁榮。

● 威廉・傑文斯

威廉・傑文斯（1835-1882年）是英國經濟學家、統計學家和邏輯學家。他出生於利物浦一個制鐵工程師家庭。15歲進倫敦大學學院學校學習，一年之後，進入大學學院學習化學和植物學。1853年至1859年輟學去澳洲一造幣廠任檢驗師。1859年返回英國繼續在原校攻讀文學士和碩士學位。1863年在歐文斯學院（後改名為曼徹斯特大學）取得助教職位，三年後擔任邏輯道德哲學及政治學教授。1875年轉任大學學院政治經濟學教授。1882年傑文斯在游泳時不幸淹死，年僅47歲。

傑文斯約從1858-1859年開始對經濟學、統計學、邏輯學及社會問題發生了濃厚的興趣，並留下許多著作。在他所稱的「純經濟學」方面主要有《政治經濟學理論》（1871）；在應用經濟學方面有《黃金價值的劇烈下降及社會影響》（1863）、《煤的問題》（1865）；在社會問題方面有《國家與勞工的關係》（1882）等。

在西方學者看來，傑文斯的主要成就是獨創了邊際效用需求學說，據此重新解釋了交換價值或價格理論和分配理論，是19世紀70年代初西方經濟學說史所謂「邊際革命」的三位創始人之一（另外兩位即門格爾和瓦爾拉），他極力倡導數學方法在經濟學基本理論的運用，成為經濟學數理學派的創建人之一；他試圖將純經濟理論與統計材料結合起來，為計量經濟學的產生開闢了道路。

《政治經濟學理論》是傑文斯的代表作。全書分為以下幾個部分：

■ 導論：經濟學的方法論

傑文斯認為，經濟學研究的是量，如供求規律考察商品的需求和供給的數量及其價格的關係，因而它的性質是一門數學科學；借助於數學符號及數學推導能夠比文字更為便利地處理經濟學中的量與量之間的複雜關係。

■ 快樂與痛苦理論

傑文斯說，在計算快樂和痛苦的量時，應考慮感情的強度、持續性、不確定性及遠近性等因素。

■ 效用理論

傑文斯認為，經濟學理論必須從正確的財富消費及效用理論出發。因為，人們為了消費才去勞動和生產，消費的種類與數量決定產品的種類與數量。他認為，商品是可引起快樂或避免痛苦的物理對象或行為，商品能夠為人服務的抽象性質稱為效用。效用不是物固有的屬性，其產生與人的需要密切相關。一商品的各部分的效用不會是相等的。傑文斯把現有商品量中那個極小的或無限小的最後增量或可能增量的效用程度，定義為最後效用程度，其變化的一般法則是，隨商品量的增加而遞減。這就是傑文斯所謂的最後效用程度遞減原理。他認為，經濟學理論就是設立在這一原理上的。

■ 交換理論

傑文斯認為，交換在效用的增加和勞動的節約上是一個非常重要的過程，它是經濟學研究的重要課題。他指出，經濟學的市場，是指兩個以上

的人，經營兩種以上的商品，他們的商品存量、互相交換的意志及交換率為一切人所知。即無差別法則。他認為，交換比率一詞不能完全表明通常價值一詞的涵義。即使無交換率的觀念，人們對於一物仍然有估價的意思。他批評勞動是價值源泉的論斷與事實不符，所以不能成立。他說，勞動在大多數場合是決定價值的條件，其過程是：勞動或生產費用決定供給；供給決定最後效用程度；最後效用程度決定交換率或價值。勞動本身是一個變量，其價值由其生產物的價值來決定。

■ 勞動理論

傑文斯認為，勞動是經濟學研究的過程的開端，消費是其結局與目的。經濟學是要講明人們如何以最小可能量的勞動滿足其慾望的問題。

■ 地租理論

傑文斯指出，麥克庫洛赫和詹姆斯・穆勒清楚地表述了另一種意義的地租起源理論。將一定量的勞動或資本投入同一部分的土地中，但生產物卻不和投入量成比例增加，而是以遞減的比例增加，最後的投入部分，必須提供普通資本的普通利潤，其他各部分投入所提供的普遍利潤以上的剩餘，皆成為地租。

■ 資本理論

他認為，經濟學不僅是交換或價值的科學，而且是資本的科學。因為，資本的運用和交換的過程一樣，都能增加效用總和，但即使沒有交換的利益，仍然可以有資本的利益。

■ 關於薪資和利潤

傑文斯指出，在薪資與利潤的關係上，現行經濟學將產業的全部生產分為地租、賦稅、利潤和薪資，然後將賦稅和地租去除，得到單一的公式：生產物＝利潤＋薪資，並由此引出薪資若上升利潤必下跌的結論。他認為，上述觀點的錯誤在於，兩個未知數卻只有一個方程式。實際上，生產物的量是一個變量，而利潤是首先有待決定的部分，利潤又分解為監督的薪資、風險的保險費用和利息。

● 古斯塔夫‧施穆勒

古斯塔夫‧施穆勒（1838-1917 年）是德國經濟學家、歷史學家和社會活動家，新歷史學派創始人，出生於官吏家庭。1860 年畢業於杜賓根大學。畢業後曾任哈勒大學政治學和政治經濟學教授（1864-1872）、斯特拉斯堡大學教授（1872-1882）和柏林大學教授（1882-1913）。1884 年任普魯士樞密院顧問，1887 年當選為普魯士議院議員。主要著作有：《關於法和國民經濟的根本問題》（1875）、《一般國民經濟學原理》（1900-1904），1881 年起主辦《施穆勒年鑒》，並於 1911 年完成了《國民經濟、國民經濟學和方法》一書。他認為經濟組織不外是由經濟法規和倫理所規定的生活秩序，經濟現象既是自然的技術關係，又是倫理的、心理的關係，國民經濟學是一門介乎應用的自然科學與精神科學之間的科學，主張運用歷史統計方法，對個別經濟歷史進行調查研究，建立歷史的倫理主義的經濟學。1873 年創立社會政策協會，鼓吹階級調和，提倡社會改良。由於參加協會的成員大都是教授，他們的主張被稱為「講壇社會主義」。

施穆勒經濟學說的主要內容是：

古斯塔夫・施穆勒

■ 否認客觀經濟規律

施穆勒極力否認社會存在普遍的客觀經濟規律。他提出，國民經濟由各種因素所構成，除自然的、技術的因素之外，還有精神的和道德的因素，這些因素處於不斷變動之中，並相互影響和制約，因此，「企圖找出國民經濟中力量作用的一個最終的統一的法則，說到底是沒有的，也是不可能的。」（《資產階級庸俗的政治經濟學選輯》，商務印書館，1964 年版，第 359 頁）他認為，研究經濟問題必須在努力收集大量的歷史和當前的資料後，運用歷史歸納方法進行分析整理，才能得出若干應有的結論。他主張繼續採用舊的歷史學派的歷史歸納法作為研究社會經濟問題的根本方法，但他比他的前輩走得更遠，他不僅否定普遍經濟規律，而且否認在每個國家或民族的社會經濟發展中存在著規律性。為了對各個時代和各個民族的經濟狀況進行專項研究，他用歷史統計方法取代舊歷史學派的歷史推理方法，滿足於蒐集各個行業和個別城市的歷史統計資料，而不做任何理論分析和概括。施普勒否定客觀經濟規律存在的觀點是十分荒謬的，他不僅否認了政治經濟學這門科學，更重要的是否定了馬克思揭示的資本主義必然滅亡的客觀必然性。他所鼓吹的歷史歸納法及其歷史統計方法也是完全錯誤的，他和科學的歷史方法毫無共同之處。他在經濟研究必須蒐集各種資料和研究個別制度的幌子下，否定科學的抽象演繹和理論概括，這就決定了他不能對社會經濟發展做出任何科學的解釋。

■ 強調心理因素

為了替資本主義制度進行辯解，施穆勒竭力強調心理因素和倫理道德在經濟生活中的地位和作用。在他看來，所有經濟範疇，如勞動、分工、交換等都是心理和道德的範疇，一切經濟現象都受到心理和倫理道德的制

約。施穆勒的這一謬論完全顛倒了心理因素和倫理道德同經濟基礎的相互關係，他的目的在於說明解決社會經濟問題不需要階級鬥爭，只要用資產階級的倫理道德觀念去教育勞動人民，並透過國家的恩賜措施就可以實現。

■ 強調國家的作用

施穆勒竭力宣揚國家的超階級性及其對社會經濟發展的決定作用。他認為，人們之間有比經濟關係更為基本的道義的結合，國家就是這種道義結合的具體結構。他強調，國家是國民經濟產生和存在的條件，國家權利應該成為國民經濟的中心。如果沒有這樣一個中心，那就很難設想有一個高度發展的國民經濟。因此，他竭力主張強化國家的職能和作用，擴大資產階級國家對社會經濟生活的干預，鼓吹讓資產階級國家透過自上而下的改良主義政策創造出國民經濟的統一體，建立社會的和諧。

■ 鼓吹社會改良

反對科學社會主義和工人革命運動，鼓吹改良主義的社會經濟政策，是施穆勒經濟學說的重要內容。他認為，勞資之間的對立不是經濟利益的對立，而是勞資間思想感情有差距，應加強對工人階級的道德教育，以緩和勞資之間的矛盾。他主張對資本主義社會的某些缺陷和德國當時存在的一些社會經濟問題由國家來進行自上而下的改良。他把這些改良主義的政策冠之以「社會主義」的稱號自稱為「特種社會主義」。當資產階級自由派嘲諷這些政策主張為「講壇社會主義」時，施穆勒及其追隨者表示欣然接受，並以此來冒充社會主義來欺騙工人。事實上，「講壇社會主義」絕不是工人階級所需要的社會主義，他和科學社會主義毫無共同之處。其政

治目的，不過是為了反對馬克思主義，削弱德國工人運動，維護德國容克資產階級的政權和利益。

● 卡爾‧門格爾

　　卡爾‧門格爾（1840-1921 年）是奧地利經濟學派的創始人。門格爾 1840 年出生於加利西亞的紐一桑迪茲（當時屬於奧地利，現為波蘭領土）。他的父親是一名律師，門格爾繼承父親的衣鉢，先是在維也納大學，後轉學至布拉格大學研修法律和政治科學。1867 年從克拉科夫大學獲得法學博士學位。畢業後，門格爾當了一名財經記者，後任職於奧地利國務總理辦公室的新聞機關。1873 年被任命為維也納大學法律系的講師，三年後晉升為專職教授。1876-1878 年，任奧地利皇太子的私人教師，陪同魯道夫土儲遍訪歐洲各地。1879 年，門格爾返回維也納大學任政治經濟學教授，從此以後開始了學究式的經濟學家的生涯 —— 將畢生的精力傾注於教學和寫作。1900 年，當選為奧地利議會上議院成員。1903 年退休後，從事研究和寫作，身後留下了 25000 多卷藏書。

　　門格爾的主要經濟學著作有：《國民經濟學原理》（1871）、《對社會科學，特別是對政治經濟學的方法的研究》（1883）、《經濟學和社會學問題》（1883）、《德國歷史主義的錯誤》（1884）等；此外，還寫過《資本理論》（1881）、《貨幣》（1892）兩篇論文。

　　門格爾的第一大貢獻是關於價值理論，即效用是價值的起源以及邊際效用遞減法則。門格爾從認定商品具有價值是因為它們能滿足我們的需要開始，主張價值由主觀因素（效用或需求），而不是客觀因素（生產成本或供給成本）決定。在他看來，價值源於人類需求的滿足。人類需求創造

了對商品的需求；人類需求成為經濟交易的驅動力，有助於決定價格水準。同時，既然人類需求大於能夠滿足需求的商品，人們將在所有可供選擇的商品中做出理性抉擇。門格爾意識到，當一個人購買某種商品的數量越來越多時，購買每增加一個單位數量，給予消費者的滿足程度都降低。也就是說，對於任何商品，當人們消費增多時，都將遭遇邊際效用遞減。

　　儘管門格爾發現了邊際效用價值理論和邊際效用遞減規律，並以表格的形式用數字進行了說明，但未就每種類型的商品進行舉例說明，也並不清楚表中數字所實際衡量的內容。但門格爾假設的這些數字能夠衡量相對需求，或消費不同商品所得到的滿足。門格爾還明白個體在考慮消費什麼或怎樣消費時將如何做出決策。既然消費者可供支配的收入有限，個體將首先購買那些能滿足較重要需求的商品，形成主觀價值理論。他認為，所有產生主觀滿足的行為都是生產性活動，貿易也具有生產力，因為人們只有在感到獲取的商品能賦予自己的效用比放棄的商品多時，才會進行交易。同時，推翻了古典的勞動價值理論。門格爾認為，商品價值的決定性因素既不是勞動力的數量或其他必要的生產資料，也不是產品複製的必要數量，而是我們所感知到的這些滿足的重要程度。

　　門格爾的另一大貢獻是涉及經濟學方法論。根據門格爾的觀點，既然價值來自於個體的感知，那麼經濟學分析必須從研究個體開始。方法論的個人主義的地位開始為人所知。

　　門格爾認識到生產要素（土地、勞動力和資本）也具有價值，因為它們間接地滿足了需求；這些要素是生產人們直接需求的商品所必須的。為了確定某個要素的實際價值，應撤回一個單位的要素（例如一個工人），然後觀察產出的損失。這部分損失的價值就是那個工人增加的價值，代表該工人提供給消費者的滿足程度。這樣每個生產要素創造的價值都取決於

其邊際生產力；每個在商品生產過程中使用的要素的收入或報酬將取決於該要素所創造的預期價值。

在方法論問題上，門格爾認為理論的發展超前於資料的積累；正確的科學方法應包括研究經濟現象的基本特徵或經濟變量之間的必要連繫（例如某商品降價促使人們去購買更多的商品）。門格爾特別強調個人主義的分析方法，以及經濟學知識來自於先驗，或超前於現實經濟生活的經驗。門格爾認為經濟學研究應包括研究個體偏好（或需求），以及解釋這些偏好如何導致了值得注意的現象，如不同的商品具有不同的價格。門格爾對個體的強調，認為我們必須響應個體的主觀評價來解釋經濟世界的主張，使他成為奧地利經濟學派的創始人。

● 阿爾弗雷德‧馬歇爾

阿爾弗雷德‧馬歇爾（1842-1924 年）是近現代西方影響最大的英國經濟學家之一。由於馬歇爾曾長期在劍橋大學任教，所以他和他的門徒被稱為「劍橋學派」，又因西方資產階級經濟學家把馬歇爾的經濟理論看做是英國古典經濟學的繼續和更新，劍橋學派又被稱為「新古典學派」，而馬歇爾亦被看做是「新古典學派」的奠基人和主要代表。

馬歇爾於 1842 年 7 月 26 日出生在英國西部克拉芬地方一個中產階級家庭。幼年喜愛數學，中學畢業後就讀於牛津大學，後轉入劍橋大學聖約翰學院學數學，1865 年畢業後留任該院研究員，1868-1877 年任該院道德科學講師，講授政治經濟學。在此期間，馬歇爾深受達爾文的《物種起源》和斯賓塞的《第一原理》的影響，曾於 1868 年赴德國研究康德和黑格爾的歷史哲學，與德國歷史學派的經濟學相接觸。回國後，他又閱讀了

約翰・穆勒的《政治經濟學原理》，這些都促使他轉向了經濟學的研究。1877 年轉任布里斯托爾（Brist01）大學學院院長兼任經濟學教授。1883-1884 年，他接替牛津大學逝世的著名經濟史學家 A・湯恩比任牛津大學巴里奧學院講師和研究員，1885 年返回劍橋大學任政治經濟學教授，期間創立了劍橋經濟學院，1908 從劍橋大學退休，專門從事研究和寫作。1924 年去世。

馬歇爾的主要著作有：《產業經濟學》（1879）、《經濟學原理》（1890）、《產業與貿易》（1919）、《貨幣、信用與商業》（1923）等。其中《經濟學原理》為其重要代表作，該書兼收並蓄，把供求論、邊際效用論、邊際生產力論、生產費用論等融合在一起，構成一個折衷主義的完整的經濟學體系。因此，該書一經出版就被認為是西方政治經濟學發展史上的一個重大里程碑，而他本人也獲得了「新古典經濟學」創始人的盛名。

馬歇爾的經濟理論體系可說是集歷史上資產階級經濟學之大成，正如他在《經濟學原理》第一版的序言中說：「借助於我們自己時代的新著作，並且關係到我們自己時代的新問題，本書打算對舊的學說加以新的解釋。」馬歇爾的理論體系以英國古典傳統的經濟理論為骨幹，吸收、綜合了各種資產階級經濟流派的學說，在理論和方法論上獨樹一幟，對當代資產階級西方經濟學的發展有著深刻的影響。

馬歇爾的經濟思想以人的主觀心理因素為基礎，這從他對經濟學研究對象的界定上可以反映出來。他說：「經濟學是一門研究在日常生活事務中行為、活動和思考的人們的學問。但它主要是研究在人的日常生活事務方面最有力、最堅定地影響人類行為的那些動機。」他認為人類的經濟行為是由「滿足慾望」和「避免犧牲」這兩個動機支配，並用這兩種心理動機來解釋商品和各種生產要素的需求與供給。而為了解決心理動機不能解

釋的現實社會問題，他又引進了漸進的改良主義，其理論依據是「社會達爾文主義」。他認為，生物界的發展規律同樣存在於人類社會，社會發展只有漸進的量變，沒有突變和飛躍。因此，他用「自然不能飛躍」作為《經濟學原理》一書的題詞，並且說這句格言「對於研究經濟學的基礎之書尤為適合」。

　　馬歇爾在方法論上主要有以下特點：第一，運用所謂「連續原理」來分析社會經濟現象。馬歇爾在《經濟學原理》的序言上說：「本書如有它自己的特點的話，那可說是在於注重對連續原理的各種應用。」這與他的漸進的改良主義是吻合的，因為經濟進化的漸進性，他認為經濟概念乃至經濟現象間都存在著連續的關係，沒有嚴格的區別。第二，運用「邊際增量」分析各種經濟因素之間的關係。這是他在連續原理的基礎上提出來的。在他看來，對經濟現象進行本質研究時，「增量」的關係比「總量」的關係更重要，他在數學中獨立地運用效用的「邊際增量」來說明人對一物的需求。以後他把這個邊際增量分析運用到他的價值理論和分配理論中，甚至推廣到其他經濟問題上。第三，將力學中的均衡概念運用到經濟學中。他認為均衡是一種相反力量的均衡，有動態和靜態之分，前者指生物意義上的均衡，後者指力學上的均衡，而靜態均衡是經濟學研究的起點和基礎。他依此來說明各項經濟指標的數量決定，將這些決定尤其是價格和分配額的決定歸結為相反力量相互衝擊和制約而形成的均勢。

　　馬歇爾的經濟理論包括需求理論、生產理論、均衡價格論、分配論等。

■ 均衡價格論

　　建立在局部均衡分析基礎上的均衡價格論，是馬歇爾經濟學說的核心和基礎。馬歇爾在假定其他商品價格和貨幣購買力不變的情況下，分析一個商品均衡價格的形成。按照馬歇爾的說法，均衡價格就是一種商品的需求價格與供給價格相一致時的價格或供給與需求的價格在市場上達到均衡狀態時的價格。他認為，二者的一致是供求雙方相互作用的結果，如果市場價格與均衡價格背離，就會透過供求量的變動，使市場價格恢復到均衡點。馬歇爾在分析均衡價格時，引進了時間因素，他把市場價格分為暫時（一天或幾天）的市價、短期的正常價格和長期（一年以上）的正常價格。他認為，時間長短不同，對於市場上供求雙方的較量趨於均衡的情況是不同的，因而它們對均衡價格的作用也有所不同。

■ 需求理論

　　所謂需求，在經濟學中指消費者的需求，於是效用理論成為需求理論的出發點，而馬歇爾的需求理論出發點則是人的慾望。他認為，需求是慾望的滿足，而人的慾望是由效用來滿足的。他間接地用人們因慾望而願意支付的價格即需求價格加以衡量，從而將需求轉化為需求價格，用邊際需求價格去衡量邊際效用。同時，馬歇爾認為邊際效用是遞減的，因而取決於邊際效用的需求價格也是遞減的，這樣，邊際效用遞減規律就轉化為邊際需求價格遞減規律。馬歇爾在分析需求時，又提出了「需求彈性」的概念，用以衡量價格下降或上升一定比率所引起的需求量增加或減少的比率，也即衡量需求對價格變動的反應程度。馬歇爾第一次用代數和幾何圖形對需求彈性作做嚴謹的表述，經其闡述和傳播，需求彈性至今已成為西方經濟學中重要的分析工具之一。

■ 生產理論

馬歇爾的生產理論就是他的供給理論。他用生產費用論來說明供給價格和供給規律。每個廠商在生產時都根據「替代原理」用一種生產要素（生產方法）替代另一種生產要素（生產方法），力求使生產費用最小化。馬歇爾認為，短期邊際生產費用一般隨產量增加而遞增，故供給與價格的關係是：價格高時供給量大，價格低時供給量小。價格變動與供給量變動的關係可以用「供給彈性」來表示。馬歇爾認為，商品供給彈性的大小與時期長短有關。供給在短期內不易變動，故短期供給彈性較小，長期供給彈性較大。在分析行業均衡時，馬歇爾引入了「代表性企業」概念。根據定義，行業產量的長期根據價格等於代表性企業在該產量水準處的平均成本，因此，可以把全行業產量看做是由固定數目的代表性企業生產的，代表性企業的平均成本與規模隨行業產量的變化而變化。

■ 分配理論

馬歇爾的分配理論是他的均衡價格論的延續，是均衡價格論在分配領域中的具體運用。他認為，分配問題就是國民收入如何分割為各生產要素的份額問題。各生產要素在國民收入中所占的份額大小，取決於它們各自的均衡價格。因此，供求論也成為馬歇爾分配論的一般原則。相應地，薪資、利息、地租和利潤就是各生產要素的需求價格和供給價格相均衡的價格。薪資是勞動的需求（取決於勞動的邊際生產力）和供給（取決於養活、訓練和維持有效勞動的費用和對勞動的「負效用」）均衡時的價格。利息是資本的需求（取決於資本的邊際生產力）和供給（取決於資本家對未來享受的「等待」）均衡時的價格。由於土地沒有生產費用，而且它的供給量是不變的，因此地租是由土地的需求狀況從而由它的邊際生產力決

定的，它是農產品價格超過生產費用的剩餘。至於利潤則是資本家組織和管理企業以及冒風險的報酬，正常的利潤是產品長期供給價格的組成部分。

雖然馬歇爾的經濟學說存在不少缺陷，他對西方經濟學的貢獻仍是傑出的。至今，他的一些分析方法和基本觀點仍為當代資產階級經濟學所繼承，在基本理論問題上，馬歇爾的學說對現代資產階級經濟學有著深遠影響，他的價值論和分配論，直至今日仍是資產階級個體經濟學的基礎。

● 約翰・貝茲・克拉克

約翰・貝茲・克拉克（1847-1938 年）是美國著名的經濟學家。他出生於工商業者家庭。1872 年畢業於安默爾斯特大學，隨後留學德國，成為舊歷史學派代表人物卡爾・克尼斯的學生。回國後曾在多所大學任教，制度學派創始人凡勃侖就曾受教於他。他還一度擔任美國經濟學會會長（1893-1895）。自 1895 年，任哥倫比亞大學經濟學教授達 30 年之久。

克拉克是美國理論學派的開創者。19 世紀的美國經濟學家大都只限於論述和研究具體經濟問題，對基本理論的探討甚為忽略。早期的克拉克也暴露出歷史學派的若干特徵和觀點，但他後來率先重視價值論和分配論等基本理論的研究，成為當時最負盛名的經濟理論家。

克拉克的主要著作有：《財富的哲學》（1886）、《財富的分配》（1889）和《政治經濟學要義》（1909）等。

《財富的分配》是克拉克的代表作，該書中心內容是闡述邊際生產力分配理論。克拉克承襲薩伊的勞動、資本和土地共同創造價值的庸俗思想，又把報酬遞減律在農業中的應用推廣到一切產業部門，採用邊際分析

的方法，提出了勞動和資本的邊際生產力各自決定薪資和利息的分配理論，據此宣揚勞動和資本的收入各有其源、公平合理因而誰也不剝削他人的荒謬思想，為資本主義辯護。該書最先明確區分靜態經濟學與動態經濟學，對 20 世紀 30 年代以來西方動態經濟學的研究發展起了一定的作用。此外，該書創立的社會效用論，試圖修正和補充奧國學派的價值理論，當時也為不少著名美國學者所信奉。該書中的主要觀點有：

■ 財富的分配是極重要的經濟問題

包括研究分配論的宗旨和若干特點以及關於分配所引起的爭論。克拉克發表了如下觀點：

- ➤ 有一個支配財富分配的自然規律在起作用。它將社會收入分為勞動、資本和企業家職能的收入，即薪資、利息和利潤。每個生產職能應得的份額，都以其實際生產量來衡量。
- ➤ 將工人階級的福利情況與其是否受剝削區分開來，他們的福利取決於收入的多寡，而是否受剝削則看有沒有得到自己生產的全部財產。
- ➤ 分配論不直接決定每人應得多少。經濟學只研究怎樣把全部社會收入分為若干種性質不同的收入以及決定它們的標準。
- ➤ 分配還可做純粹倫理上的討論。「各盡所能，各得所需」被某些社會主義者看做是最理想最公平的分配方式，其實它將侵犯財產權。
- ➤ 必須保證人們根據所有權得到屬於自己的東西。否則，社會組織遲早要崩潰。

■ 經濟學的三個自然部分

　　克拉克認為經濟學傳統四分法有一定的缺陷，他認為，傳統經濟學把生產、分配、交換和消費作為四個部分的界限並不清楚，因為生產財富的過程就包括交換和分配在內。他將經濟學分為三個自然部分。第一個自然的部分介紹基本的普遍的經濟規律，它們不依靠經濟組織而起作用。第二個部分討論經濟學的社會規律，研究的是靜態社會的現象，即依靠社會組織而不依靠社會進步的力量。最後，還須研究改變生產方式和影響社會結構本身的各種變化的問題，即動態社會經濟學。這就是第三部分的內容。理論在進入研究動態現象後才算是完整的。

■ 最後生產力規律決定薪資和利息的標準

> **識別勞動生產和資本各自特有的產品**：克拉克認為，自然的、正常的或靜態的價格，就是成本價格或沒有利潤的價格，它們使各個產業中每單位勞動和資本的報酬都相等。在經濟生活中，產業靠勞動和資本的合作，因此區分勞動的全部產品與產業的全部產品非常重要。這樣，要完全由勞動產品來確立薪資標準，必須排除資本、土地等因素創造的價值，並且使勞動產品可以單獨衡量。他提出，這樣樹立的薪資規律將是：邊際工人的收入等於自己的產品，而所有同等能力的工人則與有相同能力的邊際工人的收入相等；前者決定薪資的自然標準，後者決定市場標準。

> **最後生產力決定薪資和利息**：克拉克認為，人和資本貨物一樣會消滅，但勞動和資本則同樣永久存在。作為兩個永久的生產因素，勞動和資本一定要適應彼此的需求，從而變更自己的形式。在一定數量的資本下，倘若使用的勞動有所增減，則資本的形式便要變更。同樣，一定量勞動

隨資本的增減也要改變形式。他強調，薪資和利息由勞動和資本的最後生產力所決定，而研究這些生產要素的生產力，就須應用國學派關於一連串同種物品的價值都由最後一件的效用來決定的原則。

■ 強調靜態和動態的分析

其靜態分析基於以下四個假定：一是效用遞減定律繼續發揮作用。二是生產也在報酬遞減條件下進行。三是將財貨區分為現在消費的財貨和為創造未來財富而運用的財貨，又將後者理解為資本，並容許有足夠資本財貨流量之存在。四是生產也要同消費一樣須以邊際效用原則為指導，這樣才能將生產和消費的分析統一起來。在上述四個假定下的靜態分析是不存在利潤的，薪資和利息僅是勞動和資本的正常報酬。他將土地投資也看做是資本，故將地租包括在利息之內。他所謂動態是指五種變化：其中四種是人口、資本、技術和消費慾望的增加和改進，第五種動態變化是工業單位的興敗。動態分析是歷史的和歸納的分析，必須經過歷史、經濟學家們的長期和科學的勞動才能形成。而靜態分析則是演繹分析，其規律是可以較早形成的。

克拉克雖提出並強調靜態和動態的區分，而其全部理論仍以靜態分析為主。關於動態，只論述了其研究的必要性，未發展成理論。就靜態和動態的區分而言，也不夠嚴格和明確。現代學者認為靜態條件之一的常數報酬，他就未予以重視。又如對靜態和靜止狀態」之不同，也常含混不清。

維爾弗雷多‧帕雷托

　　維爾弗雷多‧帕雷托（1848-1923 年）出身於義大利一個貴族家庭，在大學時代攻讀工程學和數學，畢業後任鐵路工程師及經理職務多年。因投身於經濟自由主義的政治運動，他在 1876-1892 年間曾發表過許多經濟論文，並獲得相當聲譽。後來在經濟學家潘塔裡阿尼（Maffeo Pantaleoni）的影響下，從事純經濟理論的研究，受到瓦爾拉斯賞識，於 1893 年繼瓦爾拉斯之後任洛桑大學教授，為建立洛桑學派做出了很大貢獻。其代表著作有《政治經濟學講義》（1896-1897）、《政治經濟學提要》（1906）。

　　帕雷托的思想別具一格。在政治觀點上，無論是極端自由主義者、社會主義者、法國天主教派，乃至法西斯主義者，均可以從他的著作中找到對自己有利的觀點。在經濟理論方面，也不能把他完全歸入哪一學派，即使就他所繼承並建成的洛桑學派而言，除一般均衡論基本概念外，許多理論觀點同瓦爾拉斯大有出入。他對西方經濟學的貢獻主要是在純經濟學理論和社會福利理論兩方面，其中有不少觀點後來曾被稱為「定理」者至少有六七種之多，儘管這些「定理」有的受到批評和有的由後來人改進，但作為一個經濟學家在一生中能提出這麼多「定理」卻是罕見的。

■ 純經濟理論

　　帕雷托的純經濟理論可分為消費者行為理論和生產理論兩大部分。在消費者行為理論上，他首先將經濟意義上的效用同倫理和其他意義上的效用區別開來。帕雷托明確宣稱：效用可衡量的原理是沒有根據的，應徹底否定基數效用，認為價值理論必須另找它賴以建立的基礎。這樣，帕雷托採用埃奇沃思無差異曲線分析作為他的價值論的出發點。他把埃奇沃思從

可衡量的效用發展而成無差異曲線視為既定，然後用這些曲線的位置高低去比較消費者的偏好程度，形成序數效用理論。經過市場客觀經驗的觀察，人們雖不能確定兩種商品中任何一種的效用有多少，但兩者中哪一種效用較大，則是可以確知的。無差異曲線分析工具，經過帕雷托的改造，就不考慮其原有效用的涵義，而把經濟均衡建立在偏好尺度這一確定的基礎上。他的這一創見，連後來欣賞他的理論的經濟學家也認為並未真正解決問題，因為無差異曲線本身就是根據效用大小設計而成，只要運用此分析工具，就不能排除賴以建立的基數效用的原意。無論如何，帕雷托在無差異曲線方面所邁出的這一步的確是很大的，給此工具之運用開闢了廣闊的前景。

■ 生產理論

生產理論是帕雷托的極重要理論之一，也是其最為晦澀的一部分，他不接受當時流行的邊際生產理論，試圖另創一個生產理論以為代替。首先，他指出，邊際效用論者的生產理論，只分析需求是不夠的，必須同時研究在獲取財貨時所遇到的「阻礙」的性質。而所謂「阻礙」，包括的內容很廣：如商品在個人之間進行分配時，當事人固定的嗜好即為阻礙；生產一定商品必須使用別的商品又是阻礙；需要某種商品的地點和時間卻沒有此種商品也是阻礙；最後還有來自生產組織方面的阻礙。他列舉這些含混的所謂「阻礙」，是為了提出一些較為客觀的生產概念，以代替為消費主體而生產的邊際效用概念。他強調：生產是把一種財貨改變成不是為生產者本人，而是為其他主體而生產的另一種財貨。這等於說，客觀的生產是為商品而生產。這本是個正確的觀點，可是，在研究如何解決「阻礙」（生產）問題時，他又利用無差異曲線這一工具，用它來反映利潤水準，

以區別消費者無差異曲線所表現的一定效用水準，並將各種利潤水準聯結起來，形成一條「完全變化曲線」。此曲線可以是正值，也可以是負值，曲線上方反映正值即利潤，下方反映負值即虧損，而曲線本身即反映出利潤等於零的狀態。總結起來由消費者無差異曲線所形成的「交換曲線」，以及由生產者無差異曲線所形成的「完全變化曲線」，兩者的交點即為均衡價格。帕雷托的生產理論在形式上保持著瓦爾拉斯的一般均衡模式，而實質上是採用了馬歇爾的消費需求和生產成本相結合的供求平衡論，只是對供給和需求雙方的曲線均由無差異曲線圖所組成。

在他的純理論中，其收入分配理論也值得一提。他蒐集了 19 世紀後半期許多國家的關於收入分配的統計資料，經過指數整理後，發現這些國家的社會收入不平等情況是基本穩定的。他由此得出結論：透過收入重分配的任何方式，以使收入均等的努力是沒有作用的。後來這一發現被定為「帕雷托定律」，成為反對社會改革者的理論武器。西方經濟學家對此定律表示支持、懷疑或否定的都有。對於馬克思主義者來說，其答案很簡明：在資本主義制度下，不可能產生使收入均等化的有效辦法，帕雷托定律雖有某種合理性，但實踐證明，只有在社會主義制度下，收入的平均分配才是完全可以做到的。

■ 社會福利理論

帕雷托以序數效用和無差異曲線分析為基礎，發展他的社會最大滿足原則或所謂最優狀態。要研究此狀態，就必須有用來評定它的標準和規範，以及用來實現它的交換和生產的最優條件。帕雷托的社會最大滿足原則的形成，有一個發展的過程。在《講義》一書中，他對在自由競爭下能否實現社會最大滿足尚無確定的論述，而在稍後的《教程》中已較為深入

而確定，在後期的有關社會學著作中對社會福利最大化涵義又做出了進一步分析。

關於達到社會最大滿足的條件，他指出：「我們看到，要取得一個集體的福利最大化，── 如某些分配標準為既定，我們就可以根據這些標準去考察哪些狀態能給集體的各個人帶來最大可能的福利。讓我們來考慮任何一種特定狀態，並假定在與各種關係不相矛盾牴觸情況下做出一個極小的變動。如果我們這樣做以後，所有各個人的福利都增加了，顯然這種新狀態對他們每個人都有利；相反，如個人福利均減少了，這就是不利。── 但是，另一方面，如這個小變動使一些人的福利增加並使別人的福利減少，這就不能再說做此變動對整個社會是有利的。因此，我們把最大效用狀態定義為：做出任何很小的變動不可能使一切人的效用，除了那些效用仍然不變者外，全都增加或全都減少的狀態。」

用另一種方法表達：在收入分配為既定的條件下，生產和交換情況的改變使有些人感到好些而不使至少一個別的人感到壞些，才算是社會福利的增加。這就是後來新福利經濟學中常提到的所謂「帕雷托最優狀態」（Pareto Optimun）或「帕雷托規範」（Pareto Criterion）。但是，此時帕雷托尚未明確肯定這種最優狀態是指某種單一的狀態，或是指某一幅度內的若干種狀態。直到他的後期著作才清楚地區分出兩種類型的效用最大化狀態：一種是單一的「全社會效用最大化狀態」，另一種是有無限的達到個人效用最大化的點，亦稱為「社會的許多效用最大化」狀態。這種區分，對政府選擇何種政策，以實現效用最大化有極大的關係。假設在一個很富裕但其成員的收入極不平等的社會中，政府就應該採取使全社會的效用最大化政策；如在一個貧困而有近似均等收入的社會中，政府就應採取社會的許多效用最大化政策。

帕雷托對於社會福利最大化的純理論分析，成為以後三四十年中福利經濟研究的中心課題，並發展出各種社會福利函數，有些人加以補充，提出了所謂補償原則，甚至有人創立了次優理論。又由於許多計量經濟模式須以帕雷托的最優化原則為基礎，故帕雷托之名還經常被現代西方經濟學家所提及。

● 弗里德里希·維塞爾

弗里德里希·維塞爾（1851-1926 年）是奧地利學派最主要的代表人物之一。維塞爾出生於奧地利的維也納，1874 年畢業於維也納大學法律專業。1872 年偶然讀到門格爾的《國民經濟學原理》一書，遂對經濟學產生濃厚興趣。於是他歷游海德堡、萊比錫等大學，尋找名師，得到羅雪爾、希爾德布蘭德、克尼斯等人指導，專攻經濟學。1874 年大學畢業後在財政部門找到一個職位，但不久便辭職了。1883 年開始任維也納大學的講師，第二年受聘為布拉格大學外教授，1889 年升任正教授。1903-1922 年，他受門格爾舉薦，接替門格爾任維也納大學經濟學教授。1917 年以終身議員的資格任上議員，並在奧匈帝國的最後兩屆內閣中任商業部長。1922 年退休。

維塞爾的主要經濟學著作有：《經濟價值的起源與基本規律》（1884）、《自然價值論》（1889）、《社會經濟學》（1914）等。

維塞爾在前人的基礎上精心思考組織他的「新價值理論」，其成果是西方經濟學中第一本、也是唯一一本比較系統地論述邊際效用價值論的經典學術著作 —— 《自然價值論》。他首先提出價值的本原問題。他認為，效用之所以具有價值是因為稀少，因而價值的大小與稀少成比例。財

物的用處或效用是因為能滿足人類慾望的需要，財物能滿足人的需要而又有限，所以就具有價值。需要或慾望隨著消費次數的增加而遞減，物品的效用在消費者的心目中也隨之遞減。維塞爾認為，社會個人根據財物對自己的有用程度來估價單件商品的效用，它們的總和構成這批財物的總價值。但是，每個人估價的單件商品的效用總和，與國家根據社會需要來估價整批財物的效用，二者的差異非常大。批量財物的社會效用大於社會每個人分件估價這些財物的效用總和，而且大很多。這就是維塞爾的「價值的一般定律」。

維塞爾稱價格或交換價值是價值的貨幣表現，是價值的形式。價格在存在許許多多的賣主和買主相互競爭即完全競爭的情況下，由當時的邊際買主的最高價格決定。同時交換價值或價格也是主觀的。價值是人對財物滿足自己需要的效用的主觀評價，由價格、貨幣表現的價值實際上也是人們的一種主觀評價。這樣，持有貨幣的人就要預計能用它獲得多少他所需要的使用價值或效用，所以，對貨幣價值的估計，完全是一種主觀行為，是對效用的主觀評價沒有區別。維塞爾稱之為主觀的交換價值或貨幣的「個人等式」。交換價值或價格的重要性，在於它對經濟的調節作用。由於交換價值或價格既取決於效用，又取決於購買力，其後果之一是生產不僅按簡單需要來安排，且按財富來安排。因此，維塞爾對現存社會財富分配不均提出了批評。

維塞爾認為，自然價值就是由效用決定的價值，是一種在任何制度下都永恆存在的價值。在他看來，今後生產力無論怎樣發達，不可能所有使用價值都多到任人自由取用的程度，總還有財物是相對稀少的、不自由的。對於交換價值或價格來說，自然價值是它的一個因素，也可以說是它的基礎，但不是唯一的因素，因為自然價值完全是由財物的邊際效用來確

定，而交換價值卻非依據邊際效用和購買力的結合來估計。

維塞爾對邊際效用價值論的最大貢獻是他的「歸屬理論」和「成本理論」，它們把效用價值論大大地向前推進了。

在如何確定每種合作參與生產的財物的價值問題上，維塞爾主張採用歸屬法，就是以每種生產要素在生產中的貢獻來確定各自的價值。他認為，每一項生產要素如要發揮效果，就必須同其他生產要素結合起來，並把它的作用加入到其他要素的作用裡去。但同它結合在一起的要素又可以變換，這使我們有可能辨別各項要素的特有效果。這個可以變換就是說每種要素可以有多種組合，用以生產不同的產品，而每種情況下也有不同的價值，這樣就可能以許多方程式的形式準確地弄清楚哪些成果分別歸因於哪種生產要素。

在成本領域，維塞爾想到的成本是以生產要素牽涉到的專門用途來說明的。某一生產要素可能專門化到只有一種可以想像的用途。在這種條件之下，成本要素就不可能考慮其存在。例如，維塞爾在他的《自然價值》中這樣說過：「只容許有一種用途的生產要素，並不享有被我們認作成本的出現所必須的條件的多樣性。假若有一種礦泉只能在抽乾並分裝在瓶子中以後才能使用，那就顯然必須把它同裝滿這些瓶子的不熟練勞動的生產物的價值，加以截然不同的看待，因為，這種不熟練勞動除了把泉水盛在瓶子中以外，還能有上百種其他的用途。」對維塞爾來說，成本就是犧牲。當一種生產要素派某一用途的時候，它所犧牲的是：假如替這種生產要素選擇另一用途時可能生產的物品。假若工商企業家處於自私自利的動機，他會指望選擇的用途所生產得來的收入，至少不低於把這種生產要素派最富於生產的其他用途所得到的收入。因此，如果有所選擇的話，那麼，選擇的用途必須勝過其他用途的「略次的最高出價」。這是供管理上

計算的「替換」成本或「機會」成本的基礎。

維塞爾的另一貢獻是有關社會主義和共產主義下價值的評定問題。他使用了「自然價值」這一名詞來指他所描述的基於邊際效用的評價制度，因為他相信這是一種「自然」制度，具有普遍的適用性。他說：「即使在經濟事務按共產主義原則制定的社會或國家中，貨物不會沒有價值。在那裡正如在別處一樣，仍然有慾望；可資利用的手段仍然不能充分滿足他們的慾望；人們的心靈仍然抓住他的所有物不放。一切並非供人自由取用的貨物，不但被人們認為是有用的，而且是有價值的；他們的價值的排列，將按可資利用的存貨與需求之間的關係；而那種關係最後終於在邊際效用中表示出來。」

● 約翰・古斯塔夫・卡塞爾

約翰・古斯塔夫・卡塞爾（1851-1926 年）是瑞典學派經濟理論的主要先驅者和奠基人。出生於斯德哥爾摩。1868 年入烏普薩拉大學學習數學，1876 年獲數學碩士學位。1880 年因其發表關於飲酒原因分析的演說，被人斥為缺乏經濟知識，從此便改學經濟學，1885-1890 年赴英、德、奧、法等國留學，深入地研究了古典經濟學及邊際主義的經濟理論。回國後長期任教於隆德大學，1900 年任副教授，1903 年升教授。

1917 年退休，退休後仍繼續從事學術研究。

卡塞爾於 1889 年在斯德哥爾摩的工人集會上連續講述了《依據新經濟理論的價值、資本與地租論》，該講稿於 1893 年改為《價值、資本與地租》，以德文出版。

1898 年又以德文出版其著名著作《利息與價格》。1901 與 1905 年將

上述兩本書修訂合併，並命名為《國民經濟學講義》，以瑞典文出版。該書分為兩卷，第一卷研究將貨幣抽象後的實物經濟理論；第二卷研究貨幣經濟理論。

卡塞爾在經濟理論上對李嘉圖、龐巴維克、瓦爾拉極為推崇。他用邊際原理統一闡釋價值、價格、分配及生產，並且以一般均衡理論加以組合，以此構成簡明扼要的理論體系，從而為新古典經濟學的發展奠定了重要基石，同時在西方經濟學說史上占據重要地位。

卡塞爾在學術上的業績在於建立了自己的總體動態均衡分析和經濟週期理論。他是從分析貨幣利息率與自然利息率出發而建立這一理論的，這一理論同時也稱為積累過程理論。

卡塞爾認為，在現實生活中，貨幣利息率與自然利息率常常是不一致的，有時甚至相背離。究其不一致的原因在於：兩者的變化是不一致的，有時貨幣利息率變動了自然利息率卻不變，或者是自然利息率變動了貨幣利息率卻沒有隨之變動。而且具體而言，卡塞爾認為，往往在現實生活中存在更多的情況是：由於實物資本需求的增加或者是生產技術的改善導致自然利息率的上升，然而貨幣利息率卻保持不動，從而造成兩者間的差異。

他認為，兩者利息率間的差異決定了商品價格的上漲、下落，並帶動經濟活動的擴張、緊縮。也就是：當貨幣利息率低於自然利息率，這時資本家是有利可圖，他們就會增加投資，跟著帶動社會收入的增加，消費的增加，物價的上漲，最終導致經濟活動進入擴張。這一擴張過程是積累性地進行的，等到對勞動力和原材料的需求大大增加，價格上漲，生產成本增加，最終使得自然利息率（資本的邊際收益率）逐漸減少而與貨幣利息率相等時，這種擴張就停止了，也就是這時由於投資與儲蓄相一致，使得整個經濟處於均衡狀態。

　　相反而言，貨幣利息率高於自然利息率時，資本的邊際收益率成為負數，資本家便會減少投資，於是社會收入下降，消費減少，物價下降，最終使經濟活動處於收縮狀態。這一收縮過程仍然是累計性進行的，等到收縮到薪資和原材料價格下跌，生產成本下降，使得自然利息率逐漸增加，最後達到與貨幣利息率相等，最終使整個經濟又恢復到均衡狀態為止。

　　由此可見，只有當兩種利息率的差額為零，資本家增加或減少投資都無利可圖時，才不會增加或減少投資，於是生產和物價穩定不變，整個經濟處於均衡狀態。卡塞爾就是這樣企圖用兩種利息率的差異來說明經濟週期波動的原因，這就是他的所謂積累過程原理，即總體動態的均衡分析。

　　卡塞爾支持貨幣對經濟會起積極作用的觀點，他堅決反對那些舊貨幣數量論者宣稱的貨幣對經濟實質不發生影響的觀點。而他所謂貨幣的積極作用，無非就是貨幣媒介交換、媒介投資、媒介資本交易以及促進儲蓄、促進資本形成等作用。其中他尤為注意的是貨幣媒介資本交易的作用，認為本來企業家進行生產所需要的是實物資本而非貨幣資本，但是由於在貨幣經濟內，企業家所進行借貸採取的是貨幣的形態而不再是實物形態，其借貸的因此是貨幣資本，支付的就是貨幣利息，而原本應該一致的貨幣利息率與借貸實物資本所支付的自然利息率在實際生活中往往是不一致的，從而導致經濟常常處於不均衡狀態。

　　在這裡所謂的自然利息率，是指假使一切借貸不使用貨幣，而是以實物資本形態進行時的資本供求關係所決定的利息率，亦即物價保持不變的情況下，借貸資本的需求（投資）與供給（儲蓄）相一致時，預期的均衡利息率實際是資本的邊際生產率或新創造的資本邊際收益率。

　　由於這個邊際收益率是在投資與儲蓄相一致的正常均衡狀態時的利息率，故又稱正常利息率。該利息率對物價完全保持中立，既不會使之上

漲，也不會使之下跌。它與不用貨幣交易而以自然形態的實物資本進行借貸時為其需求與供給所決定的利息率恰好相等。而就貨幣利息率來說則是指金融市場上實際的借貸利息率，故又稱實際利息率。

當貨幣利息率與自然利息率不一致時，就使物價發生上升或下降的累積過程，以致使經濟發生波動，失去均衡。卡塞爾主張：要使經濟保持均衡狀態，就得採取一定的貨幣信用措施，使貨幣利息率與自然利息率相一致，以此來保持貨幣的中立，從而消除貨幣對經濟的影響。

由於以前的古典經濟學家在進行經濟分析的時候是將這兩個利息率完全分離開來的，卡塞爾的貨幣經濟理論與積累過程原理在經濟學說史上確實具有承前啟後的意義。卡塞爾透過積累過程原理把經濟的均衡分析開始動態化，以利息率為紐帶，將貨幣理論與經濟理論連繫起來，建立起了統一的貨幣經濟理論，並以此來說明經濟週期的波動。也正是因為他的積累過程理論是透過貨幣利息率對經濟週期產生影響的，因而，他企圖在政策建議方面也借助於調節利息率來克服經濟週期的波動，而不是借助於控制貨幣數量來克服經濟週期的波動。卡塞爾的總體動態均衡分析方法，對於現代貨幣理論和經濟危機理論，以及對於凱因斯用儲蓄 —— 投資分析來考察就業和生產都有較大的影響。

● 卡爾·考茨基

卡爾·考茨基（1854-1938 年）是德國社會民主黨和第二國際的著名理論家，第二國際修正主義最重要的代表人物之一。考茨基於 1854 年 10 月 16 日出生於布拉格，9 歲時全家遷往維也納。在 1871 年爆發的巴黎公社革命運動影響下，考茨基對社會主義發生了興趣，1874 年開始研究社會

主義，同年秋考入維也納大學哲學系。1875 年 1 月，在維也納加入奧地利社會民主黨，後來轉入德國社會民主黨。1880 年，應卡爾・赫希伯格的聘請，當了他的出版事業的助手，遷到蘇黎世。

1881 年初開始與馬克思通信，3 月來到倫敦，見到了馬克思和恩格斯，受到了很多的教育，從此開始信仰馬克思主義，並逐漸成為一個馬克思主義者，但他「是個天生的俗種」，從未達到徹底的馬克思主義者的地步。1881 年 7 月重返蘇黎世，第二年因赫希伯格破產，他辭去了工作，回到維也納，籌備德國社會民主黨的理論刊物《新時代》雜誌，1883 年 1 月《新時代》創刊，考茨基擔任這一雜誌的主編一直到 1917 年。

1889 年，協助恩格斯整理馬克思的《資本論》第四卷《剩餘價值學說史》手稿，做出了一定的貢獻。1895 年恩格斯逝世以後，在德國社會民主黨內出現了一股修正主義的逆流。

自 1896 年開始，考茨基逐漸發展和暴露了他的修正主義傾向，最終蛻變成一個修正主義者。「十月革命」以後，成為反對第一個社會主義國家的兇殘敵人。1918 年德國資產階級革命時期，參與了鎮壓德國無產階級的反革命活動。

1938 年，當德國軍隊進入奧地利時，考茨基逃往捷克，後又逃到荷蘭。1938 年 10 月 17 日死於荷蘭的阿姆斯特丹。

考茨基的主要著作有：《卡爾・馬克思的經濟學說》（1887）、《土地問題》（1899）、《伯恩斯坦和社會民主黨的綱領》（1899）、《取得政權的道路》（1909）、《帝國主義》（1914）、《民族國家、帝國主義國家和國家聯盟》（1915）、《再論我們的幻想》（1915）、《俾斯麥和帝國主義》（1915）、《帝國主義戰爭》（1917）、《無產階級專政》（1918）、《恐怖主義與共產主義》（1919）、《從民主制到國家奴隸制》（1921）、《無產階級

革命及其綱領》（1921）、《唯物史觀》（1927）、《處於絕境的布爾什維克主義》（1930）等。

　　「超帝國主義論」是考茨基的著名學說，集中反映了他的修正主義觀點。考茨基認為，在資本主義條件下，由於社會和技術的種種原因，工業的發展總是快於農業的發展。工業產品和工業人口成長的速度，遠遠高於農業生產的生活資料和農業地區市場的成長速度。

　　考茨基完全接受了馬爾薩斯的反動人口理論，認為工業和農業之間不可能達到平衡，資本主義工業民族就必然產生不斷擴大同它有交換關係的農業地區的意圖，帝國主義就是這種意圖的一種特殊形式。因此，考茨基認為帝國主義是高度發展的工業資本主義的產物，是每個工業資本主義民族力圖征服和吞併愈來愈多的農業區域，而不管那裡居住的是什麼民族。

　　考茨基根據自己對帝國主義的上述解釋，認為帝國主義就是資本主義世界政策的最後可能的表現形式。而且，既然帝國主義只是一種政策，同經濟沒有必然連繫，那就完全有可能以另一種辦法來代替它，帝國主義國家出於自身利害關係的考慮，也必然要這樣做。因此，從純粹經濟的觀點來看，資本主義不是不可能再經歷一個新的階段，也就是把卡特爾政策應用到對外政策上的超帝國主義的階段，即以實行國際聯合的金融資本共同剝削世界，來代替各國金融資本的互相鬥爭，可能在資本主義範圍內造成新希望和新期待的紀元。

　　考茨基的「超帝國主義論」的主要內容和反動本質可集中概括為以下幾個方面：否認帝國主義是資本主義在由自由競爭發展到壟斷的基礎上形成的特殊階段，而把它看成只是資本主義國家所採取的與其經濟基礎並無內在連繫的一種特殊的政策，只是資產階級所表現的與自身利益相矛盾的一種侵略擴張的政治意圖；抹殺侵略擴張和掠奪戰爭同帝國主義的不可分

割的必然連繫，宣稱資本主義國家有可能而且有必要採取與帝國主義現行政策根本對立的另一種政策，即透過和平和民主的途徑發展經濟的政策；迴避帝國主義時代所出現的尖銳矛盾和問題，規勸廣大被壓迫被剝削群眾耐心等待在世界資產階級廣泛聯合的基礎上出現的持久和平和自由民主的新紀元，即所謂「超帝國主義階段」，徹底放棄反對帝國主義的鬥爭，以瓦解無產階級的革命鬥志，破壞國際共產主義運動，挽救資本主義的垂死命運。

考茨基的這種「超帝國主義論」是極其荒謬和反動的，完全歪曲了帝國主義的本質，起著瓦解無產階級革命鬥志、挽救資本主義的反動作用。是對馬克思主義的可恥背叛，把「馬克思主義歪曲成了最惡劣最笨拙的反革命理論，歪曲成了最齷齪的僧侶主義」。

考茨基還提出了一系列反對無產階級革命和無產階級專政的謬論。第一次世界大戰期間，特別是俄國十月革命勝利以後，在無產階級革命和無產階級專政已經提到國際共產主義運動議事日程的條件下，考茨基徹底背叛了馬克思主義，惡毒攻擊俄國社會主義革命和無產階級專政政權，可恥地為帝國主義反動統治效勞。

首先，極力反對無產階級革命。考茨基歪曲馬克思主義關於資本主義發展為社會主義提供基本前提並必然轉變為社會主義的基本原理，斷言在資本主義條件下，隨著生產力高度發展和其他條件的成熟，不必經過無產階級革命，就可以自然過渡到社會主義。他認為，當時，「在許多工業國家裡，看來已經充分具備了社會主義在物質上和思想上的前提條件」。在他看來，美、德、法、英等帝國主義國家，會由於生產力高度發展和民主充分加強，就會和平地變成社會主義國家，無產階級革命已經不必要了。而像俄國這樣只有中等生產力的國家，是不能進行社會主義革命的，即使

發動了革命最後也一定要失敗。總之，按照考茨基的邏輯，無論條件是否具備，都不應進行無產階級革命。

考茨基認為，無產階級專政不僅與社會主義毫不相干，而且是完全對立的。他說，「我們必須像反對無政府主義那樣堅決反對專政。」他斷言：「在馬克思看來，無產階級專政是在無產階級占多數的情況下從純粹民主中產生出來的一種狀態。」

托斯丹・邦德・韋伯倫

托斯丹・邦德・韋伯倫（1857-1929 年）是經濟學制度學派早期的主要代表人物，社會心理學派的創始人。韋伯倫 1857 年出生於威斯康辛州的一個挪威移民家庭的小農場，生長在威斯康辛州與明尼蘇達州的鄉村。他的父母重視教育，鞭策孩子們出人頭地和不斷接受更高的教育。在卡爾頓學院，韋伯倫跟隨世界著名經濟學家約翰・貝茲・克拉克學習經濟學，接著又到約翰斯・霍普金斯學院師從哲學家和美國實用主義的創始人查爾斯・皮爾斯學習哲學，在此期間，還師從美國經濟學會的創立者、傑出的經濟學家裡查德・伊利研修政治經濟學。後轉學至耶魯大學，在社會達爾文主義者威廉・格雷厄姆・薩姆納門下研究哲學，並於 1884 年獲得哲學博士學位。但由於當時哲學家就業市場不景氣，韋伯倫無法找到一個哲學方面的教職。經過 7 年埋頭苦讀，進入康奈爾大學學習經濟學。一年後和他的導師 J・勞倫斯・勞克林一造成芝加哥大學，在那裡執教 14 年。之後，不停地從一個學校到另一個學校找工作，曾先後任教於康奈爾大學、密蘇里大學等院校。

韋伯倫的主要經濟學著作有：《有閒階級論 —— 關於制度進化的

經濟研究》（1899）、《企業論》（1904）、《製作的本能與工藝的情況》（1914）、《既得利益與工藝的情況》（1919年出版，1920年重版時改名《既得利益與普通人》）、《工程師和價格制度》（1921）、《不在所有權和最近的工商企業——美國的事例》（1923）、《科學在現代文明中的地位》（1919）、《我們正在變化中的秩序論文集》（1934）等。

韋伯倫將制度定義為「廣泛存在的社會習慣」，然後開始他的「制度導向」的研究。他認為制度不是組織結構，而是大多數人所共有的一些「固定的思維習慣」。他用「本能代替理智來解釋人類的一切活動」這樣一種心理學作為理論的基礎來解釋社會經濟活動。在他看來，經濟制度是人類利用天然環境以滿足自己物質需求所形成的社會習慣，而一切社會習慣又來自於人類的本能，本能樹立了人類行為最終的目的，推進了人類為達到這一目的而做的種種努力。由於本能是天賦的、不變的，因而由本能所決定的制度的本質也是不變的，變化的只是制度的具體形態。

韋伯倫認為經濟學應該是一門進化的科學。他把社會發展的規律和生物進化的規律等同起來。由於生物的進化是逐漸演變的，因此，韋伯倫認為制度的進化也是逐漸演變的，而不是突變的。同時，制度的演進不但是一個永不結束的過程，而且改變的趨向和進化的將來形態，除了短期外，都是不可能預期的。他在《科學在現代文明中的地位》一書中指出：「沒有一個人今天能預測現在歐美社會的趨向。固然工人階級有可能循著社會主義理想前進，建立一個沒有階級、沒有國際紛爭、沒有朝代的新社會。但是同樣地有可能，工人階級……由於忠誠習慣和競賽精神傾向的領導，熱情地投身於朝代政治……從達爾文的觀點上說，我們不可能預言無產階級將是往前進行社會主義革命或者將是回過頭來，把他們的力量埋入愛國主義的廣闊的沙土裡。這是一個習慣和固定傾向的問題。結果如何不是一

個邏輯推論而取決於對於刺激的反應。」這表明，韋伯倫雖然認為現存的資本主義制度有缺陷，但他並不認為社會主義會取代資本主義。

韋伯倫還論述了科學技術的作用。他認為，在人類經濟生活中有兩個主要制度，一個是滿足人類物質生活的生產技術制度，一個是私有財產制度。在社會經濟發展的不同階段，這兩個制度具有不同的具體形式。在資本主義社會，這兩個制度的具體形式是「機器利用」和「企業經營」。機器在工業生產中的作用是現代經濟的決定性的因素。機器的應用引導出一切和工業革命相關的變革，如工廠制度、大規模資本主義生產方法、貨幣、信用等。機器利用的目的是無限制的商品生產。但是，私有制下的企業經營的目的是實現最大化的利潤。因此，他認為這兩者之間存在矛盾，資本主義的缺點就是由這一矛盾產生的。韋伯倫認為，在手工業時期，由於市場的不斷擴大，商品生產的擴大和利潤的增加可以一致，但在機器生產時期，市場不能隨生產的擴大而按比例地擴大，於是，生產和利潤的矛盾產生且不斷加劇。這就是 19 世紀初期以後資本主義經濟危機發生的一個主要原因。

韋伯倫把資本主義制度叫做價格制度。價格制度的基礎是機器利用，而其控制力量則是企業經營。現代資本主義的特徵是企業經營統治著機器利用，從企業經營的眼光來看，機器利用的生產能力過於龐大，為了適應市場獲取高額利潤，有必要把工業生產控制在其生產能力之下，以維持一個高的價格水準。19 世紀末期出現的壟斷組織就是以控制和減少生產來取得高額利潤的。韋伯倫稱這些壟斷組織為「既得利益者」和「不在所有者」，並對其進行譴責。同時，韋伯倫認為，機器利用和企業經營都是從進化中產生的，企業經營對機器利用的統治不是絕對的，他們的相對地位在進化過程中逐漸改變。他指出，隨著科技的發展及其在生產中的應用，

技術人員的地位作用不斷加強，一旦他們聯合起來，取得管理社會經濟的權力，那麼，追求利潤的企業主制度就會被拋棄，從而由工程師、科學家和技術人員組成的「技術人員委員會」掌握經濟控制權。

約翰‧羅傑斯‧康芒斯

　　約翰‧羅傑斯‧康芒斯（1862-1945 年）是制度學派早期主要的代表人物之一，社會法律學派的創始人。康芒斯 1862 年出生於美國俄亥俄州的荷蘭斯堡，早年就讀於奧伯林學院，並獲文學學士學位（1888）。1888 年進入約翰‧霍普金斯大學，受教於伊裡，開始接觸法律和經濟學的關係問題。1889 年為美國產業委員會研究移民問題，跑遍了美國的全部工會領導機構，這為他研究資本家和勞工組織對產量的限制創造了條件。1890-1932年，他先後任教於霍普金斯、印第安納、奧伯林、韋斯利、威斯康辛等大學。從 1905 年起，主要從事立法實踐及相關的調查研究。此外，康芒斯還擔任過美國經濟學會會長和美國金融協會會長。

　　康芒斯的主要著作有：《財富的分配》（1893）、《美國工業社會的歷史紀實》（10 卷，1910-1911）、《勞工立法原理》（1916）、《美國勞工史》（4卷，1918-1943）、《資本主義的法律基礎》（1924）、《制度經濟學》（1934）、《集體行動經濟學》（1940）。

　　康芒斯所說的制度，是指約束個人行動的集體行動，而在集體行動中，最重要的是法律制度。他認為，法律制度不僅先於經濟制度而存在，並且對經濟制度的演變起著決定性的作用。在他看來，封建制度的解體和資本主義制度的產生，是資產階級法律制度的制定和確立的結果，而資本主義的發展也是由於制定了新的法律制度。

　　康芒斯以法律的觀點來解釋社會經濟關係。他認為，經濟關係的本質是交易，整個社會是由無數種交易所組成的一種有機的組織。由於參加交易的任何一方都有自己的利益，所以在交易過程中會有雙方的利益衝突，只有依靠法律制度才能解決。康芒斯還進而在理論上把經濟範疇歸結為這些範疇的法律關係。他不是把所有制形式當作經濟關係來分析，而是把「所有權」範疇當作法律形式加以考察，並宣稱「所有權」是制度經濟學的基礎。因此，他特別重視國家和法律的作用，提出以國家和法律機構作為一切交易契約的公證的仲裁人，依靠法律來管理經濟的主張。作為社會法律學派的創始人和最主要代表，康芒斯提出了一種「關於集體行動在控制個人行動方面所起的作用的理論」，這就是康芒斯的制度經濟學。康芒斯發展了資本主義進化的理論，把它們作為削弱資本主義主要弊端的緩和力量。他承認和強調發生在制度內的個人經濟行為，把這種行為稱之為在控制、解放和擴展個人行動方面的集體行動。按照康芒斯的觀點，從方法上講，傳統的個人主義把研究重點集中在個人買賣方面，是不可能突破支配經濟體系結構特徵的各種力量、工作規則和體制的，而個人則在此體系內部進行流動。經濟體系發展和運動的關鍵是政府，政府是採取集體行動和進行變革的首要工具。康芒斯精心研究的是制度、工會和政府，尤其是司法制度，其所代表的制度經濟學有著嚴密的體系，主要為：

■ 稀缺性 —— 理論的出發點

　　康芒斯把稀缺性作為他全部理論的出發點。在他看來，稀缺性不僅是衝突的根源，而且也是合作、同情、公道和私有財產的根據 —— 假如一切東西都是無限地豐裕，那就不會有自私、不會有不公道，也不會有財產權和倫理學。他甚至認為，如果我們熟悉現代的工會倫理以及工業、商業

和銀行業的業務倫理，我們就會看出完全是由於休謨所說的機會稀少和其結果的利益衝突，才從衝突中產生了那一切經濟上的美德，例如誠實不欺、公平交易、公平競爭、合理地使用經濟能力、機會均等、自己生活同時讓人生活、商譽和合理價值，這些都是把自己的切身利益放在第二位，首先應該和別人分享那有限的機會，才可能平平安安地從事交易，保持整個機構的不斷運轉。康芒斯強調稀缺性所導致的人為秩序即集體行動。

■ 衝突、依存和秩序 —— 分析的延續

既然世界上的東西是有限的，相對於人類的需要來說是稀缺的，因此，某一個人多使用一些資源，別人所使用的資源就減少一些，反之亦然。這就是說，人們之間的利益是衝突的。康芒斯認為，以前的經濟學均把消滅衝突作為目標，只研究未來的理想化的協調，而不是對現有衝突以及怎樣從衝突中產生的秩序進行科學研究。他自己所做的工作則是研究如何從衝突中產生秩序。得出的結論是應該採取集體行動來建立秩序，而不是採取別的辦法來消除衝突。在他看來，在秩序中可以繼續存在衝突，而且不僅存在相互衝突，還存在相互依存。他把衝突和依存歸結為基本的社會關係，這只有在集體行動所產生的秩序中才能共存。

■ 交易 —— 經濟學研究的基本單位

在康芒斯看來，作為經濟學研究的基本單位，必須包括衝突、依存和秩序這三種成分。他透過多年研究，發現只有在一種「交易」的公式裡，它們三者才能結合在一起。因此，他將「交易」作為經濟學研究的基本單位。所謂「交易」，康芒斯將其定義為一種合法控制權的轉移單位。因此，所有權成了制度經濟學的基礎。康芒斯在分析交易時，將其分為三

類：（1）買賣的交易；（2）管理的交易；（3）限額的交易。他認為，這些職能相互依存，並且共同構成我們比做「運行中的機構」的整個組織。買賣的交易參與者是個人；而在管理的交易裡，上級是一個人或是一種特權組織，發號施令，下級必須服從；可是，在限額的交易裡，上級是一個集體的上級或者是它的正式代表人。買賣的交易的一般原則是稀缺性，而管理的交易的一般原則卻是效率。

■ 無形財產 —— 合理價值

無形財產，指的是把持住別人所需要而不具有的東西來規定價格的權利。它對於制度經濟學來說是至關重要的。康芒斯認為，馬克思、蒲魯東、凱雷、巴斯夏等模糊地認識到了所有權同物質不是同樣的東西，制度經濟學才有了一些萌芽，而韋伯倫正是採用了無形財產的概念而被稱為制度經濟學家的，無形財產的概念，就是馬克思所說的剝削和習慣法中的合理價值概念，它只有在交易中才會出現。

● 維爾納・桑巴特

維爾納・桑巴特（1863-1941 年）是德國經濟學家社會學家，新歷史學派代表人物。曾在柏林大學學習，畢業後留學義大利，1888 年獲哲學博士學位。1888-1890 年間任布萊門商會會長。1906 年被聘為柏林商學院教授，1917 年接替瓦格納任柏林大學教授直至 1931 年退休。1904 年與韋伯（Max Weber，1864-1920）等聯合主編《社會科學和社會政策》、《立法和統計》等雜誌。主要著作有：《社會主義和社會運動》（1896，第 10 版改題為《無產階級和社會主義》）、《現代資本主義》（1902）、《三種經濟學》（1930）

等。早期對馬克思主義持同情態度，主張實行「社會政策」；第一次世界大戰後，強烈反對馬克思主義階級鬥爭理論。主張經濟現象應該與歷史的社會的整體連繫起來研究，經濟學應該成為「經濟社會學」。同時他提出「三種經濟學」的分析方法，極力反對「規範的經濟學」的方法和「因果的自然科學」的方法。主張「理解的經濟學」的方法，認為「理解國民經濟學」的任務在於理解各個歷史時代的經濟制度，以及支配經濟現象之間的相互連繫的經濟意識和經濟活動的動機。在《現代資本主義》中，強調精神（經濟意識）形成經濟生活、創造經濟組織，把資本主義發展的動力，歸為「資本主義精神」。他在其最後一本著作《一個新的社會哲學》（1934）中，試圖用納粹主義的觀點分析當時的社會問題，成為希特勒法西斯的同情者。

桑巴特一面繼承歷史學派的遺產，一面企圖克服歷史學派缺乏理論體系的缺點，試圖將理論與歷史加以統一。在《現代資本主義》一書中，他使用了「經濟體制」和「經濟時代」這兩個概念，作為其理論體系的統一基礎。

桑巴特所謂的「經濟體制」是指由一種經濟意識和技術、勞動組織所構成的經濟體系，即所謂純正的「理想型」。他用它來作為觀察經濟生活中各種現象的尺度，並測定各個具體的歷史現實與這種純正的「理想型」之間的差距。

桑巴特的「經濟時代」的概念是和他的「經濟體制」概念相對的。他把純正的「理想型」的經濟體制稱為「全盛時期」（高度發達時期），在全盛時期以前，則為「初期」或「早期」，以後則為「後期」或「晚期」。他把資本主義的發展劃分為三個時期：即早期資本主義，從15-18世紀中葉；高度發達時期的資本主義，從1760-1914年；晚期從一戰結束開始。

　　桑巴特主張經濟現象應該與歷史的社會的整體連繫起來研究，經濟學應當是「經濟社會學」。他提出「三種經濟學」的方法，反對規範的經濟學的方法和「因果的自然科學」的方法，而主張所謂的「理解經濟學」的方法。他根本否定生產力和生產關係的矛盾是社會發展的動力，而把精神（經濟意識）形成經濟生活、創造經濟組織，當做一種根本思想，並把資本主義的發展的動力，歸置於所謂的「資本主義精神」。希特勒上台後，桑巴特歌頌法西斯獨裁政體，擁護國家社會主義，鼓吹優等「種族」統治「劣等」種族，宣揚軍國主義和帝國主義戰爭，最終墮落成為一個自動的種族主義者和法西斯主義的辯護士。

亞瑟・塞西爾・皮古

　　亞瑟・塞西爾・皮古（1877-1959 年），英國資產階級經濟學家，劍橋學派的主要代表人物之一，福利經濟學的創始人。他於 1877 年出生於英國懷特島。1897 年進入劍橋大學國王學院學習歷史學和倫理學（當時經濟學包含在倫理學中）。後來受馬歇爾的影響，並在其鼓勵下學習經濟學。畢業後任劍橋大學講師，成為宣傳他的老師馬歇爾經濟學說的一位學者，並任英國倫敦大學傑文斯紀念講座講師。1908 年馬歇爾退休，皮古繼任其在劍橋大學的經濟學教授席位，因此被認為是劍橋學派領袖馬歇爾的繼承人。他占據該席位長達 35 年之久，直到 1943 年退休。退休後，他仍留劍橋大學從事著述研究工作。另外，他還擔任過英國通貨外匯委員會委員和所得稅委員會委員，國際經濟學會名譽會長、英國皇家科學院院士等職。皮古對經濟學的貢獻在於，一是創立了福利經濟學完整體系；二是重新解釋了古典邊際生產力理論。主要代表作有《財富與福利》（最初於 1912

年出版，後來於 1920 年以《福利經濟學》再版）、《失業理論》（1933）、
《就業與均衡》（1941）等。

　　皮古作為馬歇爾的學生，是劍橋學派的最正統最權威的解釋者，在皮
古一生成就中，最突出的就是建立了福利經濟學理論體系，其次就是將馬
歇爾的貨幣數量理論用數學公式表示，提出了著名的劍橋公式。

　　皮古認為：「經濟福利在很大的程度上受影響於：

➤ 國民收入的大小；
➤ 國民收入在社會成員間的分配狀況。」

　　這是皮古福利經濟學主要涉及的兩個命題。首先，皮古把「福利」區
分為一般福利和經濟福利兩種。前者指人們對一般的慾望、感情和知識等
方面的滿足，這已是超出了經濟學的範圍。後者專指同人們經濟生活有關
的效用的滿足，這是可以用貨幣直接或間接衡量的福利，也就是皮古的福
利經濟學中所論述的「福利」。皮古認為這種福利「對全社會總福利有決
定性的影響」，他用馬歇爾假定貨幣邊際效用不變的原則來衡量個人的經
濟福利，然後加起來形成整個社會的經濟福利。為衡量經濟福利，皮古提
出了邊際效用基數論，他認為，福利在於滿足，滿足由效用表示，而且，
滿足或效用可以用人們為獲得它們而願意支付的貨幣量來計量。他又認
為，由於邊際效用遞減規律的作用，如果一個人的慾望不變，他所持有的
某種商品越多，那麼，他對於增加的單位商品量所得的效用會越少，因而
他對所增加的單位商品量願意支付的貨幣量（單位價格）也就會越少。一
個人為了得到最大的滿足或效用，需要合理地分配自己的貨幣收入來購買
各種商品，使多購買的各種商品的邊際效用與商品的價格成比例。

　　既然個人經濟福利是可以計量的，社會福利當然也是可以計量的。皮

古認為一個國家的國民收入量就是這個國家的社會經濟福利的量，所以一國的國民收入愈大，則經濟福利也愈大。而要增加國民收入，就要增加社會總產量，要做到這一點，就必須使生產資源在各個生產部門間的配置能夠達到最佳狀態。在這個問題上，皮古提出了「邊際私人純產值」和「邊際社會純產值」兩個概念。邊際私人純產值是指增加一個單位的投資後，投資者私人收入所增加的值，它等於邊際私人純產品乘以價格。邊際社會純產值則是指社會因增加一個單位生產要素所得到的純產值，它等於邊際社會純產品乘以價格。二者不一定完全一致，如邊際私人純產值間接地給別人帶來利益，則邊際社會純產值就小於邊際私人純產值。個別廠商的生產給社會帶來不利影響，皮古稱之為「邊際社會成本」。他認為，在完全競爭的條件下，各方面投入的生產資源所形成的邊際社會純產值可以趨於相等，同時它們的產品價格也等於其邊際成本，此時的生產資源配置即達到最優化。

皮古還把邊際效用學說引入分配領域，提出了收入均等化學說。這一學說基本命題是國民收入分配愈是均等化，社會經濟福利就愈大。他根據邊際效用遞減的原理，認為隨著貨幣收入的增加，貨幣的邊際效用遞減。貧窮階層的貨幣收入很少，所以他們的貨幣邊際效用很大。與此相反，富裕階層的貨幣收入較多，所以他們的貨幣邊際效用很小。為保證收入的均等化，皮古提出了實行累進稅的政策主張，把富人的一部分稅款用於舉辦社會福利設施。

皮古的福利經濟學實際上是劍橋學派經濟理論的發展，他完全是在馬歇爾等人的一般經濟的基礎上，討論福利概念以及與福利有關的各種理論。但由於研究對象的不同，皮古一味沿用馬歇爾的分析方法來研究福利經濟學，決定了這一學說存在著致命的缺點。首先，他所謂經濟福利是建

立在基數效用基礎上，認定效用可以衡量，這是他的理論的根本錯誤。他以為採用馬歇爾的辦法，即假定貨幣的邊際效用不變，就可避開效用衡量的難題。但是，馬歇爾所分析的對象常是占個人總收入中比例很小的貨幣支付量，尚可勉強假定貨幣的邊際效用為常數。而皮古的研究的對象是全社會的經濟福利，就不能再假定貨幣邊際效用為常數，特別是他注重分析貨幣在富人和窮人間的轉移，並以他們對貨幣的邊際效用的變動為理論根據，如再假定貨幣邊際效用為常數，結果就會自相矛盾。其次，馬歇爾體系雖從效用出發，但事實上大都從分析供求價格出發，等於是直接考慮貨幣價格問題。而皮古的研究主題是經濟福利，必須從真實條件著手，於是如何將真實的經濟福利轉算為貨幣福利，就不可避免地要遇到效用及其衡量問題。再次，他的理論以完全的自由競爭為前提，但又提出由國家採取適當調節生產的措施，將會增加社會福利，從而否定了自己的前提。總之，皮古的福利經濟學在實踐上仍屬於一個「理想」狀態，對現實的社會問題不能給出令人信服的答案，也沒有改變人們對經濟福利問題的思考方式。但是，他第一次建立起福利經濟學理論體系，在資產階級經濟學發展史上代表著資產階級經濟學中一個新的分支的產生，因此，皮古被譽為福利經濟學之父。

● 約翰・凱因斯

　　約翰・梅納德・凱因斯（1883-1946 年），20 世紀最有影響的經濟學家之一，現代總體經濟學的奠基人。少年時代就讀於伊頓公學。1902 年進入劍橋大學專攻數學，1905 年獲數學學士學位。畢業後留校任教，留校期間向馬歇爾和皮古學習經濟學。1906 年底參加文官考試，被分配到財

政部印度事務處工作。兩年後經馬歇爾的推薦，返回劍橋大學並講授金融學。1909 年以一篇機率論的論文取得劍橋大學國王學院的院士資格。1913 年出版第一部專著《印度的通貨與財政》，考察金匯兌本位制的職能，主張把印度的貨幣緊密地同英國的貨幣連繫在一起。由於此書的影響，使他於 1913-1914 年期間被任命為皇家委員會調查印度通貨和財政的委員，並於 1915-1919 年調任財政部擔任顧問。1919 年以英國財政部首席代表的身分出席巴黎和會。會後，他寫成了《和約的經濟後果》（1919）一書，強烈反對向戰敗國的德國索取過多的賠款，認為讓德國支付巨額賠款不利於歐洲經濟的恢復。此書使他一舉成名，成為一位國際社會上頗有影響的政治經濟問題評論家。此後，他一方面執教和著書立說，出版了《貨幣改革論》（1923）、《貨幣論》（1930）和《就業、利息和貨幣通論》（1936）等一系列著作；另一方面，參與各種社會經濟活動。1941 年以英國代表團團長的身分出席布列敦森林會議，積極參與建立國際貨幣基金組織的工作。凱因斯未曾受過系統的經濟學正規訓練，直到 1936 年所發表的《就業、利息和貨幣通論》（以下簡稱《通論》）中，他才最終創造出一個新的理論結構，第一次以系統的形式闡述自己的經濟學說。他提出了總需求不足、非充分就業均衡、不確定性、流動性偏好陷阱等新的理論概念，著重於對經濟總量的分析，用以說明經濟危機、長期蕭條和失業的現象，並且，進而一反新古典經濟學的自由放任傳統，提出了一套政府干預的經濟政策主張。這些均被視為是對傳統理論的重大突破和劃時代的貢獻，並被後人譽為「凱因斯革命」。

　　凱因斯所處的歷史時期正值國家壟斷資本主義蓬勃發展時期，而同時 1929 年爆發的經濟危機的嚴重性和破壞性都是空前的，因此，凱因斯所面臨的是就業問題，增加就業的直接而有效的方法是增加生產，但當時經濟

不景氣，企業不願增加生產，也就不可能增加就業量。於是，凱因斯開闢了另一條道路，擴大總需求，以刺激總供給，從而擴大就業。

凱因斯提出了有效需求原則。所謂有效需求，就是總需求函數與總供給函數交點上的總需求數值。這一點之所以「有效」，因為它代表著符合企業主預期利潤最大化的就業水準。具體地，以 N 代表僱傭的工人數量（就業量），以 Z 表示產出量的供給價格，則企業的總供給函數為 Z=Φ(N)，意味著僱傭 N 名工人所必須達到的最低限度的產品銷售額與就業量之間的函數關係。類似地，以 D 表示企業主的銷售額，則總需求函數為 D=f(N)，意指預期人們為購買相應數量的產品願原意付出的總支出與就業量的函數關係。簡言之，對企業主來說，Z=Φ(N) 是預期至少能收回成本並獲得正常利潤的最低總收益，D=f(N) 是預期市場上對相應產量的總需求，兩者同為僱傭量的函數，因此，兩者一致時，就決定了實際就業量。只要 D>Z，企業主就會設法擴大生產，就業量隨之增加，直到 D=Z。這種使經濟達到均衡的社會總需求，就是凱因斯所說的「有效需求」。因此，可以說，就業量決定於有效需求，那麼有效需求決定於什麼呢？

凱因斯認為，有效需求決定於消費傾向和投資引誘。他認為，在自由競爭的資本主義社會中，有效需求一般總不足，或者說，在通常情況下的有效需求總不足以實現充分就業。原因可以從消費和投資兩方面來分析。其一是心理上的消費傾向。隨著收入的增加，人們的消費需求也會增加，但出於「預防不測事件」、「養老」、「子女教育」等主客觀原因的考慮，人們往往會把增量收入的一部分用於儲蓄，結果消費的成長即邊際消費傾向小於一，從而導致經濟體系中消費需求的不足。除非投資需求不斷擴大，以彌補邊際消費遞減所留下的缺口，否則就不可能增加就業量。其二是投資誘導問題。凱因斯認為，投資的大小取決於投資引誘，投資引

誘等於資本邊際效率與利息率的差額。為什麼呢？凱因斯是這樣解釋的：「只有當資本邊際效率至少等於利息率時，資本家才肯進行投資，否則，如果資本邊際效率小於利息率，資本家便不會進行投資，而寧可把資本存放在銀行裡，以獲取較高的利息收入。」所謂資本邊際效率，即新增加一個單位資本所預期的利潤率。凱因斯認為在技術裝備和其他條件不變的情況下，隨著社會投資的增加，資本邊際效率是會趨於遞減的。資本邊際效率為什麼會遞減呢？凱因斯認為，當資本家對工廠設備進行新的投資時，他不僅要考慮現有設備的數量，而且還要對將來各個時期的競爭情況、有效需求和政治情況等影響收益的因素，作長期的預測；由於資本家對未來的預測缺乏信心，所以他們所預期的資本邊際效率常常偏低而不穩定。因此，由於資本邊際效率遞減這一基本心理規律的作用，社會對私人投資的誘惑力愈來愈小，從而使資本家階級不願意對社會進行投資，結果出現了社會投資不足的現象。另外，再從利息率方面來看，凱因斯認為利息率是由貨幣的供求關係決定的，貨幣的供求取決於貨幣的數量，貨幣的需求取決於人們對貨幣流動偏好的心理狀態。所謂流動偏好，就是指人們對現金的偏好。人們手中如果擁有一定數量的現金，就可以滿足支付各種開支的需要，應付任何意外支出和進行市場投機活動。所以利息率取決於人們的流動偏好和貨幣數量。他認為，如果貨幣的需求不變，貨幣的供給增加，利息率就會下降。反之，貨幣的需求增加，貨幣的供給不變，利息率就會上升。總之，凱因斯認為，由於資本邊際效率遞減規律和流動偏好規律的作用，引起投資不足，從而使資本主義社會「有效需求」不足，造成「非自願失業」的存在。

　　基於上述觀點，凱因斯認為，單憑資本主義的自動調節是不能醫治資本主義的失業症的，唯一的方法就是國家對經濟進行干預。他說：「要使

約翰・凱因斯

消費傾向與投資引誘二者互相適應，故政府機能不能擴大，這從 19 世紀政論家看來，或從當代美國理財家看來，恐怕要認為是對於個人主義之極大侵犯。然而我為之辯護，認為這是唯一切實方法，可以避免現行經濟形態之全部毀滅。」因此，凱因斯指出，必須放棄自由放任的傳統政策，運用財政與貨幣政策，實施國家對經濟的干預和調節，以確保足夠的有效需求，實現經濟的穩定成長。凱因斯提出的政策主要包括財政政策、貨幣政策。按凱因斯的說法，財政政策是透過改變國家的消費和投資的方法來改變國民收入的水準，有兩條途徑，即改變預算支出和預算收入，預算支出的增加或減少順次意味著國家投資和消費的增加或減少。另一方面，預算收入的增加或減少順次意味著國家投資和消費的減少和增加。實施貨幣政策的立足點在於國家可控制貨幣數量，而在一定的流動性偏好的條件下，貨幣數量的大小可以影響利息率的高低，而在一定的資本邊際效率的情況下，利息率的高低又可以決定投資量的多寡。當消費水準不變時，投資量的多寡又決定國民收入的水準。這樣一來，資本主義國家的總體經濟運行就能夠被穩定在充分就業的狀態，不會出現長期的失業，也不會出現長期的通貨膨脹。

　　作為為適應國家壟斷資本主義發展而產生的凱因斯學說，其根本點在於為資產階級而服務，因此，他的學說仍有其侷限性，如他用總供給價格和總需求價格均衡說明有效需求，而這兩者都是資本家心理預期的東西，前者包括資本家預期的利潤，後者是資本家預期的購買價格，因此，二者的均衡不過是資本家這兩種預期之間的均衡。這就在原來的庸俗力量上更加進了唯心主義的因素。實際上資本主義社會下的危機和失業是資本主義制度內在矛盾發展的必然結果，說危機和失業是由於有效需求不足，這完全是一種現象的描述。正如馬克思指出：「認為危機是由於缺乏有支付能

第二篇　經濟學說的奠基者

力的消費或缺少有支付能力的消費者引起的,這純粹是同義反覆。」除此之外,在他的學說中還存在著不少闡述不清晰甚至矛盾的觀點。但凱因斯及其經濟理論對西方經濟學的影響是巨大的,其理論有許多合理的部分,並具有一定的可操作性。凱因斯的理論體系系統地創立了以決定國民經濟的根本因素為基礎的總體經濟模型。這一模型簡單,能夠控制,可以形成經驗公式,並與經濟政策問題直接相結合,從而促使關於政府作用的正統觀念發生了一場革命。在實踐中,凱因斯的思想深刻地影響了第二次世界大戰之後資本主義世界的總體經濟政策。

約瑟夫·熊彼得

約瑟夫·熊彼得(1883-1950年)是美籍奧地利經濟學家,當代資產階級經濟學界主要代表人物之一。他出生於奧匈帝國摩拉維亞省(今捷克境內)特利希鎮一個織布廠主家。他早年在維也納大學龐巴維克的門下學習;之後赴倫敦進修經濟學,在馬歇爾的門下求教。1909年起在切克諾維茨大學和克拉茲大學執教;於1919年擔任奧地利財政部長;1921年擔任比得曼銀行董事長;1925-1932年擔任波恩大學教授。1932年遷居美國,擔任哈佛大學教授直到1950年逝世,他一直保留奧國國籍。他是經濟計量學協會的創始人,並擔任該協會1940-1941年屆會長;還曾任1948年屆美國經濟學協會會長。

熊彼得的主要著作包括:《經濟理論學的本質與內容》(1908)、《經濟發展理論》(1912)、《教條與方法論的時代》(1914)、《經濟週期》(1939)、《帝國主義和社會階段》(1941)、《資本主義、社會主義與民主主義》(1942)、《從馬克思到凱因斯十大經濟學家》(1951)、《經濟分

析史》（1954）等。

　　熊彼得的《經濟發展理論》一書的內容包括：他的經濟成長、經濟週期、創新觀點等早期思想雛形。在成長理論方面，他有兩個特殊觀點：第一，認為只有企業家才能把土地和勞動這兩個內在因素的使用進行新的組合，才是經濟成長的基本動力。他只將勞動力和土地視為內在生產因素，而將人、慾望、生產組織的變化等列為外在因素，顯然是不確切的；第二，他強調銀行信用對經濟發展的推進作用，特別強調銀行對未來勞務和商品所提供的信用（他稱為「非正常信用」）起著極為重要的作用。這一觀點中的過分強調銀行信用和將銀行信用分為正常和非正常，是不全面和不合邏輯的。但其強調銀行信用的觀點卻被數十年後的西方貨幣成長論者推崇為珍貴的先行思想資料。此外，他的《經濟週期》對資本主義經濟週期運動提供了較為豐富的歷史統計資料。

　　《資本主義、社會主義與民主》一書是熊彼得的著作中最為暢銷的一部，這本書從刊行到他逝世的 8 年中，共發行了 13 版。熊彼得對資本主義的發展規律提出了自己獨到的見解，他認為，資本主義的本質現象就是所謂的「創造性的破壞過程」，資本主義的競爭主要是由創造性的破壞所決定，而不是由價格起支配作用的競爭過程所決定，創造性的破壞過程使資本主義得以不斷從內部更新經濟結構。因此，資本主義絕不是靜止的，創新、新組合以及經濟發展才是資本主義的本質特徵；離開了它們，資本主義就不復存在。隨著資本主義的不斷發展，創新日益成為日常事務，技術進步成為訓練有素的專家的事業，企業家的社會經濟職能逐漸消失。經濟發展日益成為非人格性的和機械的，資本主義在經濟上的成功使資本主義本身成為累贅，最終損害資本主義制度。資本主義在政治上的失敗使得社會主義最終取代資本主義。但他所謂的「社會主義」，不過是由中央機構

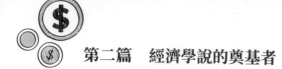

直接控制生產和分配的一種組織形式，絕不可能是無產階級的政權。這與20多年前第二國際的修正主義觀點是相同的，只是由他這樣一位著名的資產階級經濟學家加以宣揚對一些尚無經濟學素養的讀者更具迷惑性而已。

　　再來探討熊彼得的「創新論」。熊彼得是以「創新論」聞名於經濟學界的。他用「創新論」來解釋資本主義的本質特徵，解釋資本主義發生、發展和趨於滅亡的結局。他將該理論堅持了數十年並貫穿到他的各種理論中。在理論上，他先將社會經濟活動區分為「經濟循環」和「經濟發展」兩個類型。在前一種狀態下，任何經濟活動都以相同形式週而復始地運行，使各經濟主體得到其慾望的最大滿足，不存在利潤或利息。在後一種狀態下，則出現了企業家這一角色，他們為獲得利潤而不斷地致力於生產方法的變動甚至革新，從而不斷地改變和打破現存的均衡狀態。熊彼得認為，所謂「創新」就是建立一種新的生產函數，也就是說把一種從來沒有過的關於生產要素和生產條件的新組合引入生產體系。他強調，「企業家」的職能就是不斷地引進生產要素和生產條件的「新組合」來實現「創新」，從而推動資本主義「經濟發展」，這成為資本主義發展的唯一動力。所謂「經濟發展」就是指整個資本主義社會不斷地實現這種組合。他說的創新、新組合或經濟發展並非指一般的技術進步和創造發明，而是有其特殊含義，主要包括以下五種情況：引進新產品；採用新的生產方法；開闢新商品市場；控制原材料供應的新來源以及實現企業的新組織。他認為創新是一個內在因素；經濟發展也不是外部強加的，而是來自內部自身的創造性。只有在實現創新的發展情況下，才存在企業家和資本。企業家的湧現是少數企業家的出現帶動了其他企業家的出現的體現，經濟下降則是模仿生產的利潤份額減少的結果。總之，「創新」的特點就在於他把所謂的創新視為企業家的唯一職能。企業家成了資本主義生產的「靈魂」，

創新是資本主義經濟自身的內在創造力，沒有創新資本主義就不可能產生，更談不上發展。創新導致經濟波動或經濟週期，而歷史上的創新千差萬別，對經濟發展的影響也大小不同，因而其週期有長有短。他綜合了前人的論點，提出在資本主義發展過程中同時存在著三種週期的主張：第一種是經濟長週期或長波，又稱「康德拉捷夫週期」，每一週期歷時 50-60 年；第二種是通常所說的平均 9-10 年的資本主義經濟週期，又稱「朱格拉週期」；第三種是平均 40 個月的所謂短週期或短波，又稱「基欽週期」。他宣稱這幾種週期同時並存而且相互交織。熊彼得還把經濟衰退看做經濟調整的健康階段，衰退為未來創新的出現鋪平了道路。

熊彼得的不朽之作《經濟分析史》充分體現了他的博學多識和見識獨特的特點，該部著作是他尚未最後完稿的遺作，是由他的夫人代為整理出版的。該著作至今仍是受到西方經濟學家普遍稱頌的巨著。熊彼得對許多經濟學家的貢獻都做了獨到的評論。例如，他認為瓦爾拉是所有時代最偉大的經濟學家。對一些傑出的英國經濟學家，如史密斯、李嘉圖等，熊彼得則貶低了他們的貢獻，因而存在一定的片面性。

● 阿爾文‧漢森

阿爾文‧哈維‧漢森（1887-1975 年）是美國當代經濟學家，美國著名的凱因斯主義者。漢森出生於南達科他州的維伯格。1910 年獲南達科他州蘭克頓大學學士學位，1914 年入威斯康辛大學，1918 年獲博士學位，1919 年在布朗大學任助理教授，接著受聘於明尼蘇達大學，執教達 20 餘年，1937 年起受聘於哈佛大學。1937 年任美國統計協會的副會長；1938 年任美國經濟學協會會長。漢森曾擔任過美國政府機構中的許多職務，如

1933-1934 年任美國總統國際經濟關係國家政策調查研究委員會的研究主任；1937-1938 年任美國總統社會保障顧問委員會的成員；1941-1943 年任美國加拿大經濟聯合會主席；1940-1945 年任聯邦儲備委員會的特別經濟顧問等等。他 1957 年從哈佛大學退休，之後他作為訪問教授在博姆貝大學和許多美國大學任教，直到 1975 年去世為止。

漢森的主要著作包括：《繁榮與蕭條的週期》（1921）、《經濟週期理論》（1927）、《充分復興還是停滯》（1938）、《財政政策和經濟週期》（1941）、《美國在世界經濟中的作用》（1945）、《經濟政策與充分就業》（1947）、《貨幣理論與財政政策》（1949）、《經濟週期與國民收入》（1951）、《凱因斯學說指南》（1953）、《美國的經濟》（1957）、《六十年代的經濟問題》（1960）等。

漢森最初是主張自由放任的經濟學家，在 20 世紀 30 年代初期曾反對國家干預經濟。1936 年凱因斯的《就業、利息和貨幣通論》一書出版後不久，1937 年漢森轉而追隨凱因斯成為凱因斯的信徒，竭力宣揚凱因斯主義，為在美國宣傳、普及、解釋與發展凱因斯主義做出了重大貢獻。他的《凱因斯學說指南》一書是這方面的代表作。他還以哈佛大學為中心，培養出了一批像薩謬爾森、托賓、索洛等著名的凱因斯主義經濟學家。漢森在經濟理論上的主要貢獻在於對凱因斯主義的發展和運用。其主要經濟思想包括以下幾個方面：

➤ **他進一步發展了混合經濟理論**：漢森認為，在 19 世紀末期以後，大多數資本主義國家的經濟制度，已不再是純粹的資本主義經濟，而是一種既有私人經濟又有公共經濟的雙重經濟。在這種經濟中，社會化的公共經濟在生產上是指國營企業，在收入和消費上是指公共衛生、保健、低廉房租的住宅、社會安全和福利事業。因此他說要在雙重意

義上來理解混合經濟，即生產上的公私混合經濟和收入與消費上的公私混合經濟。但是他認為，企業國有化並不是混合經濟發展的趨勢，主要趨勢是從個人主義的經濟向以社會福利為重點的混合經濟發展。漢森不贊成企業國有化，而主張國家調節經濟，來彌補私營經濟的缺陷，克服失業、經濟停滯和分配不太平均等弊病。漢森的混合經濟實際上就是國家壟斷資本主義和福利國家。他把這種經濟作為當代資本主義的基本特徵。

➤ **他提出了長期停滯論**：漢森認為，產業革命到 20 世紀初的 100 多年中，由於技術進步、人口成長和新領土開拓等因素相互作用而引起了大量投資，這一時期資本主義迅速成長。但此後就開始了一個「長期停滯」的階段。造成這一趨勢的主要原因是：人口成長速度降低，新領土開拓停止，公司儲蓄達到很高的程度，資本大量堆積，發明創造偏向於節省資本等。所有這些，使投資機會日益枯竭，從而使資本主義陷入長期停滯的局面。他主張，擺脫這種長期停滯的方法是加強國家對經濟生活的干預，因為投資是決定經濟成長的最主要因素，這一時期當投資誘因減弱而造成長期停滯的局勢時，只有依靠政府的大力干預，特別是政府擴大財政開資才能刺激經濟的發展。

➤ **用乘數原理和加速原理的相互作用來解釋經濟週期**：這一觀點是由漢森和薩謬爾森共同提出的，又稱「漢森 —— 薩謬爾森模型」。根據這一模型，乘數原理解釋了投資變動對收入變動的影響，而加速原理解釋了收入變動對投資變動的影響。正是這種投資與收入的相互作用引起了經濟中週期性的波動。漢森認為，凱因斯雖然強調了乘數理論卻忽略了加速原理。他認為引起投資變動的因素有兩類：一是外生因素，即人口、技術進步、新產品的發明以及政府活動等，這些因素所

引起的投資叫做自發投資。二是內生因素,即收入和消費的變化,這種變化所引起的投資叫做引致投資。加速原理就是說明引致投資的理論。漢森認為,光用乘數原理不能解釋經濟的波動,而必須考慮到加速原理。

➤ **在經濟政策方面提出了補償性財政政策**:漢森認為,政府在確定預算時,不能把平衡財政收支作為準則,而要按照私人支出(消費與投資)的數量來安排政府的預算。要使私人支出與政府支出的總額保持在可以達到充分就業的水準,來保證經濟的穩定。據此漢森提出了所謂補償性的財政政策,即在蕭條時期,政府要擴大預算開支,降低稅率,提高社會總需求,造成赤字預算;而在經濟繁榮時期,政府要收縮預算開支,提高稅率,縮小社會總需求,造成盈餘預算。按照這種政策,預算不必年年平衡,可以在蕭條時期造成赤字預算,在繁榮時期造成盈餘預算,做到整個經濟週期內補償盈虧,所以該理論又可以叫做「長期預算平衡論」、或「週期預算平衡論」。這種主張成為政府增加支出實行赤字財政的依據,這種理論與政策主張對經濟理論和美國政策實踐都有相當大的影響。從這種意義上說,漢森也是美國新古典綜合派的先驅者。

➤ **漢森還提出了溫和通貨膨脹理論**:漢森在對待通貨膨脹與失業的替代關係問題上,主張實行溫和的通貨膨脹政策。在他看來,溫和的通貨膨脹對生產和就業有利,物價上漲比失業要好得多。他認為,物價溫和上漲的年代,通常也是發展迅速的年代,因此,政府不應該在物價穩定問題上有什麼嚴格的法則,而應該把充分生產和充分就業列為主要目標。他還對通貨膨脹造成的分配上的弊害極力進行辯解。他認為經濟學家一般容易誇大溫和的物價上漲對家庭儲蓄的影響,在他看

來，吞噬家庭儲蓄最厲害的不是通貨膨脹而是通貨收縮和失業。漢森的這些論點在 20 世紀五六十年代影響很大，美國政府就是按照這種主張制定他們的經濟政策的。

綜上所述，可見漢森在理論上大力宣揚了凱因斯的經濟學並為美國凱因斯學派奠定了基礎。他的政策主張對美國經濟政策的制定起了重大作用。事實上，漢森和他的弟子們根據他們的主張而提出的赤字財政和通貨膨脹的政策主張在 20 世紀五六十年代的確起過一些作用，取得了一定的效果。但從 20 世紀六十年代後期起，通貨膨脹和經濟停滯並存，漢森和凱因斯學派對此束手無策，其經濟理論和政策主張也因此受到了來自各個方面的批評和指責。

萊昂內爾‧羅賓斯

萊昂內爾‧羅賓斯（1898-1984 年）是英國經濟學家，經濟思想史家。他出身於貴族家庭。1923 年畢業於倫敦政經學院，1929-1961 年任該校教授，1962-1967 年為兼職教授。1968-1974 年任學院董事會主席。1939-1946 年任英國戰時內閣經濟組組長；1961-1970 年任《金融時報》社社長。此外，羅賓斯還擔任過英國科學院、英國國家美術館、皇家經濟學會、皇家歌劇院等一系列公職或榮譽職位，並於 1958 年被封為非世襲貴族。

羅賓斯的主要代表作品有：《論經濟科學的性質和意義》（1932）、《英國古典政治經濟學的經濟政策理論》（1952）、《羅伯特‧托倫斯與古典經濟學的演變》（1958）、《經濟思想史中的經濟發展理論》（1968）等。

羅賓斯是倫敦學派的代表人物，同其老師坎南一起堅決反對國家干預主義，使得倫敦政經學院長期成為英國經濟自由主義中心。他強調價格制

度和市場機制能夠最合理地配置生產資源，他抨擊集體主義經濟降低工作效率、損害消費者利益和妨害個人自由，他指責工會組織提出過高的薪資要求，使得企業難以盈利從而不能維持充分就業，於是造成經濟危機和嚴重失業。總之，他是一個「保守派」經濟學家。

羅賓斯於 1932 年發表的《論經濟科學的性質和意義》，是一本有廣泛影響的論述經濟學方法論的著作，該書旨在恢復西尼爾、穆勒、凱因斯等人為代表的正統新古典經濟學的聲譽，排斥歷史學派或制度學派繁瑣的經驗研究，力主依據經驗事實得出若干一般性的假設（這同奧地利學派主張先驗性假設條件的有效性不同），透過演繹推理得出理論結論。與此同時他又堅持主張人與人之間相互比較的主觀性質的有效性。因而他的方法論仍未脫出主觀經驗主義性質。羅賓斯在該書中提出經濟學應是對個人在資源稀缺條件下進行合理選擇的研究觀點，已被西方經濟學（尤其是有關個體經濟分析）廣泛接受。他對經濟學下了一個著名的定義：把人類行為作為可替代使用的給定目的與稀缺手段之間的關係來研究的科學。按照這種解釋，經濟學最終變成了人類行為學的一個分支，不必再研究實際的經濟現象和進行經驗論證，它只是保證最大限度地實現人們所抉擇的活動目標。這對以後西方經濟學研究對象發生重大轉折起著直接而深刻的影響。

羅賓斯後來的學術興趣集中在經濟思想史方面。《英國古典政治經濟學的經濟政策理論》和《羅伯特‧托倫斯與古典經濟學的演變》這兩部著作使其名望大增，確立了他作為世界一流經濟史學家的學術地位。然而，羅賓斯身為世界著名的經濟學家，並未做出過顯著的理論發現，也沒有形成其獨特的一套學術思想，因而他對西方經濟學發展所起的實際影響並不大。

萊昂內爾・羅賓斯

沒有這些經濟學家，生活將會完全不一樣：

從工農社會進化到商業社會，李嘉圖 × 韋伯倫 × 熊彼得 × 凱因斯 × 納許，除了亞當斯密，你不可不知的 70 位經濟學大師！

編　　著：梁夢萍，竭寶峰

發 行 人：黃振庭

出 版 者：崧燁文化事業有限公司

發 行 者：崧燁文化事業有限公司

E-mail：sonbookservice@gmail.com

粉 絲 頁：https://www.facebook.com/
　　　　　sonbookss/

網　　址：https://sonbook.net/

地　　址：台北市中正區重慶南路一段六十一號八
　　　　　樓 815 室

Rm. 815, 8F., No.61, Sec. 1, Chongqing S. Rd.,
Zhongzheng Dist., Taipei City 100, Taiwan

電　　話：(02)2370-3310

傳　　真：(02)2388-1990

印　　刷：京峯彩色印刷有限公司（京峰數位）

律師顧問：廣華律師事務所 張珮琦律師

定　　價：399 元

發行日期：2023 年 03 月第一版

◎本書以 POD 印製

國家圖書館出版品預行編目資料

沒有這些經濟學家，生活將會完全不一樣：從工農社會進化到商業社會，李嘉圖 × 韋伯倫 × 熊彼得 × 凱因斯 × 納許，除了亞當斯密，你不可不知的 70 位經濟學大師！/ 梁夢萍，竭寶峰編著 . -- 第一版 . -- 臺北市：崧燁文化事業有限公司，2023.03
面；　公分
POD 版
ISBN 978-626-357-151-8(平裝)
1.CST: 經濟學家 2.CST: 經濟思想 3.CST: 世界傳記
550.99　112000858

電子書購買

臉書